Check Me Up!

2

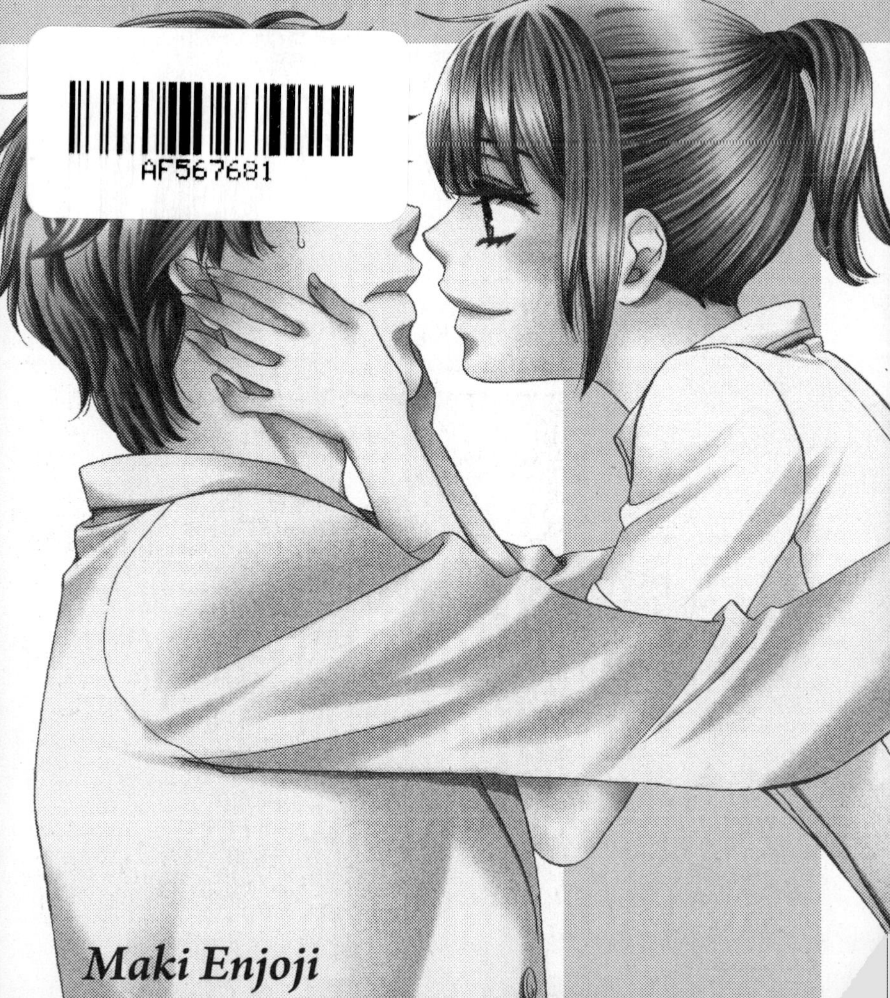

Maki Enjoji

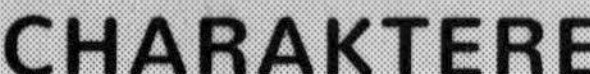

CHARAKTERE

NARIMIYA Zentralklinik

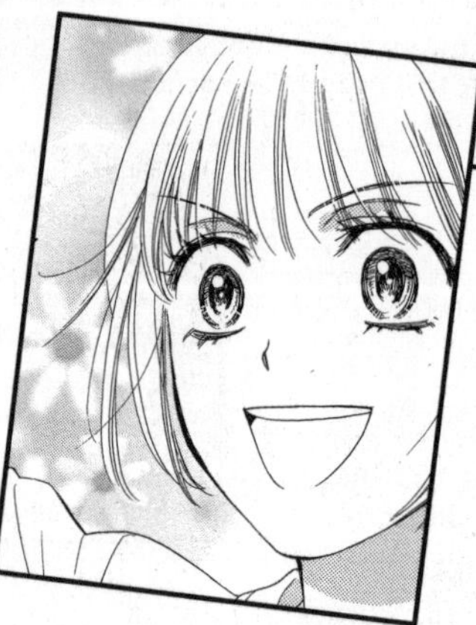

Nanase Sakura

Beruf: Krankenschwester
Station: Abteilung für Pneumologie
Spitzname: Tapfere Heldin

Ist Krankenschwester geworden, weil sie für Kairi schwärmt. Er hat sie zwar eiskalt abblitzen lassen, trotzdem hat sie sich für seine Station beworben.

NARIMIYA Zentralklinik

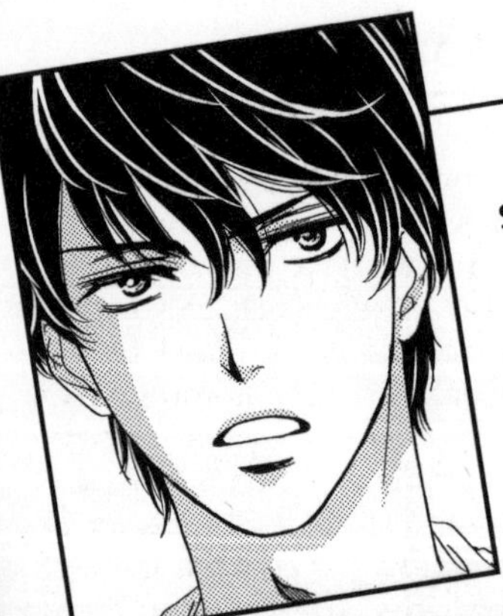

Kairi Tendo

Beruf: Arzt
Station: Abteilung für Pneumologie
Spitzname: Dämonenkönig

Wegen seiner schroffen Art hat er bei den Schwestern einen schlechten Ruf. Auch wenn er Nanase mies behandelt, scheint er etwas für sie übrig (?) zu haben.

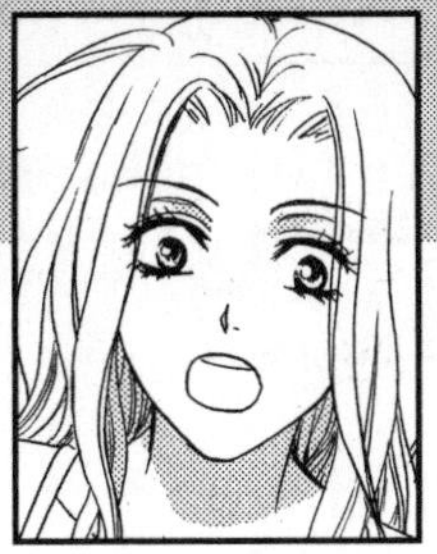

Ryuko Tendo

Beruf: Hausverwalterin

Kairis große Schwester.
Sie ist aufgeschlossen, locker drauf und trinkt gern einen über den Durst.
Sie verhätschelt Nanase ein bisschen.

Ryusei Nishi

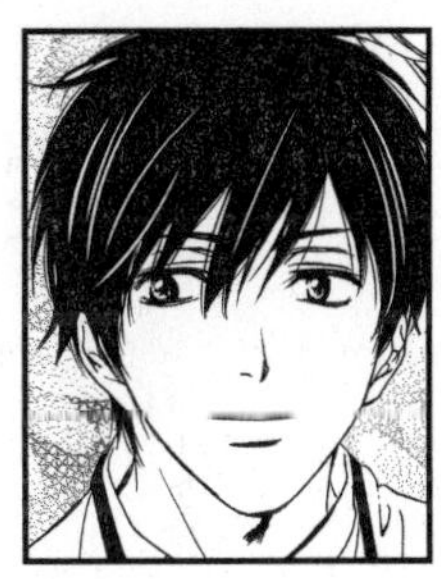

Station: Pädiatrie

Hat zur selben Zeit im Krankenhaus angefangen wie Nanase. Er ist beliebt und hervorragend im Job. Er hat Nanase während der Orientierung empfohlen, auch auf die Pädiatrie zu kommen, weil die Kinder sie so mochten.

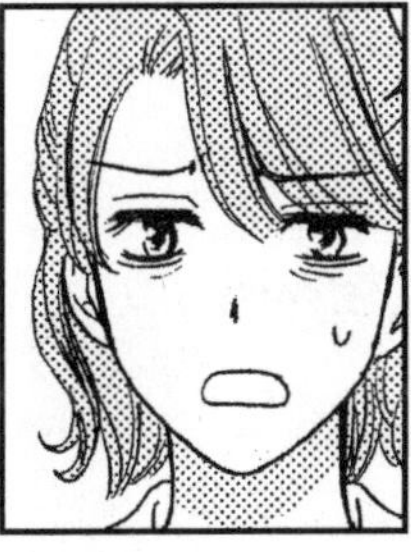

Misa

Station: Notfallmedizin

Ehemalige Kommilitonin von Nanase, die zur selben Zeit im Krankenhaus angefangen hat wie sie. Fühlt sich irgendwie für Nanase verantwortlich.

STORY

Vor fünf Jahren hat sich Nanase unsterblich in einen Notarzt verliebt, der ihr dabei half, eine alte Dame zu retten. Sie ist daraufhin selbst Krankenschwester geworden. Obwohl sie all die Jahre überzeugt war, dass Kairi ein Traumprinz ist, den das Schicksal für sie vorgesehen hat, entpuppt er sich bei ihrem Wiedersehen als regelrechter Kotzbrocken, der Krankenschwestern, die er nicht respektiert, wie Dreck behandelt. Doch obwohl seine tyrannische Art Nanase empört, kommt sie nicht von ihm los. Weil sie ihm mutig die Stirn bietet, wenn er wieder mal unmögliche Forderungen stellt, geben ihr die anderen Schwestern den Spitznamen »tapfere Heldin«. Als ein Patient stirbt, der in Nanase verliebt war, ist sie völlig durch den Wind. Kairi, der nicht mitansehen kann, wie ihre Arbeit unter ihrer Trauer leidet, küsst sie »zu Therapiezwecken«, um sie auf andere Gedanken zu bringen ...

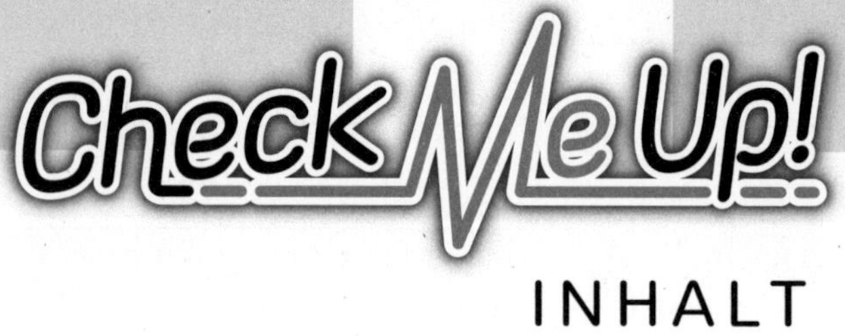

INHALT

Check Me Up!

6th ♥ Love

Meinetwegen auch einseitige Liebe, dann liebe ich eben für zwei ... Hey, das kann man nicht aufteilen!

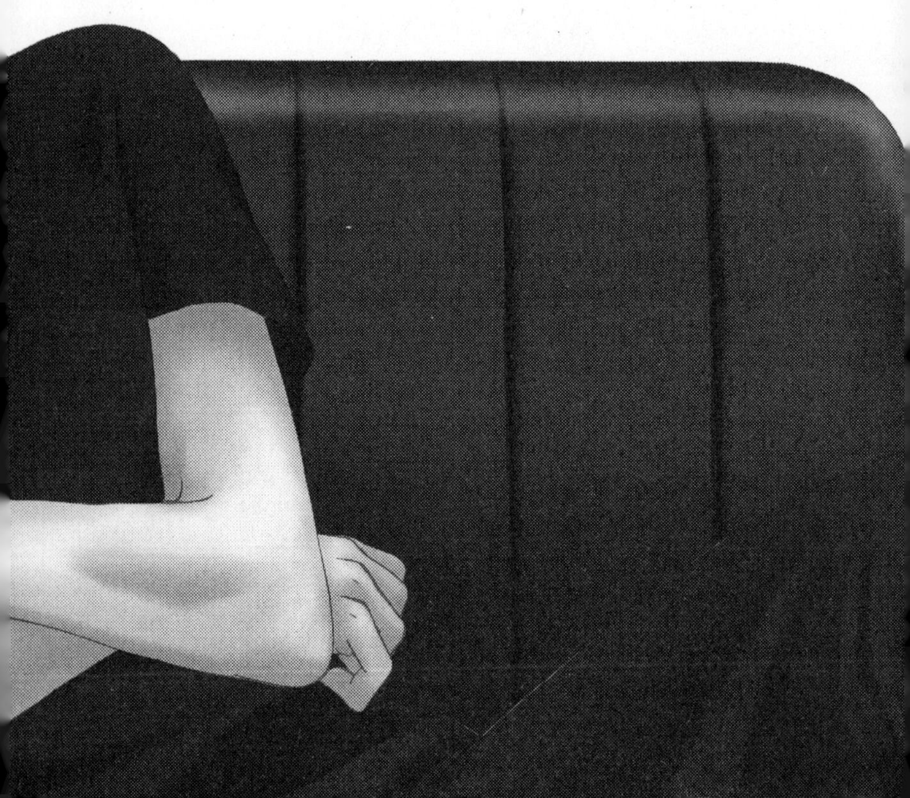

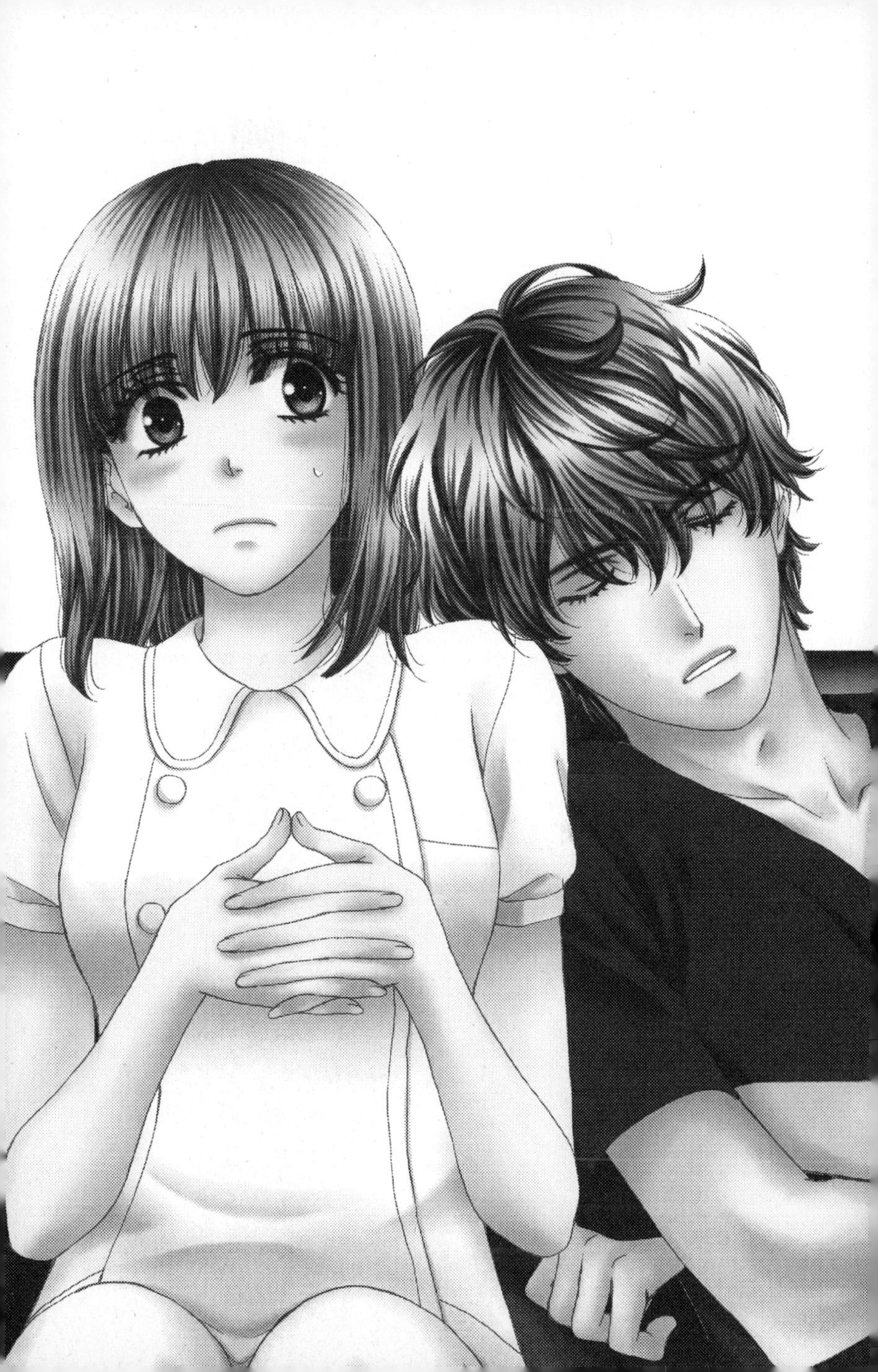

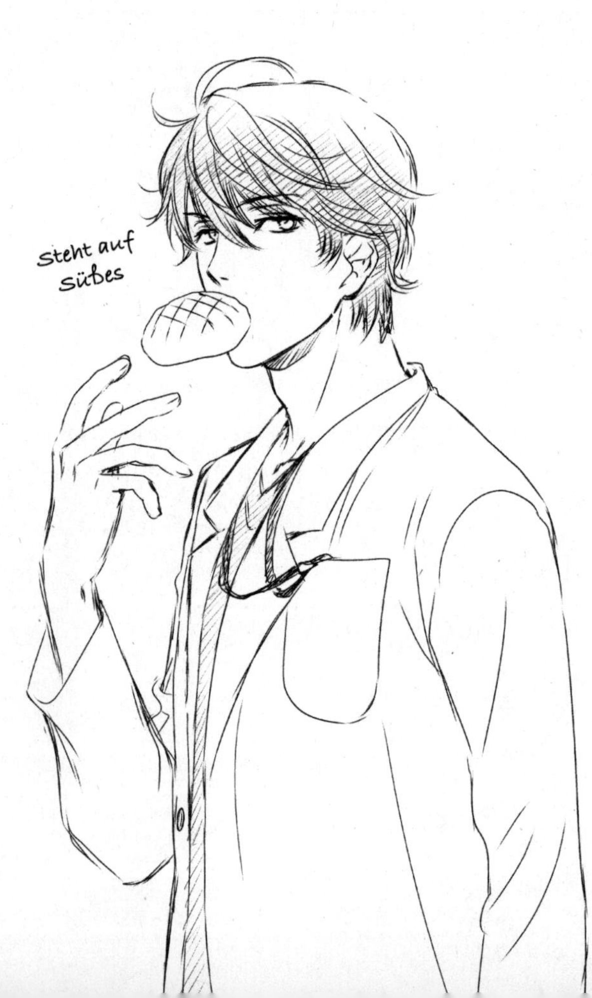
Steht auf
Süßes

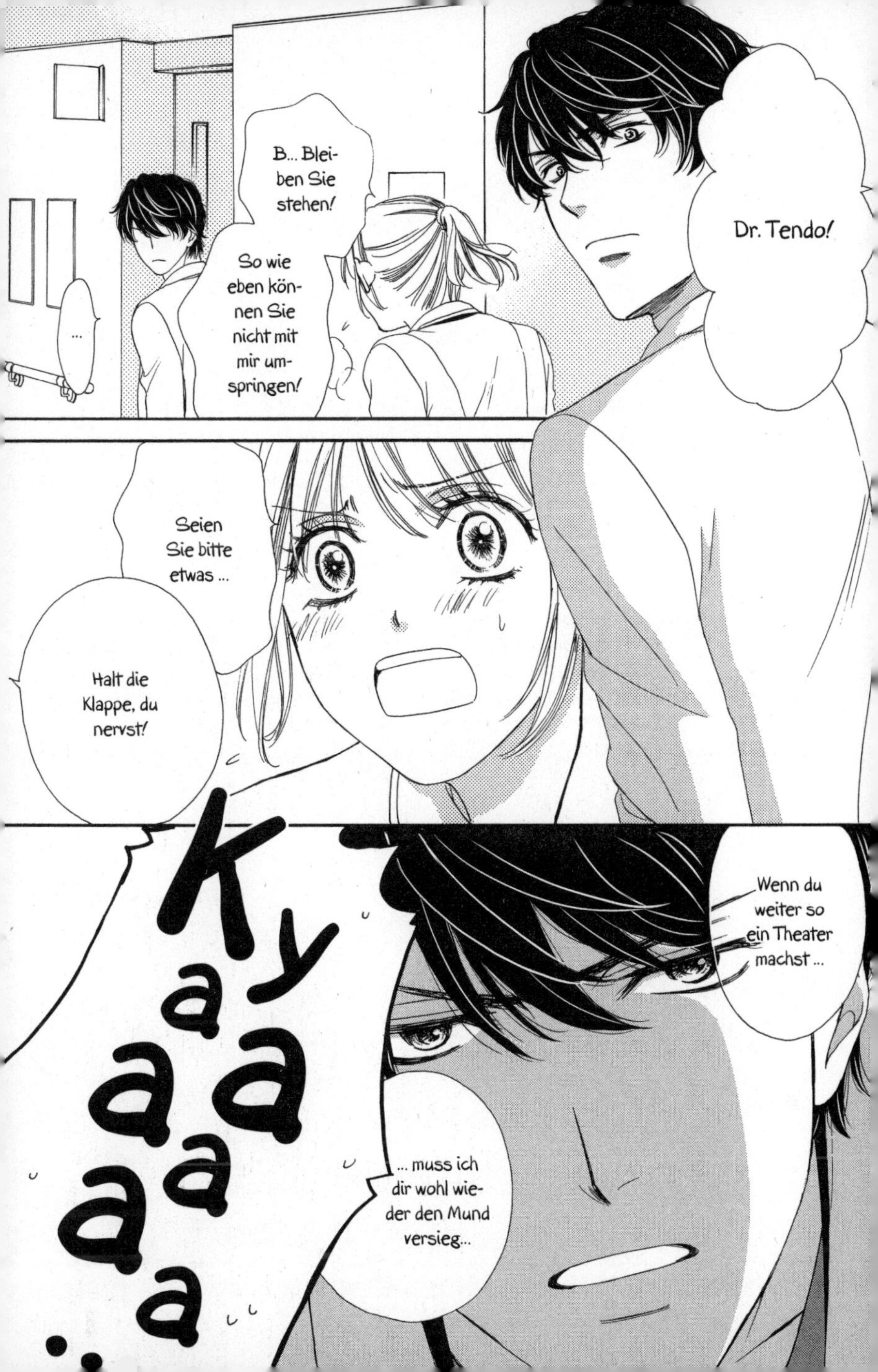
Dr. Tendo!
B... Blei-ben Sie stehen!
So wie eben kön-nen Sie nicht mit mir um-springen!
...
Seien Sie bitte etwas ...
Halt die Klappe, du nervst!
Wenn du weiter so ein Theater machst ...
... muss ich dir wohl wie-der den Mund versieg...
Kyaaaaaaa..

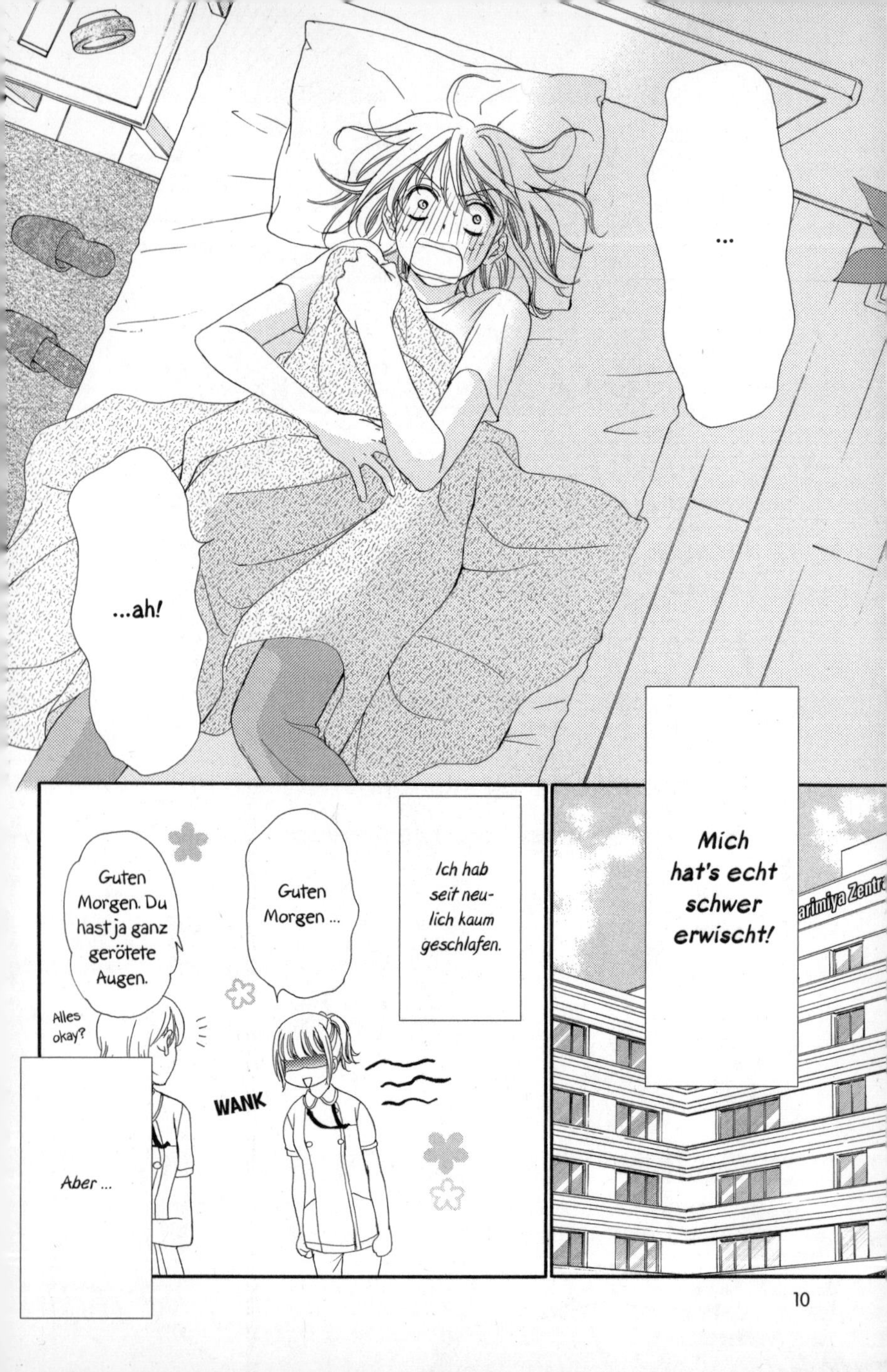
...
...ah!
Mich hat's echt schwer erwischt!
Ich hab seit neulich kaum geschlafen.
Guten Morgen ...
Guten Morgen. Du hast ja ganz gerötete Augen.
Alles okay?
WANK
Aber ...

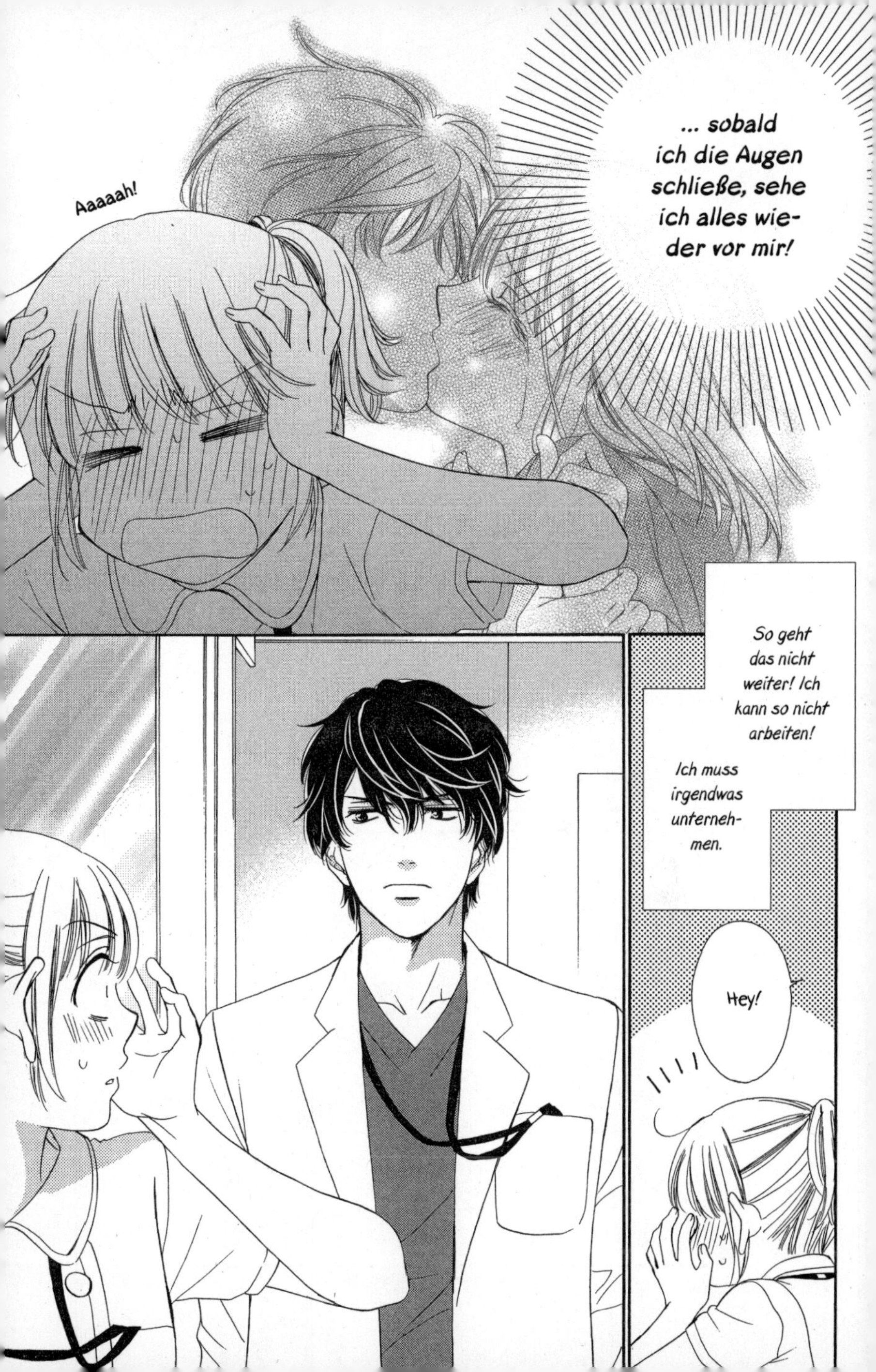
... sobald ich die Augen schließe, sehe ich alles wieder vor mir!
Aaaaah!
So geht das nicht weiter! Ich kann so nicht arbeiten!
Ich muss irgendwas unternehmen.
Hey!

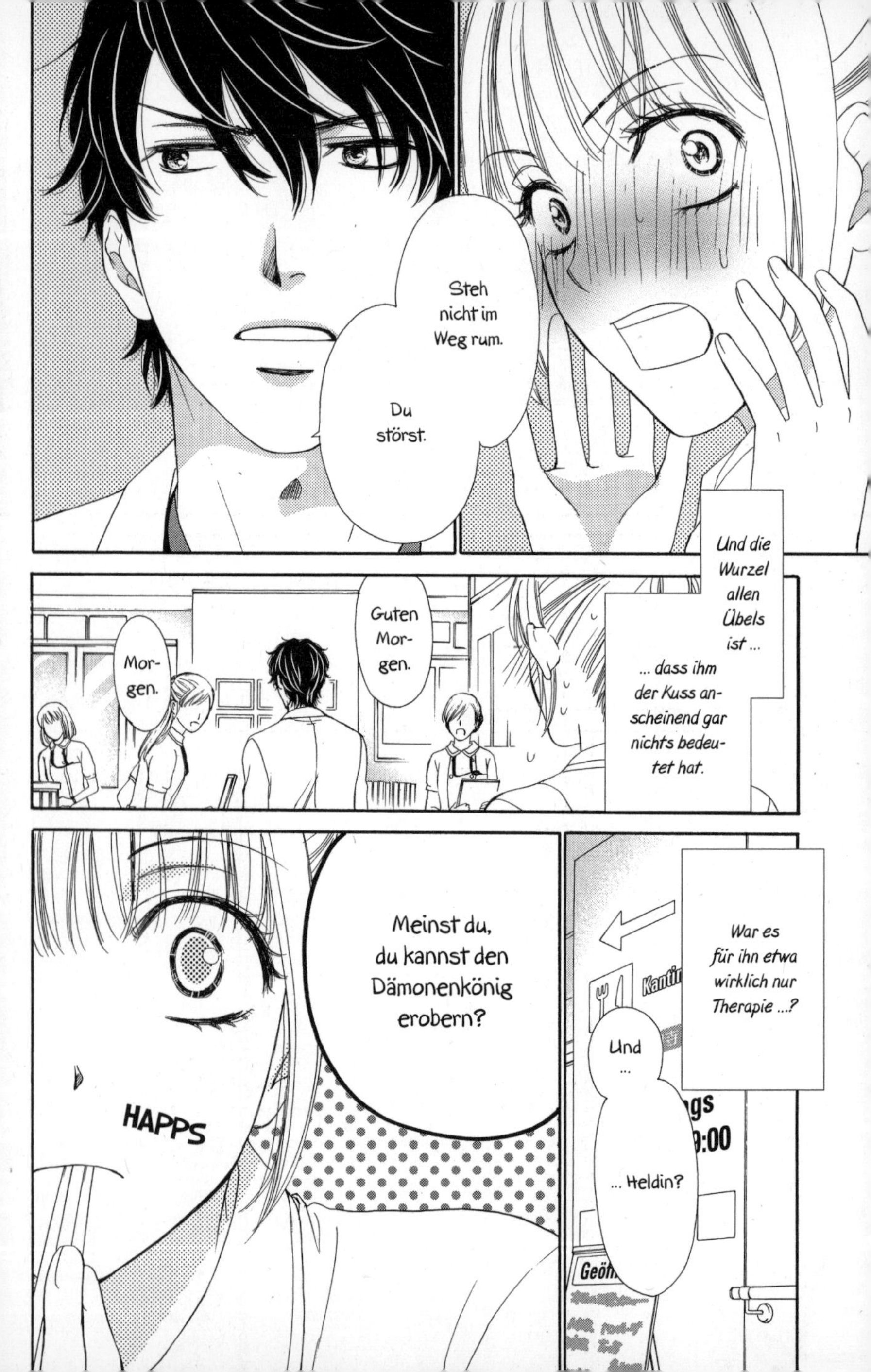
Steh nicht im Weg rum.
Du störst.
Und die Wurzel allen Übels ist ...
... dass ihm der Kuss anscheinend gar nichts bedeutet hat.
Guten Morgen.
Morgen.
War es für ihn etwa wirklich nur Therapie ...?
Und ...
... Heldin?
Meinst du, du kannst den Dämonenkönig erobern?
HAPPS

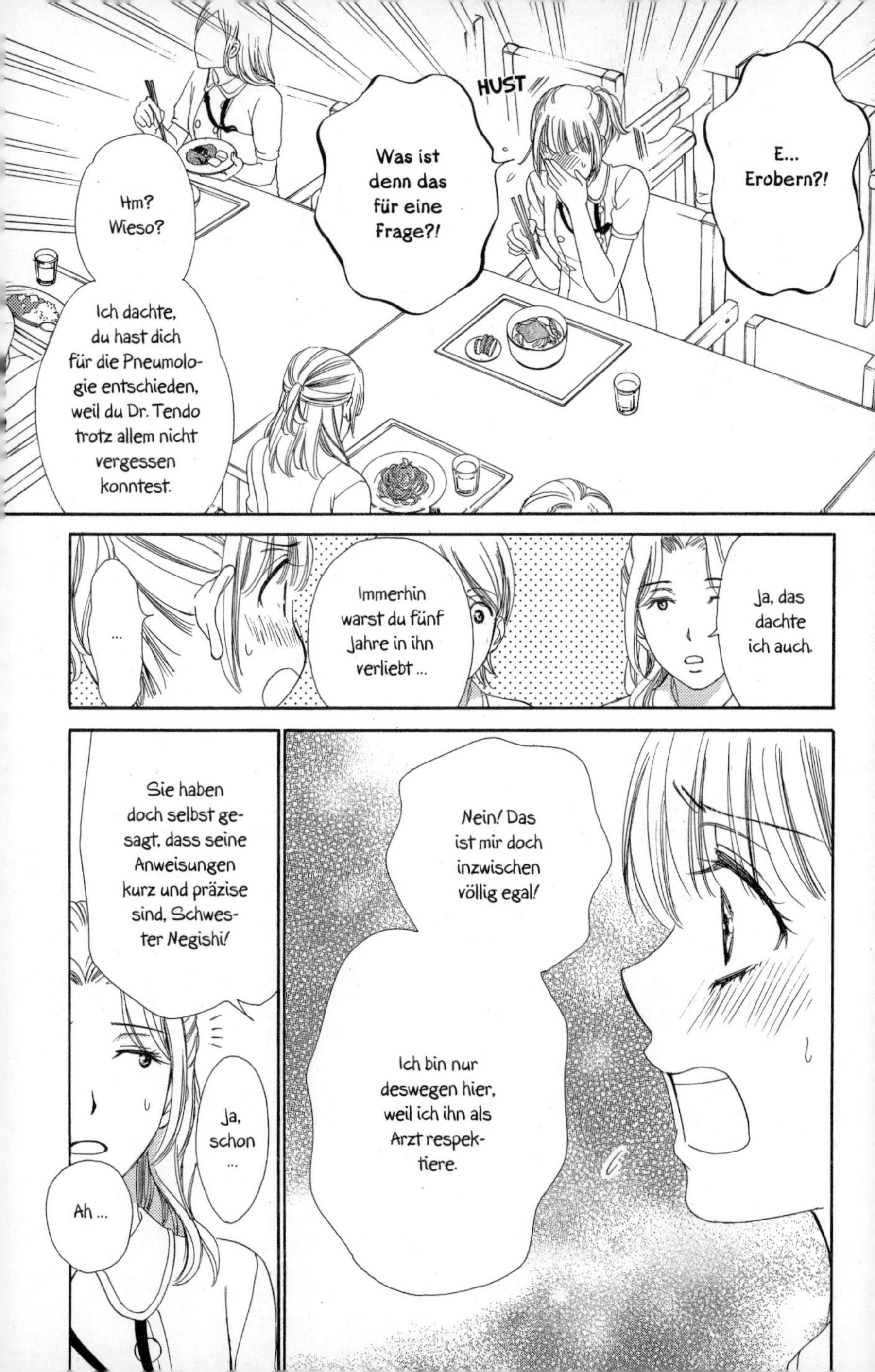
E... Erobern?!
HUST
Was ist denn das für eine Frage?!
Hm? Wieso?
Ich dachte, du hast dich für die Pneumologie entschieden, weil du Dr. Tendo trotz allem nicht vergessen konntest.
Ja, das dachte ich auch.
Immerhin warst du fünf Jahre in ihn verliebt ...
...
Nein! Das ist mir doch inzwischen völlig egal!
Ich bin nur deswegen hier, weil ich ihn als Arzt respektiere.
Sie haben doch selbst gesagt, dass seine Anweisungen kurz und präzise sind, Schwester Negishi!
Ja, schon ...
Ah ...

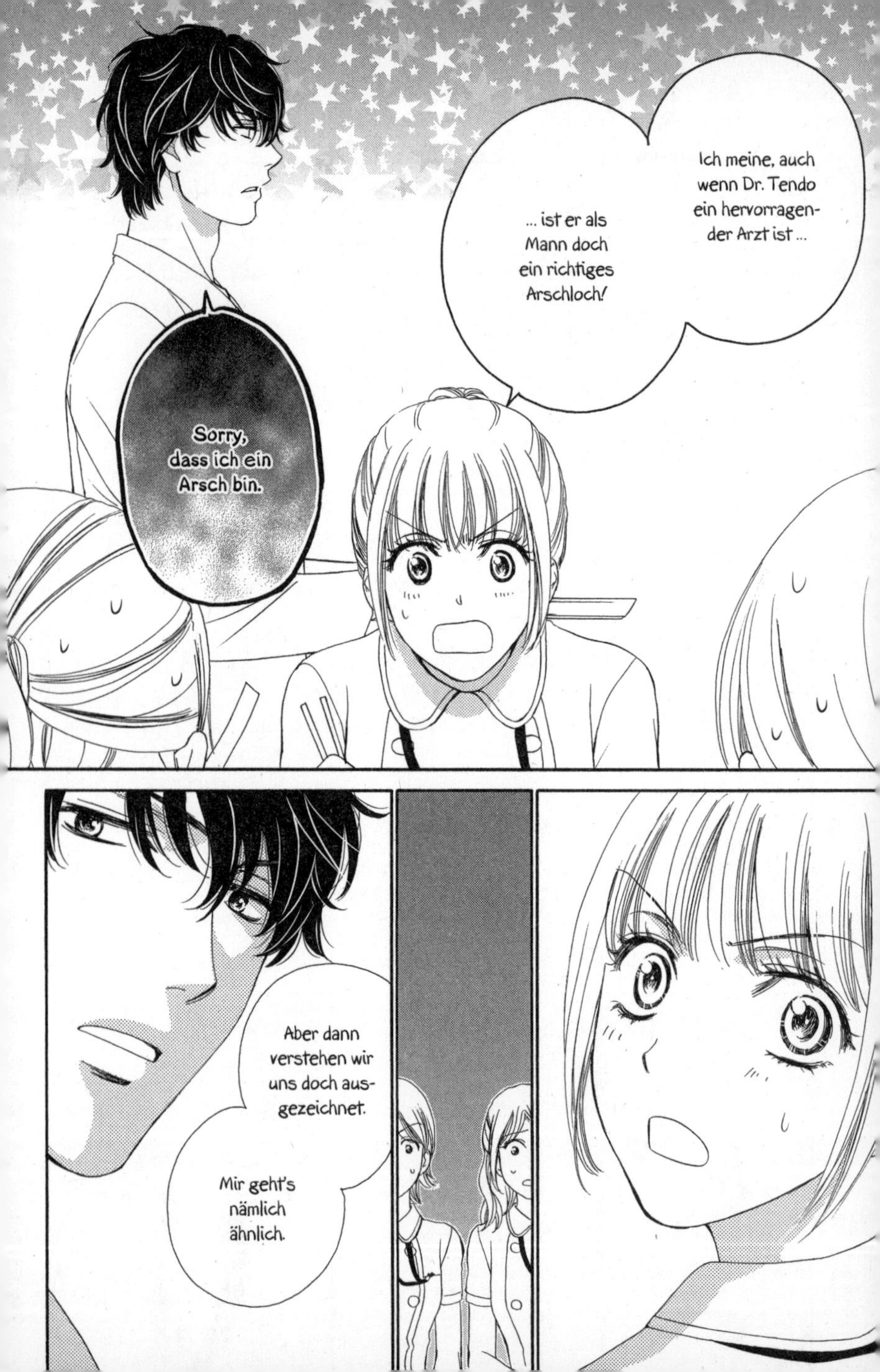
Ich meine, auch wenn Dr. Tendo ein hervorragender Arzt ist ...
... ist er als Mann doch ein richtiges Arschloch!
Sorry, dass ich ein Arsch bin.
Aber dann verstehen wir uns doch ausgezeichnet.
Mir geht's nämlich ähnlich.

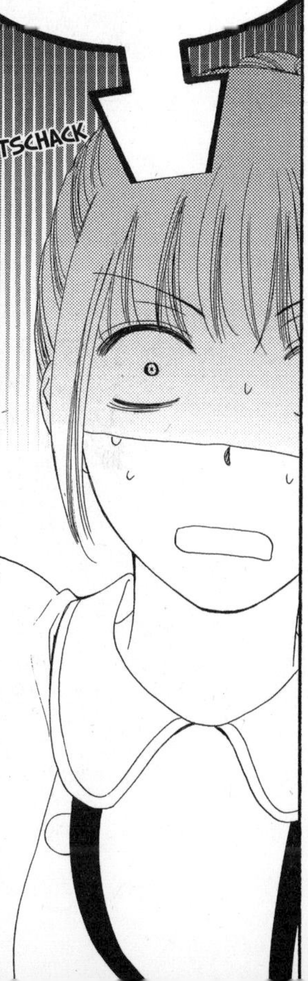

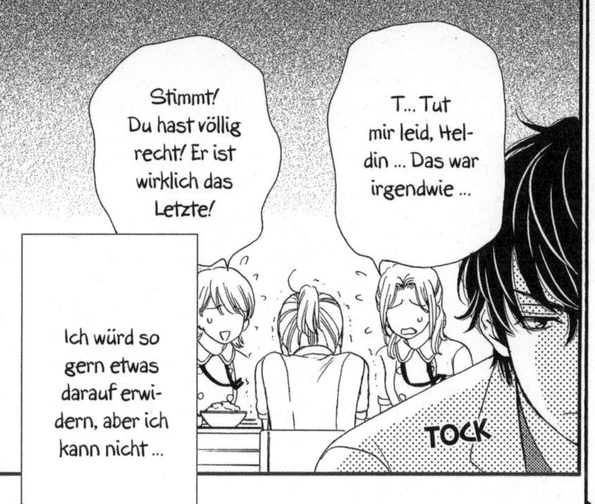

Immerhin kann ich nun wirklich nicht behaupten, dass ich mich ihm gegenüber ...

①Ist vor Hunger umgekippt und musste sich mit Reisbrei aufpäppeln lassen.

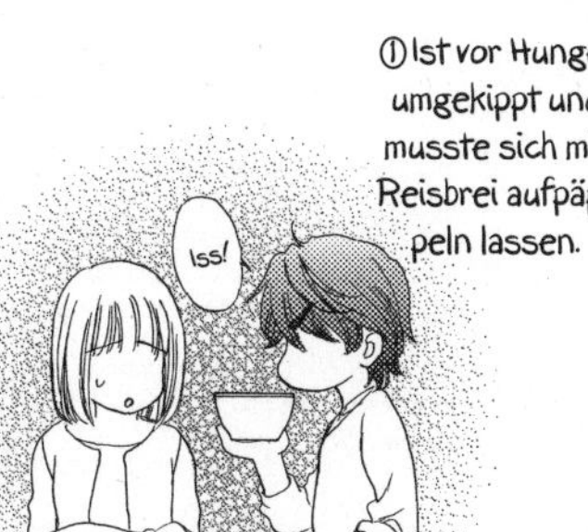

②Hat sich ins Koma gesoffen.

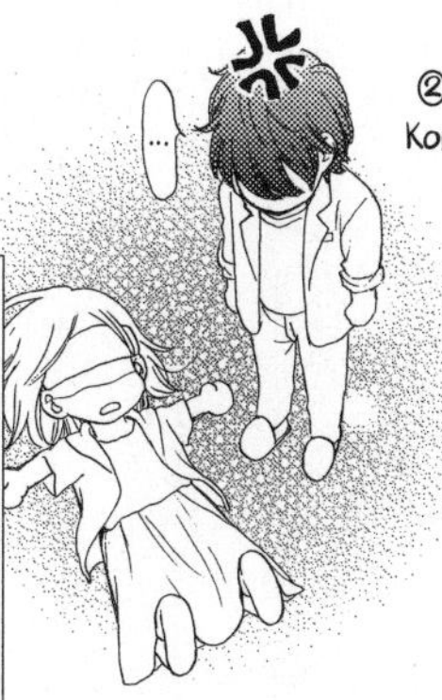

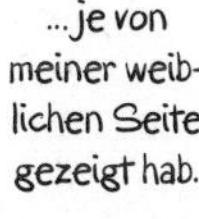

...je von meiner weiblichen Seite gezeigt hab.

Aber das ist schon okay.
Ich lebe ab jetzt nur noch für meine Arbeit!
Eine Abschiedsfeier ...?
Ach so, weil Dr. Koishikawa freiwillig in Rente geht?

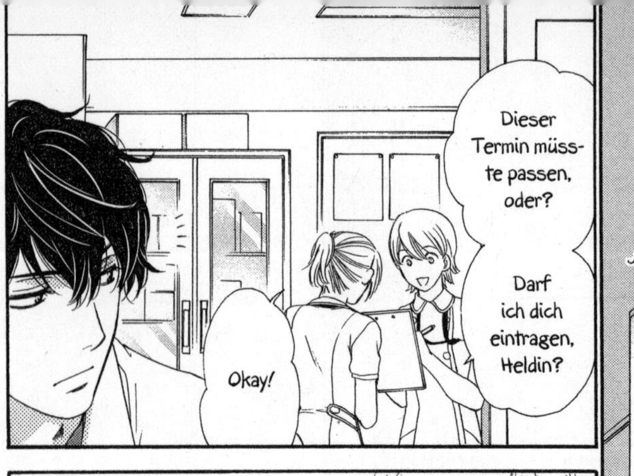

Ähm, tragen Sie ...

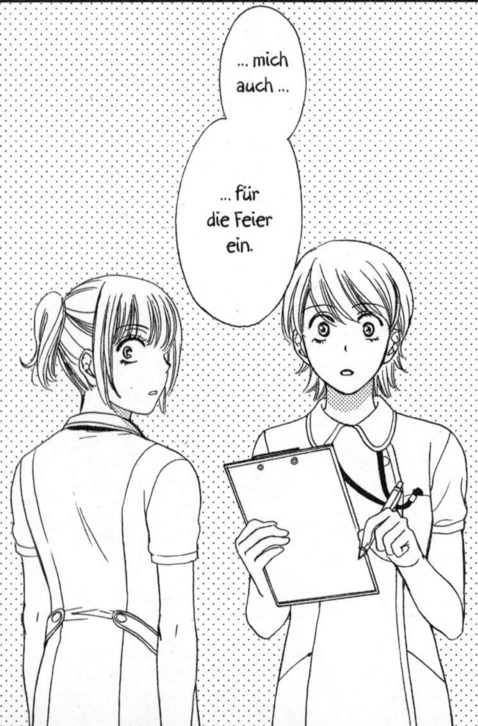

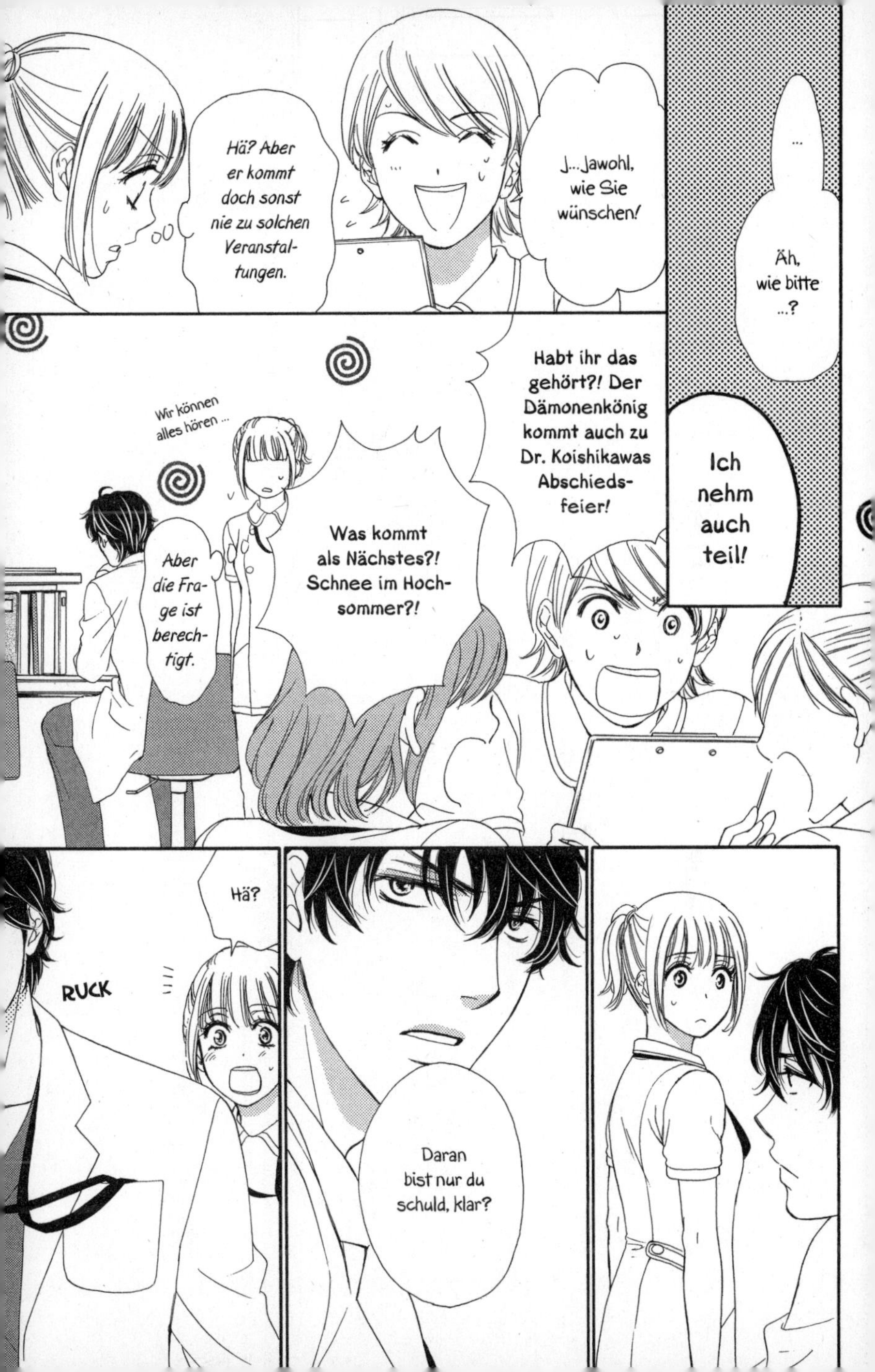

...
Äh, wie bitte ...?
Ich nehm auch teil!
J...Jawohl, wie Sie wünschen!
Hä? Aber er kommt doch sonst nie zu solchen Veranstaltungen.
Habt ihr das gehört?! Der Dämonenkönig kommt auch zu Dr. Koishikawas Abschiedsfeier!
Was kommt als Nächstes?! Schnee im Hochsommer?!
Aber die Frage ist berechtigt.
Wir können alles hören ...
Daran bist nur du schuld, klar?
Hä?
RUCK

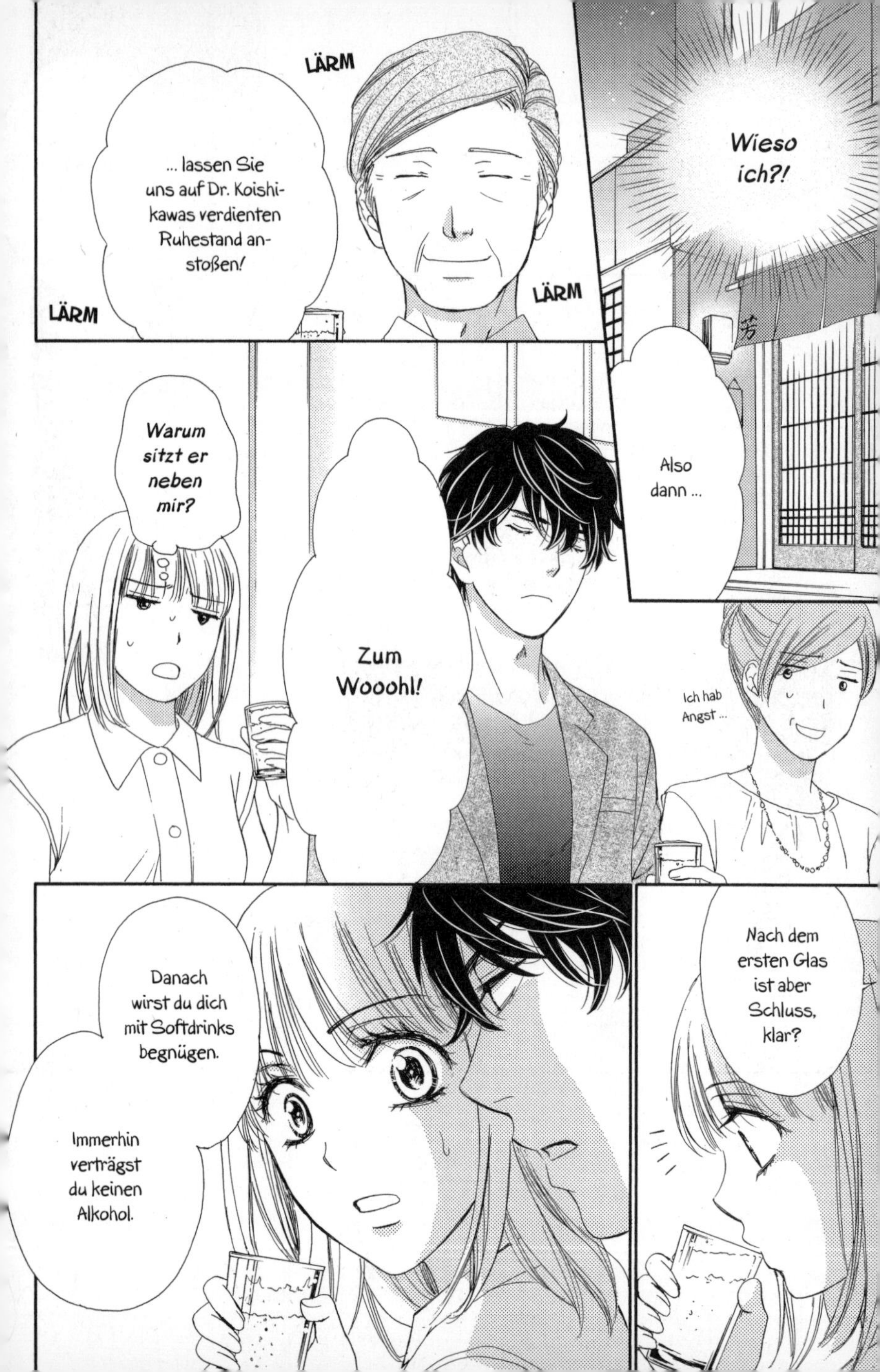
Wieso ich?!
Also dann ...
LÄRM
... lassen Sie uns auf Dr. Koishi-kawas verdienten Ruhestand an-stoßen!
LÄRM
LÄRM
Ich hab Angst ...
Zum Wooohl!
Warum sitzt er neben mir?
Nach dem ersten Glas ist aber Schluss, klar?
Danach wirst du dich mit Softdrinks begnügen.
Immerhin verträgst du keinen Alkohol.

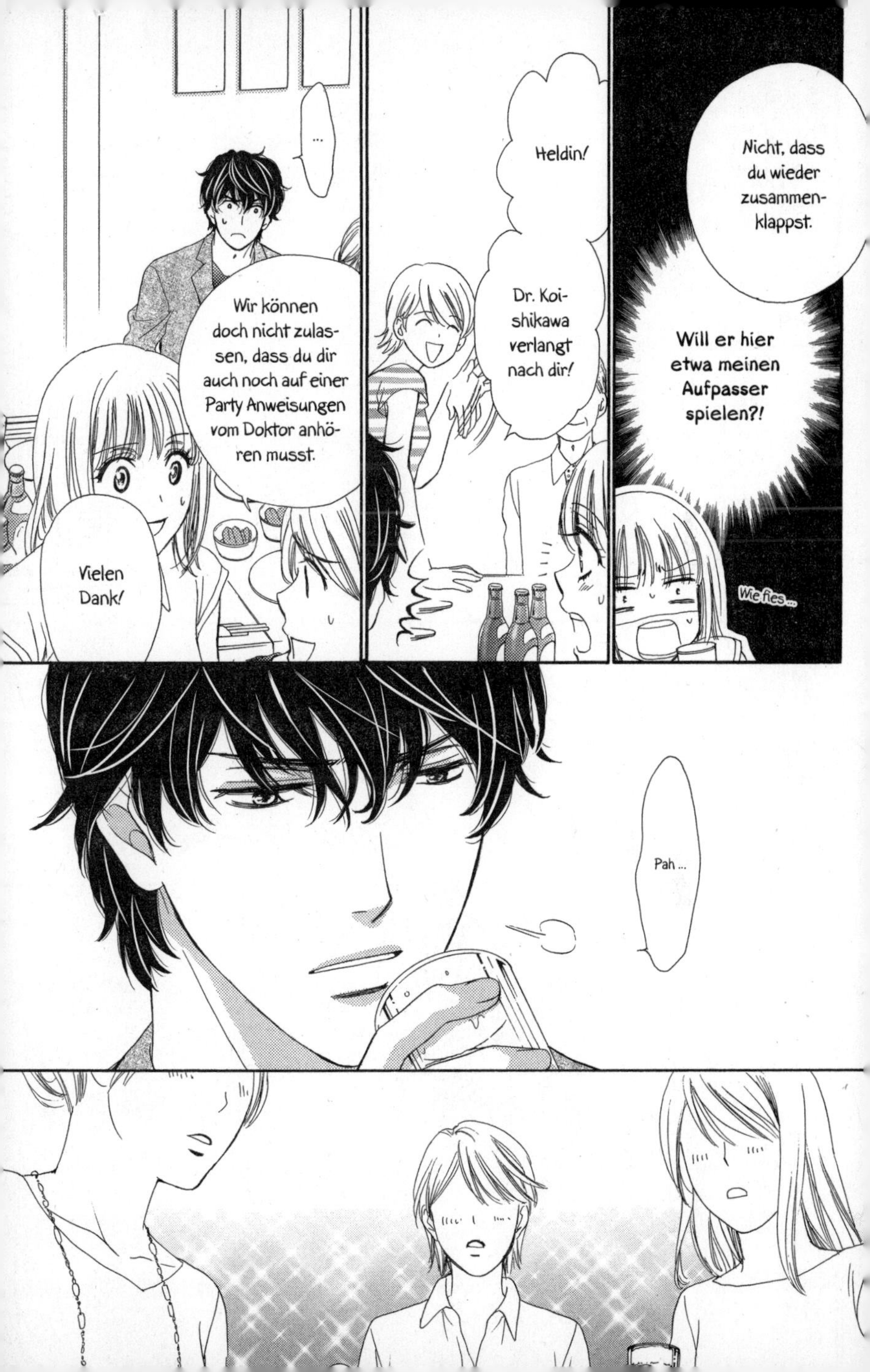
Nicht, dass du wieder zusammenklappst.
Will er hier etwa meinen Aufpasser spielen?!
Wie fies ...
Heldin!
Dr. Koishikawa verlangt nach dir!
...
Wir können doch nicht zulassen, dass du dir auch noch auf einer Party Anweisungen vom Doktor anhören musst.
Vielen Dank!
Pah ...

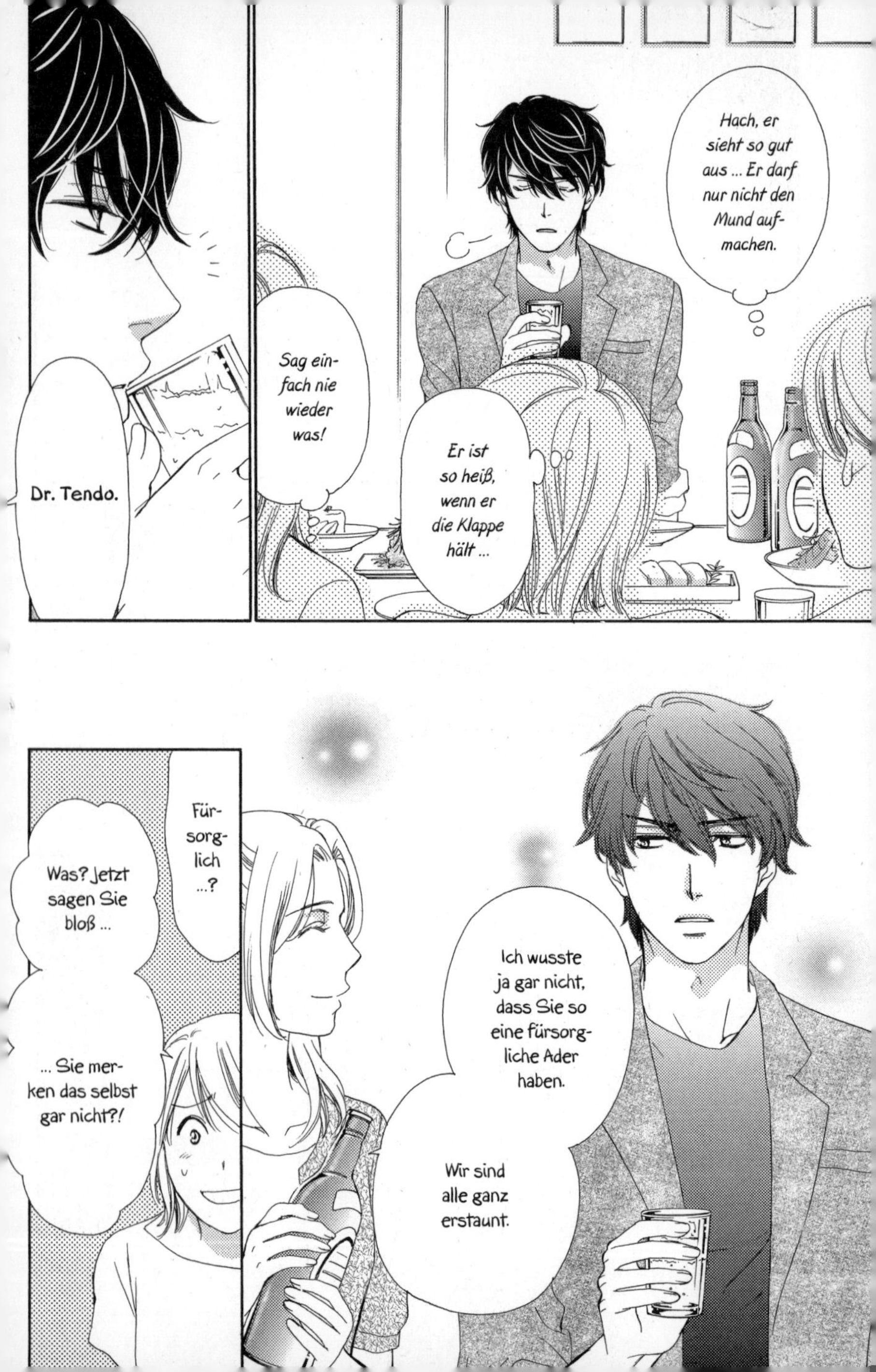

Hach, er sieht so gut aus ... Er darf nur nicht den Mund aufmachen.

Er ist so heiß, wenn er die Klappe hält ...

Sag einfach nie wieder was!

Dr. Tendo.

Ich wusste ja gar nicht, dass Sie so eine fürsorgliche Ader haben.

Wir sind alle ganz erstaunt.

Fürsorglich ...?

Was? Jetzt sagen Sie bloß ...

... Sie merken das selbst gar nicht?!

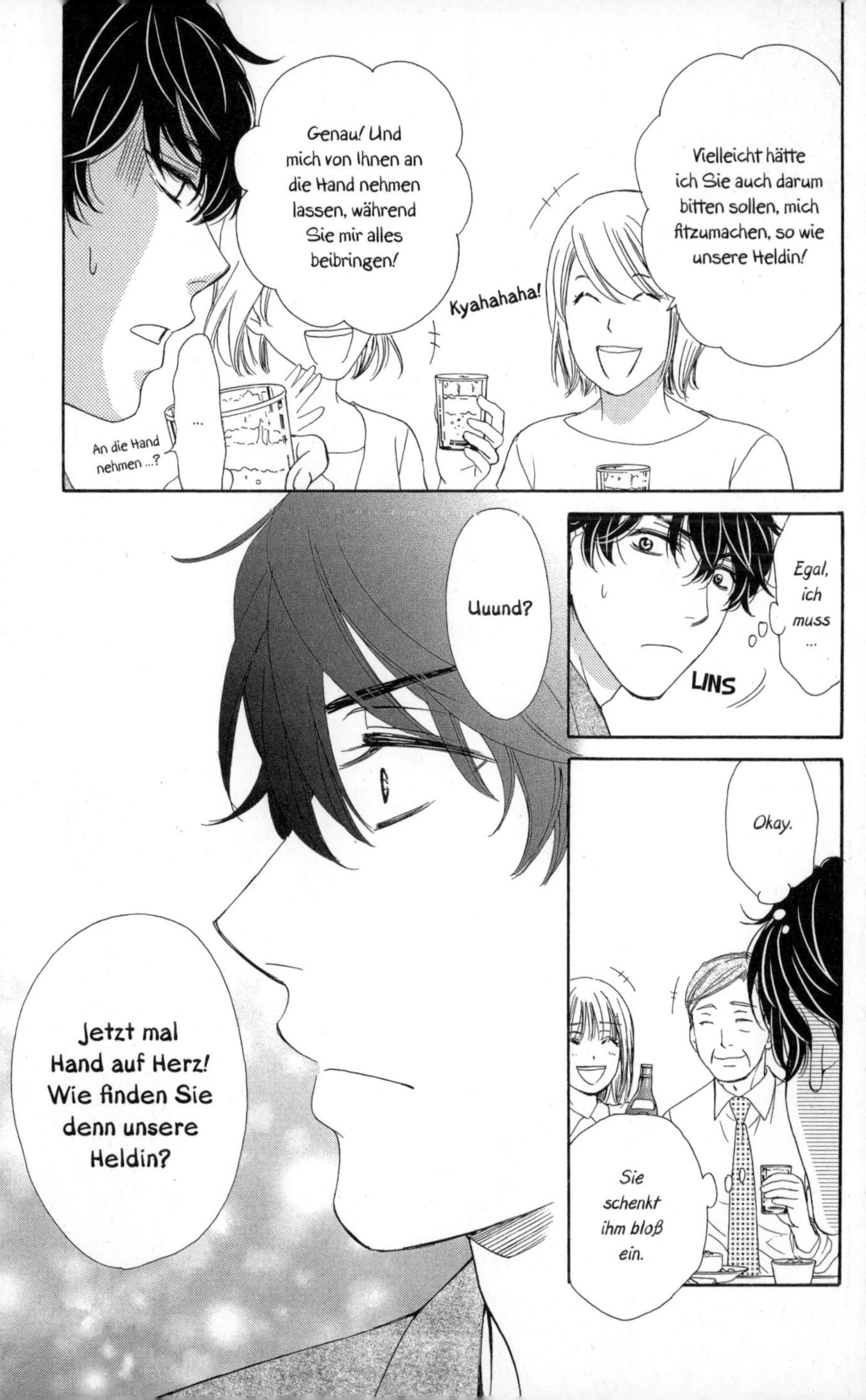
Vielleicht hätte ich Sie auch darum bitten sollen, mich fitzumachen, so wie unsere Heldin!
Kyahahaha!
Genau! Und mich von Ihnen an die Hand nehmen lassen, während Sie mir alles beibringen!
...
An die Hand nehmen ...?
Egal, ich muss ...
LINS
Uuund?
Okay.
Sie schenkt ihm bloß ein.
Jetzt mal Hand auf Herz! Wie finden Sie denn unsere Heldin?

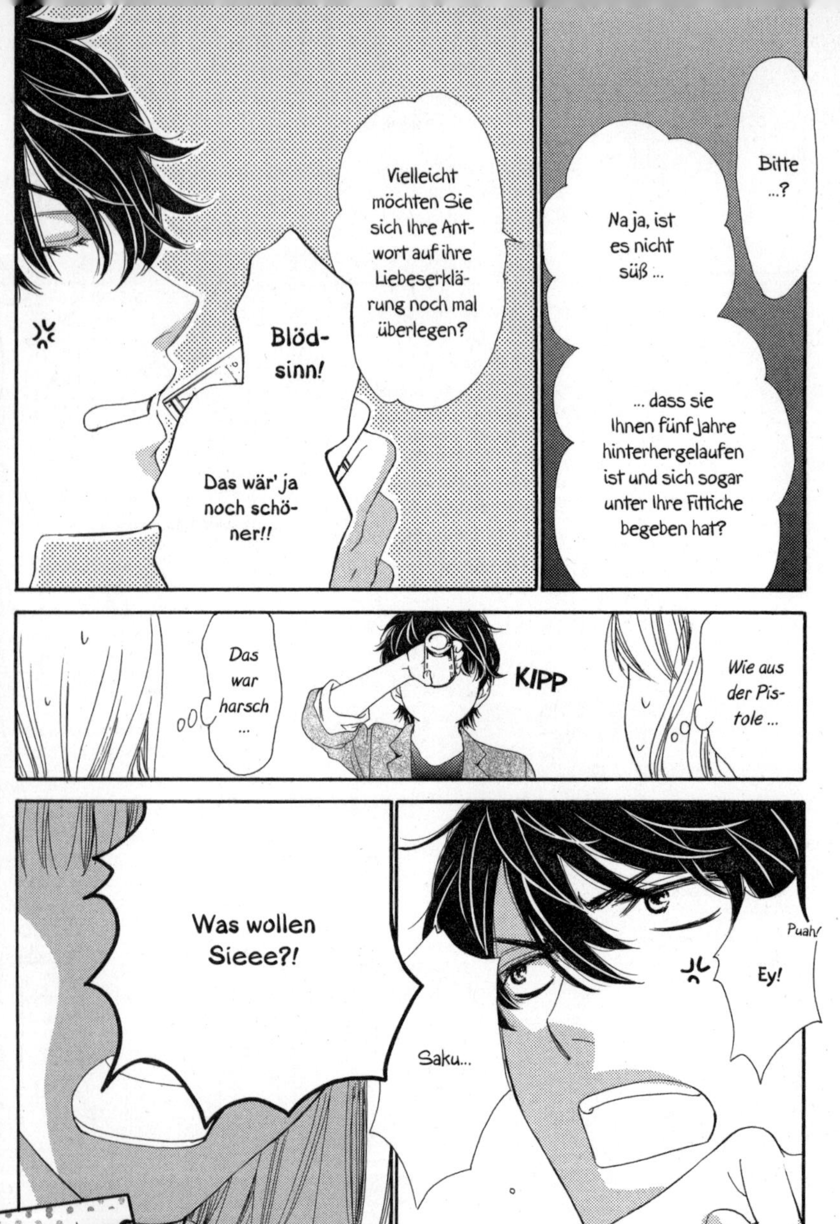
Bitte ...?
Na ja, ist es nicht süß ...
... dass sie Ihnen fünf Jahre hinterhergelaufen ist und sich sogar unter Ihre Fittiche begeben hat?
Vielleicht möchten Sie sich Ihre Antwort auf ihre Liebeserklärung noch mal überlegen?
Blöd-sinn!
Das wär' ja noch schöner!!
Wie aus der Pistole ...
KIPP
Das war harsch ...
Puah!
Ey!
Saku...
Was wollen Sieee?!
Hä?!

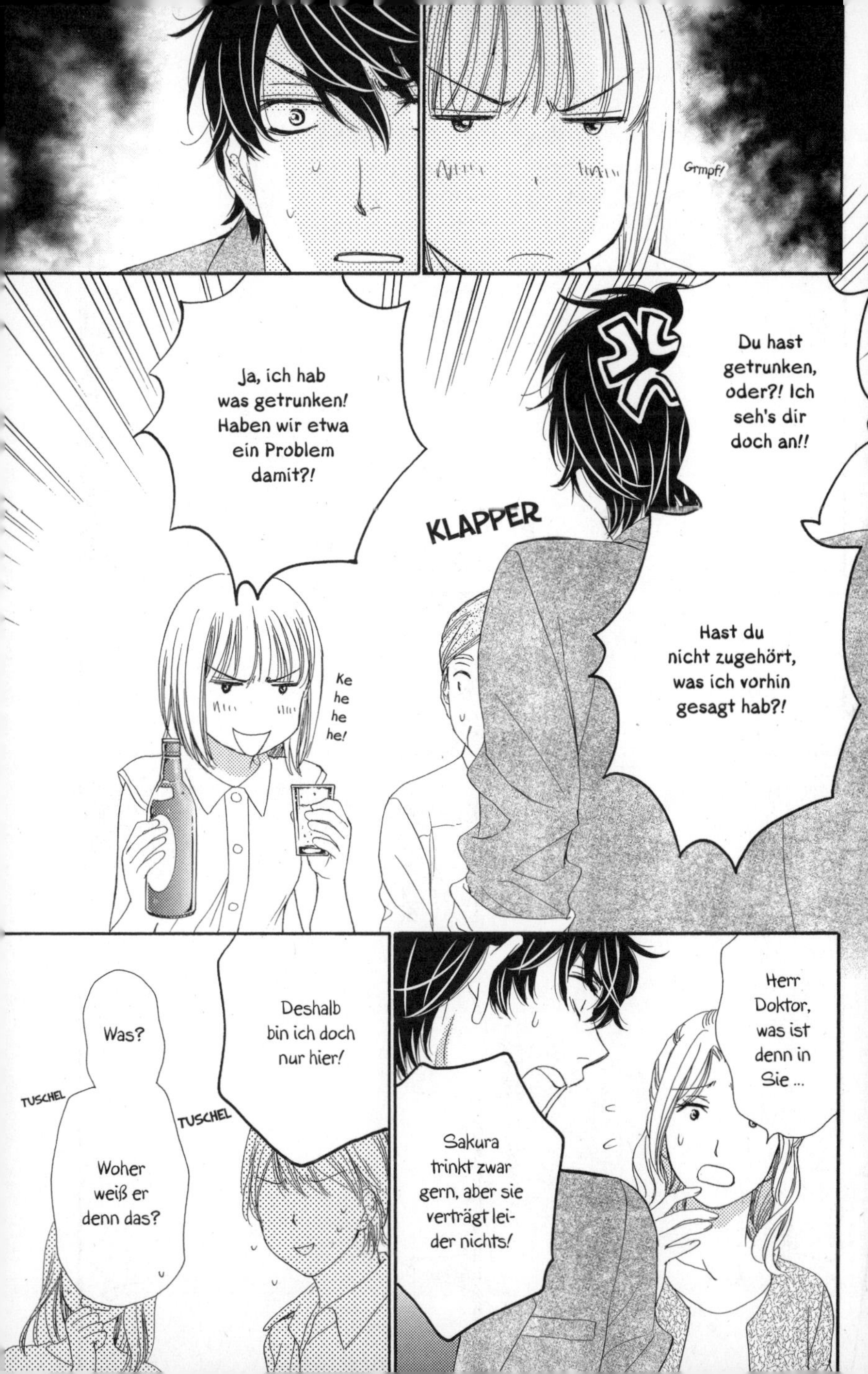
Grmpf!
Du hast getrunken, oder?! Ich seh's dir doch an!!
Ja, ich hab was getrunken! Haben wir etwa ein Problem damit?!
KLAPPER
Hast du nicht zugehört, was ich vorhin gesagt hab?!
Ke he he he!
Herr Doktor, was ist denn in Sie ...
Sakura trinkt zwar gern, aber sie verträgt lei-der nichts!
Deshalb bin ich doch nur hier!
Was?
TUSCHEL
TUSCHEL
Woher weiß er denn das?

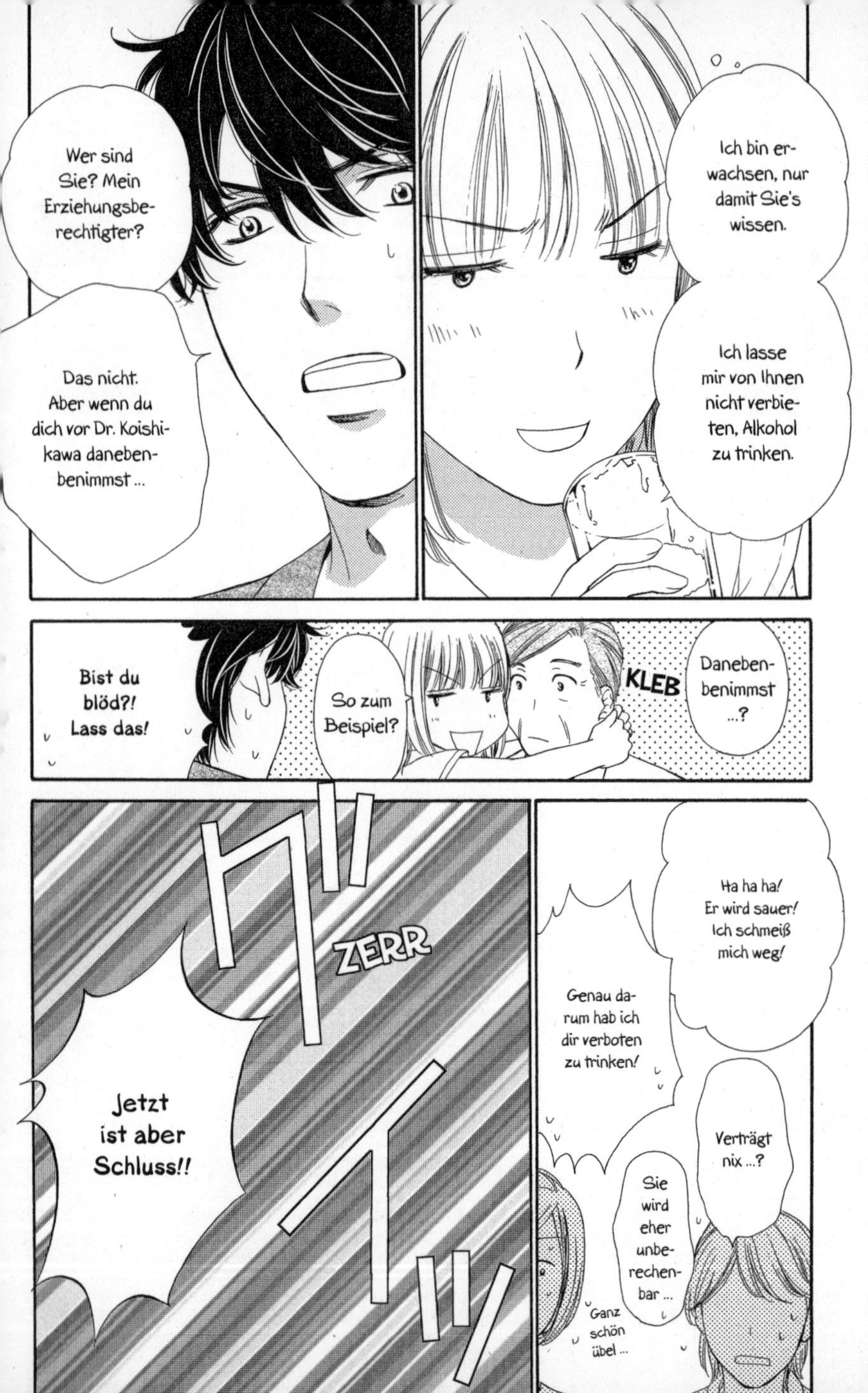
Ich bin erwachsen, nur damit Sie's wissen.
Ich lasse mir von Ihnen nicht verbieten, Alkohol zu trinken.
Wer sind Sie? Mein Erziehungsberechtigter?
Das nicht. Aber wenn du dich vor Dr. Koishikawa danebenbenimmst ...
Danebenbenimmst ...?
KLEB
So zum Beispiel?
Bist du blöd?! Lass das!
Ha ha ha! Er wird sauer! Ich schmeiß mich weg!
Genau darum hab ich dir verboten zu trinken!
Verträgt nix ...?
Sie wird eher unberechenbar ...
Ganz schön übel ...
ZERR
Jetzt ist aber Schluss!!

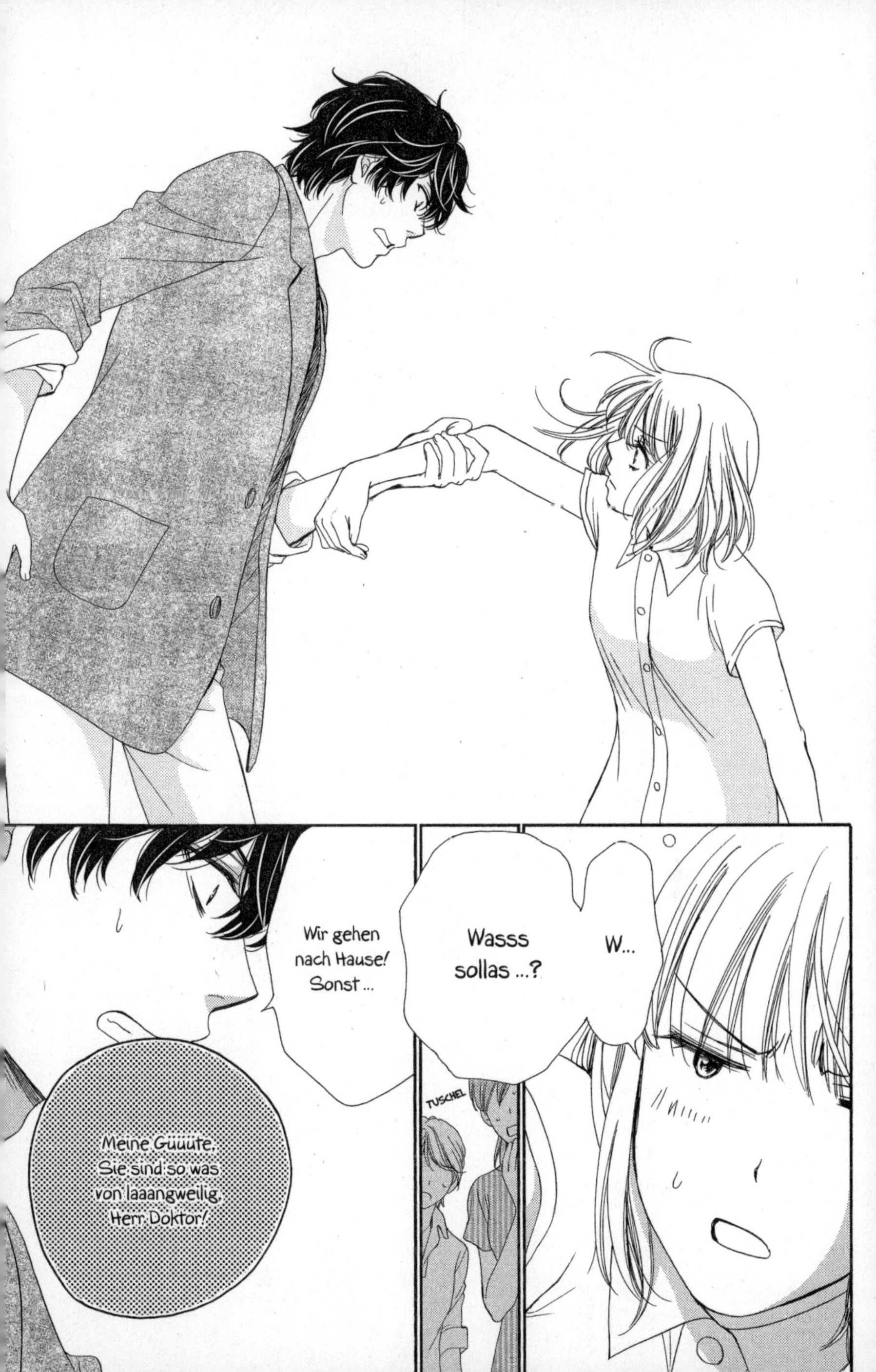
W...
Wasss sollas ...?
TUSCHEL
Wir gehen nach Hause! Sonst ...
Meine Guuute, Sie sind so was von laaangweilig, Herr Doktor!

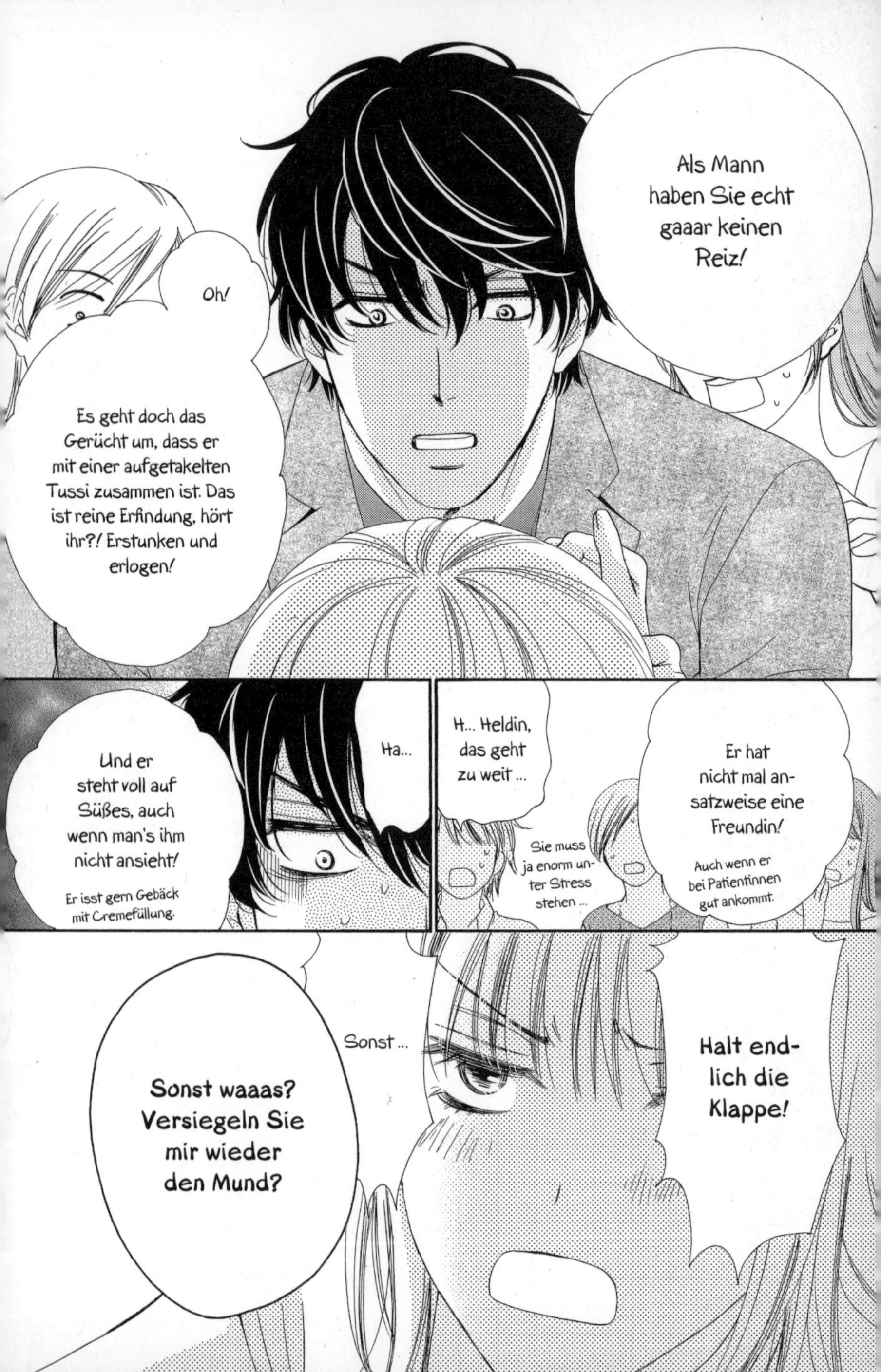
Als Mann haben Sie echt gaaar keinen Reiz!
Oh!
Es geht doch das Gerücht um, dass er mit einer aufgetakelten Tussi zusammen ist. Das ist reine Erfindung, hört ihr?! Erstunken und erlogen!
Er hat nicht mal ansatzweise eine Freundin!
Auch wenn er bei Patientinnen gut ankommt.
Sie muss ja enorm unter Stress stehen ...
H... Heldin, das geht zu weit ...
Ha...
Und er steht voll auf Süßes, auch wenn man's ihm nicht ansieht!
Er isst gern Gebäck mit Cremefüllung.
Halt endlich die Klappe!
Sonst ...
Sonst waaas? Versiegeln Sie mir wieder den Mund?

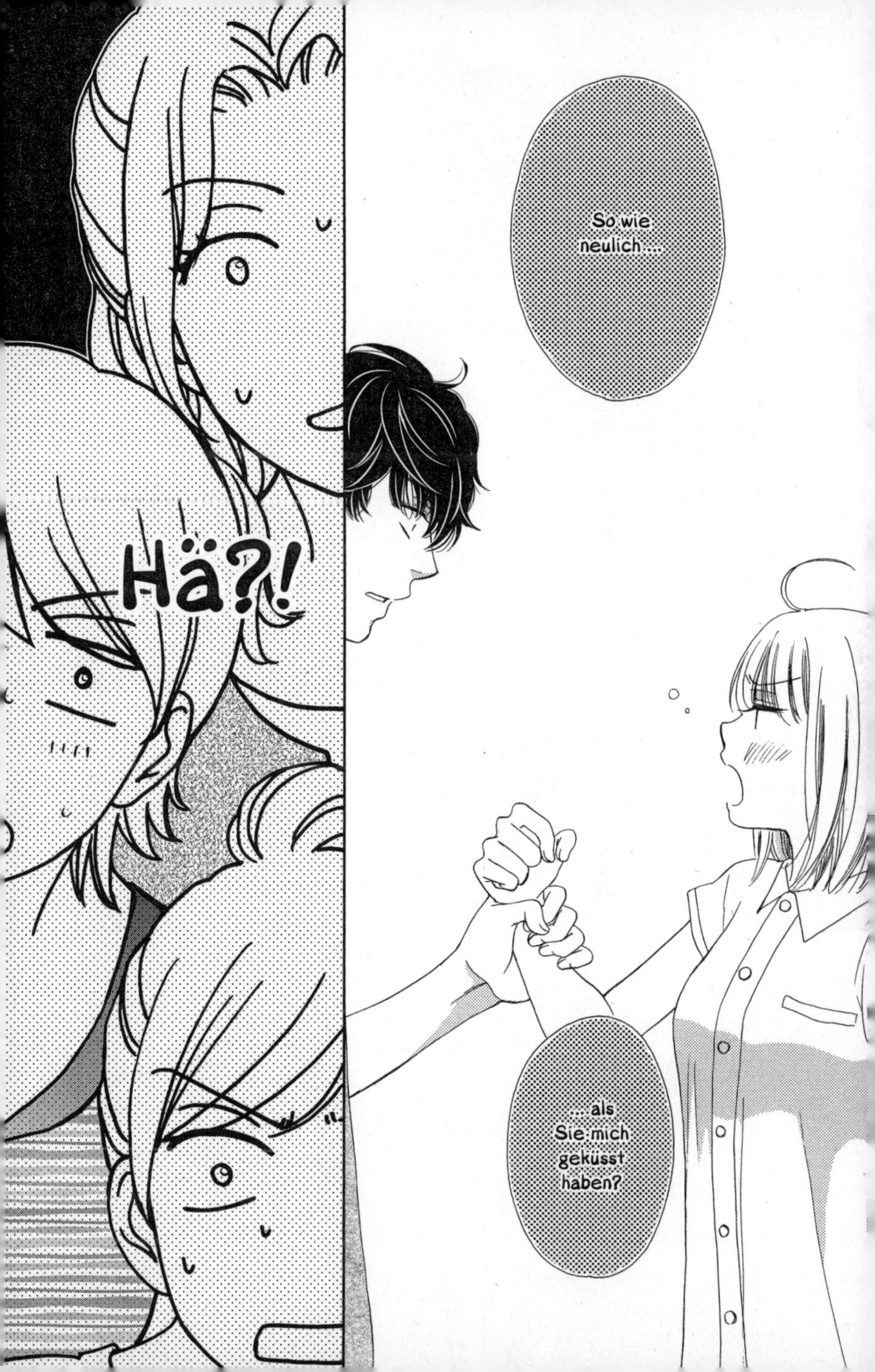
So wie neulich ...
... als Sie mich gekusst haben?
Hä?!

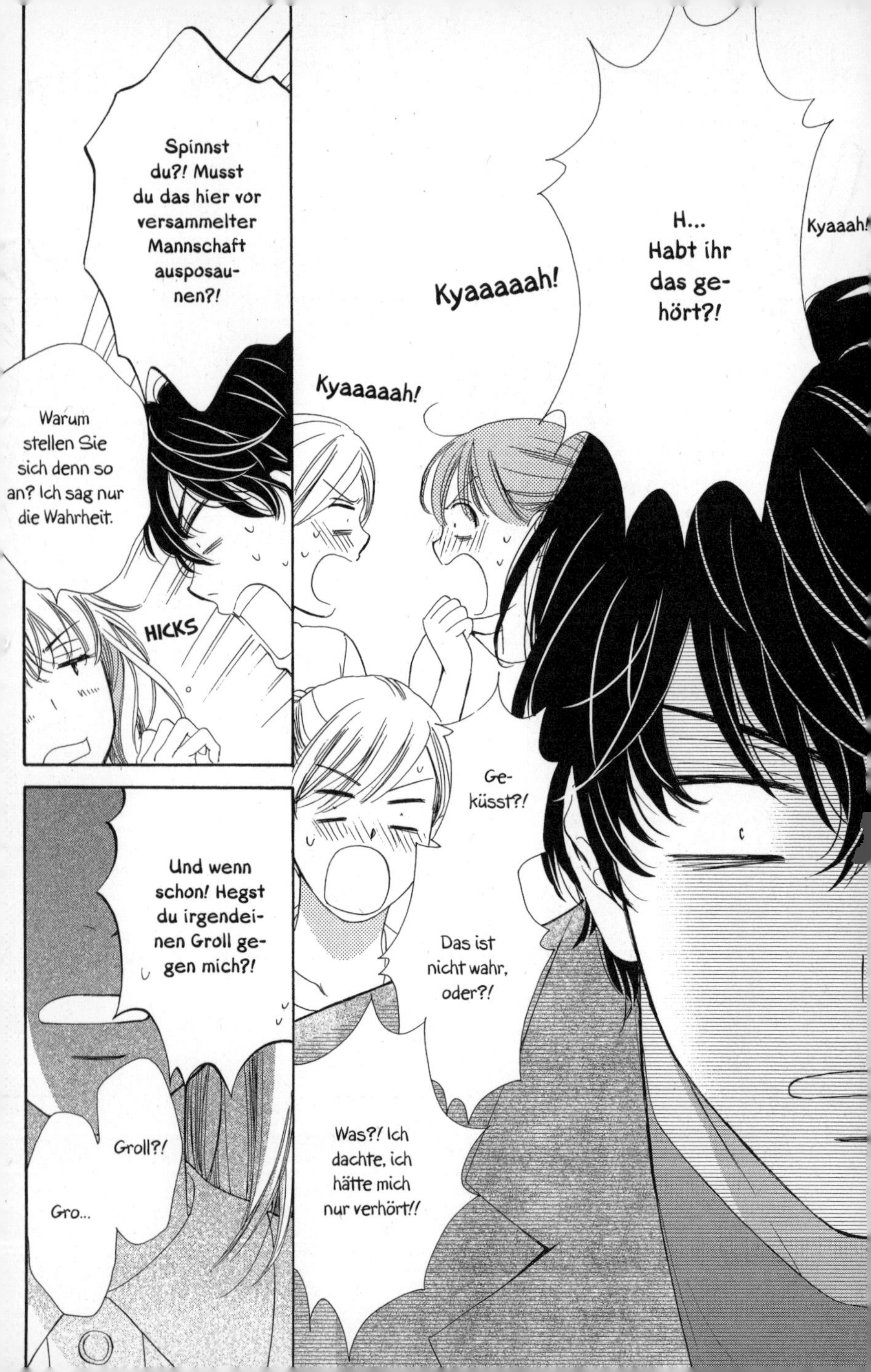
Kyaaah!
H... Habt ihr das gehört?!
Kyaaaaah!
Kyaaaaah!
Ge-küsst?!
Das ist nicht wahr, oder?!
Was?! Ich dachte, ich hätte mich nur verhört!!
Spinnst du?! Musst du das hier vor versammelter Mannschaft ausposaunen?!
Warum stellen Sie sich denn so an? Ich sag nur die Wahrheit.
HICKS
Und wenn schon! Hegst du irgendeinen Groll gegen mich?!
Groll?!
Gro...

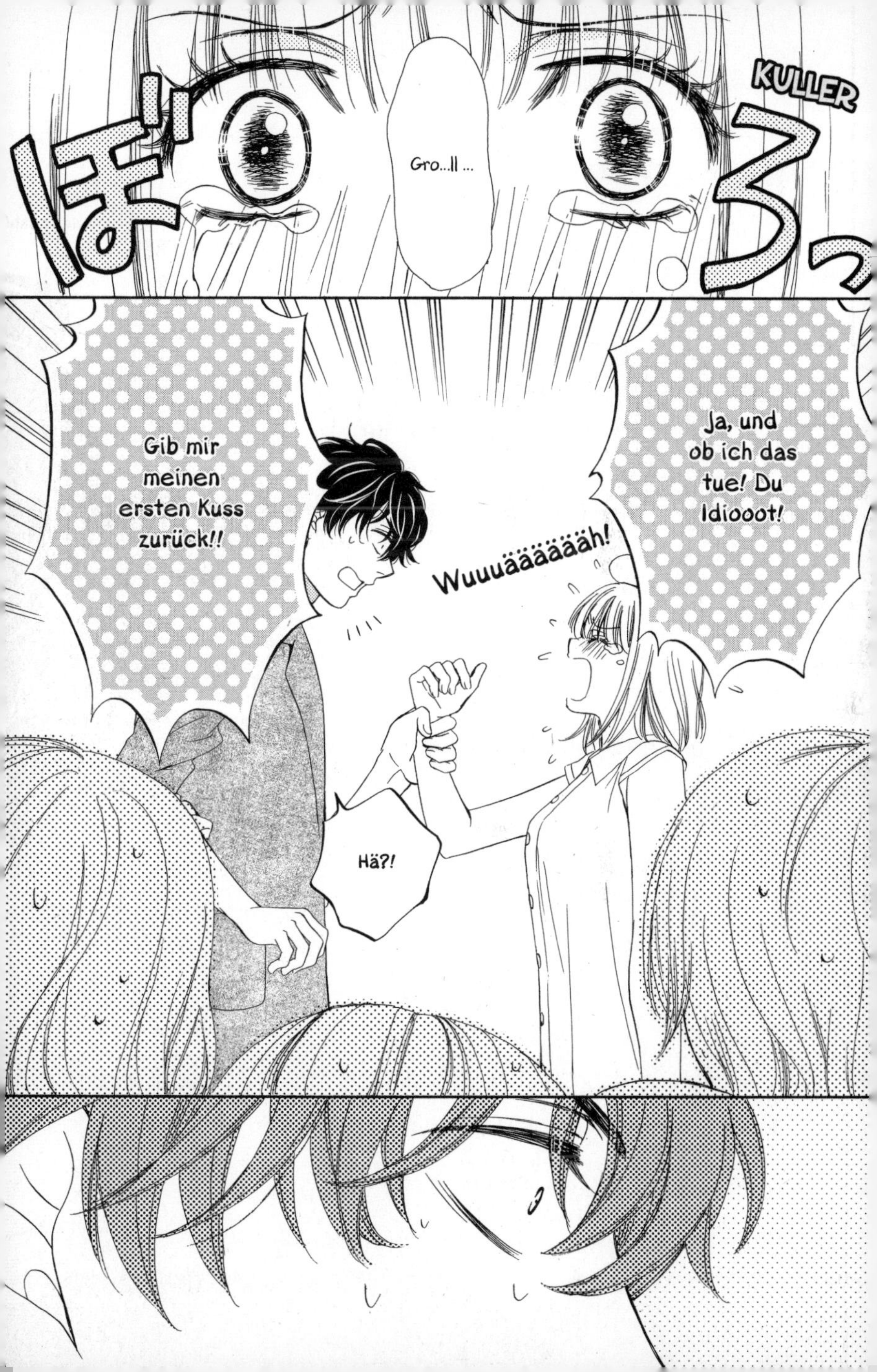
KULLER
Gro...ll ...
Ja, und ob ich das tue! Du Idiooot!
Wuuuääääääh!
Gib mir meinen ersten Kuss zurück!!
Hä?!

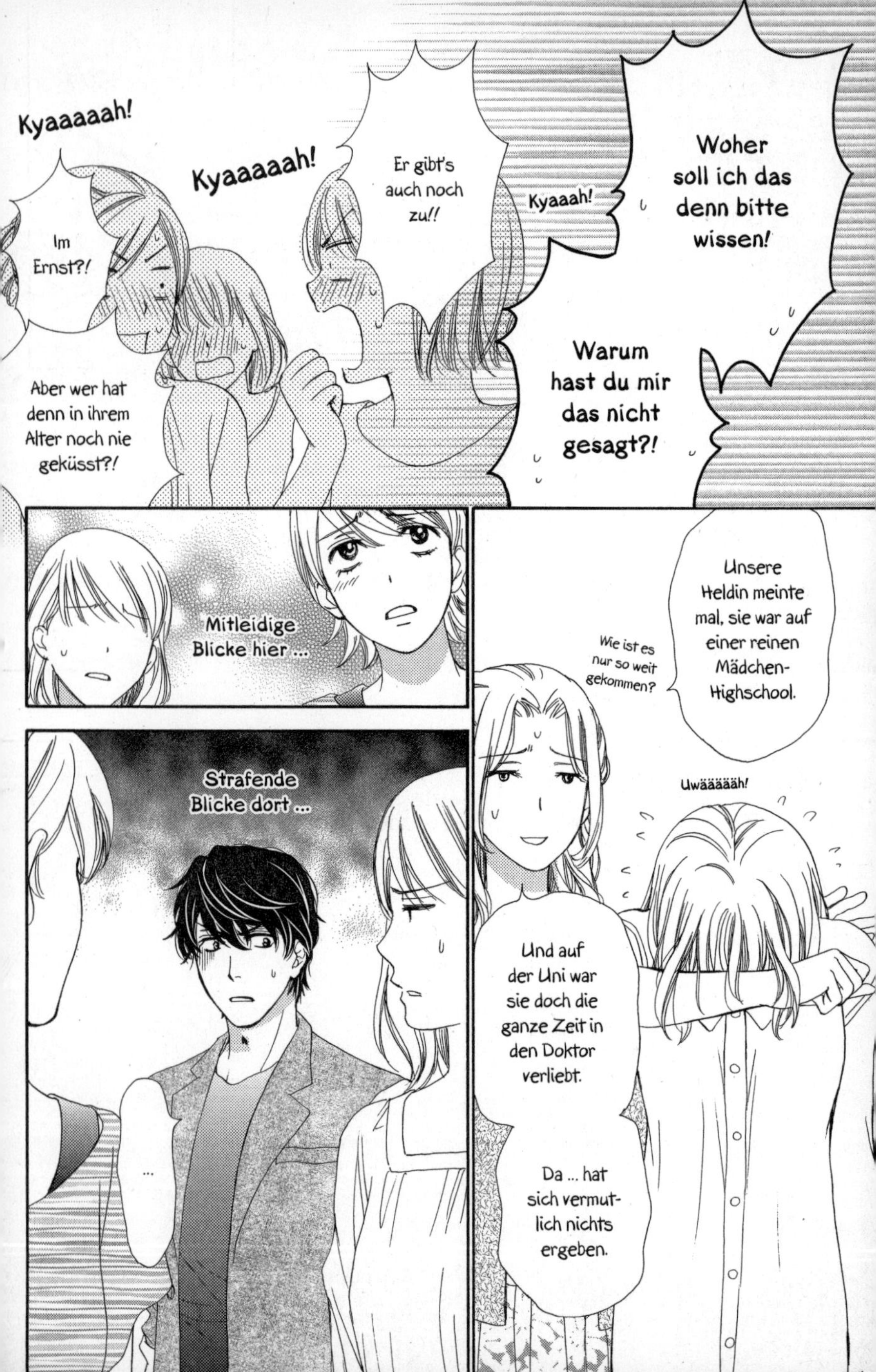

Woher soll ich das denn bitte wissen!
Warum hast du mir das nicht gesagt?!
Kyaaah!
Er gibt's auch noch zu!!
Kyaaaaah!
Kyaaaaah!
Im Ernst?!
Aber wer hat denn in ihrem Alter noch nie geküsst?!
Unsere Heldin meinte mal, sie war auf einer reinen Mädchen-Highschool.
Wie ist es nur so weit gekommen?
Uwäääääh!
Und auf der Uni war sie doch die ganze Zeit in den Doktor verliebt.
Da … hat sich vermutlich nichts ergeben.
Mitleidige Blicke hier …
Strafende Blicke dort …
…

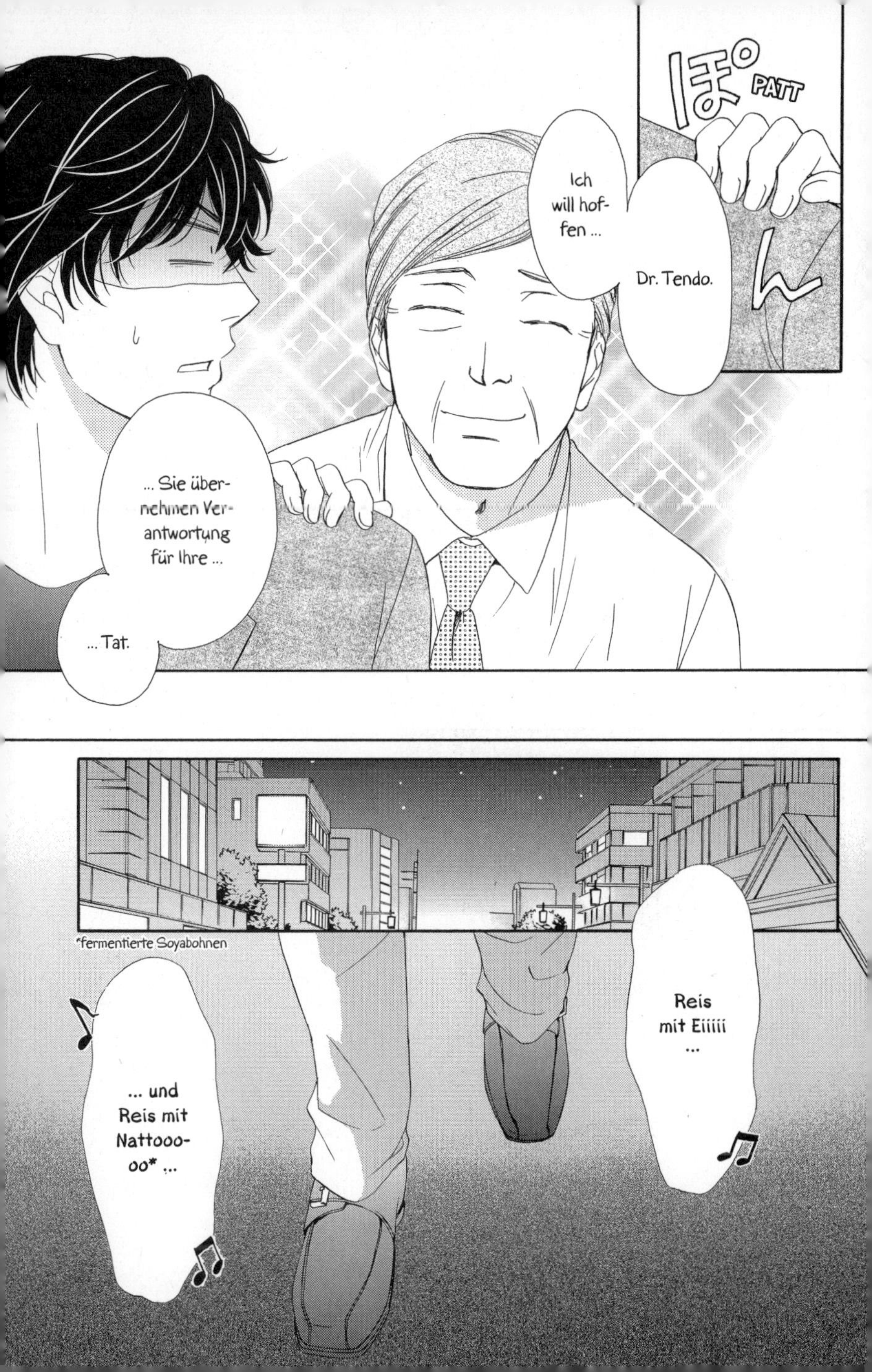

ぽん PATT

Ich will hoffen ...

Dr. Tendo.

... Sie übernehmen Verantwortung für Ihre ...

... Tat.

Reis mit Eiiiii ...

... und Reis mit Nattooo-oo* ...

*fermentierte Soyabohnen

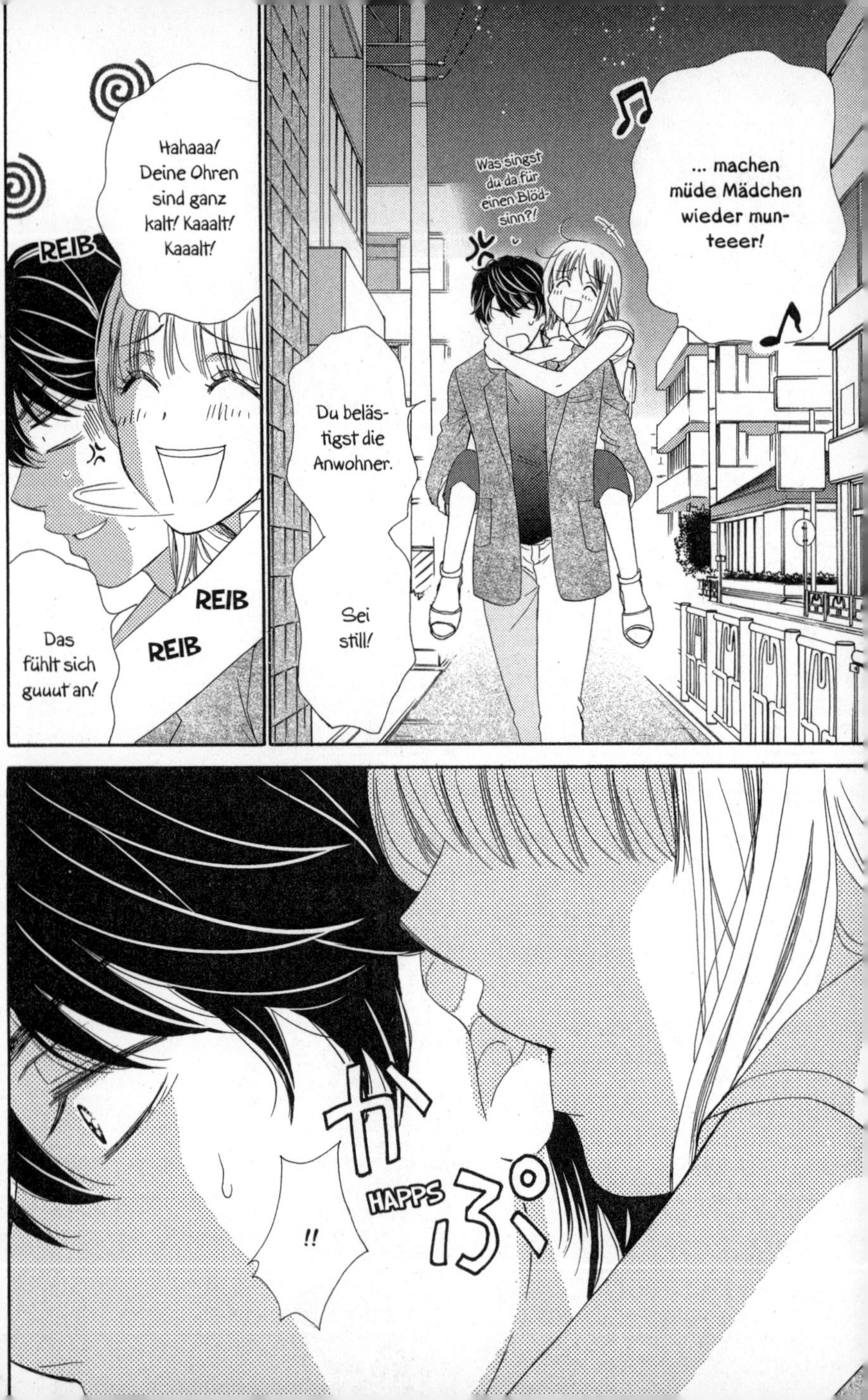

... machen müde Mädchen wieder munteeer!

Was singst du da für einen Blödsinn?!

Du belästigst die Anwohner.

Sei still!

Hahaaa! Deine Ohren sind ganz kalt! Kaaalt! Kaaalt!

REIB

REIB

REIB

Das fühlt sich guuut an!

HAPPS

!!

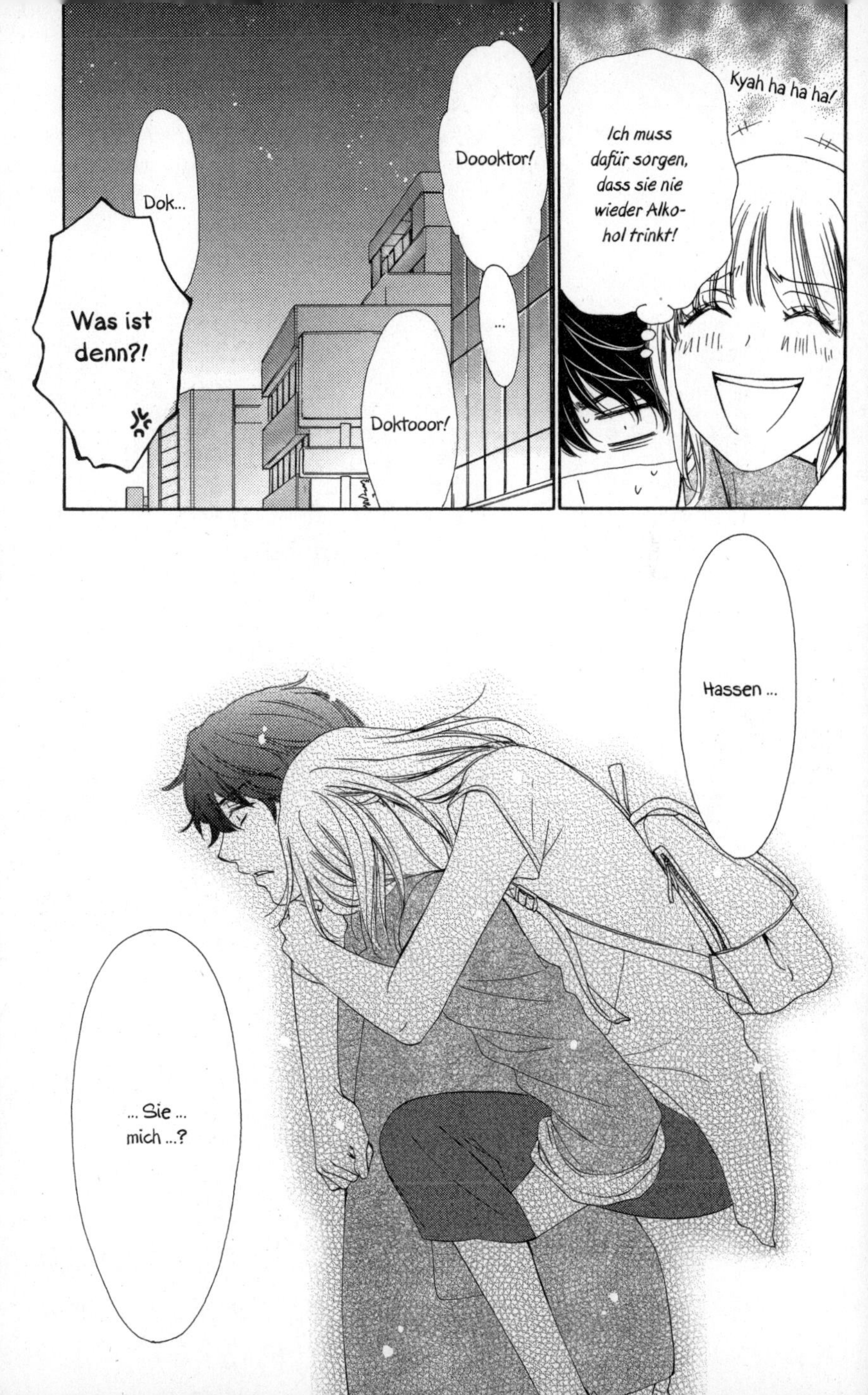
Kyah ha ha ha!
Ich muss dafür sorgen, dass sie nie wieder Alkohol trinkt!
Doooktor!
...
Doktooor!
Dok...
Was ist denn?!
Hassen ...
... Sie ... mich ...?

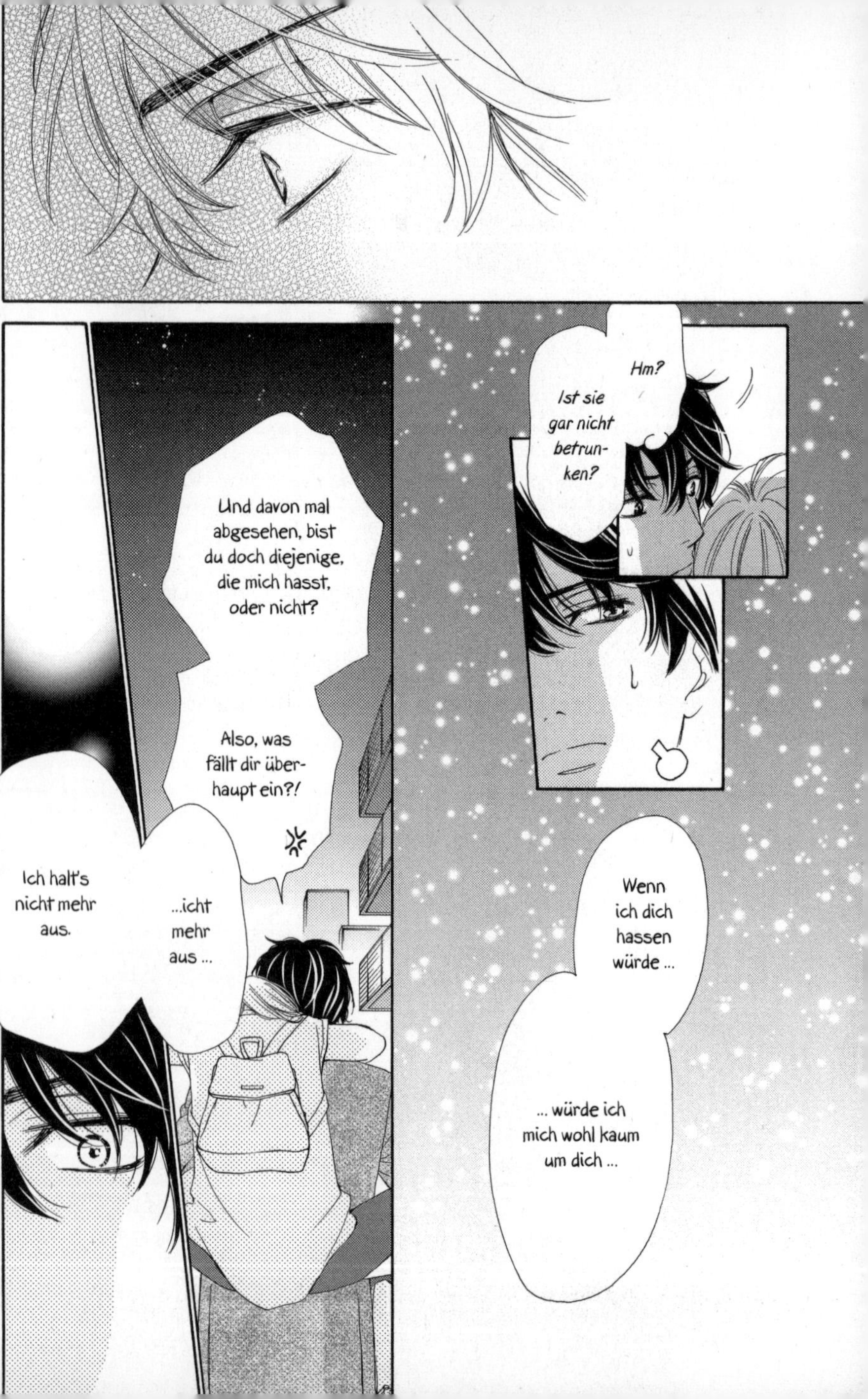

Hm?

Ist sie gar nicht betrunken?

Wenn ich dich hassen würde ...

... würde ich mich wohl kaum um dich ...

Und davon mal abgesehen, bist du doch diejenige, die mich hasst, oder nicht?

Also, was fällt dir überhaupt ein?!

...icht mehr aus ...

Ich halt's nicht mehr aus.

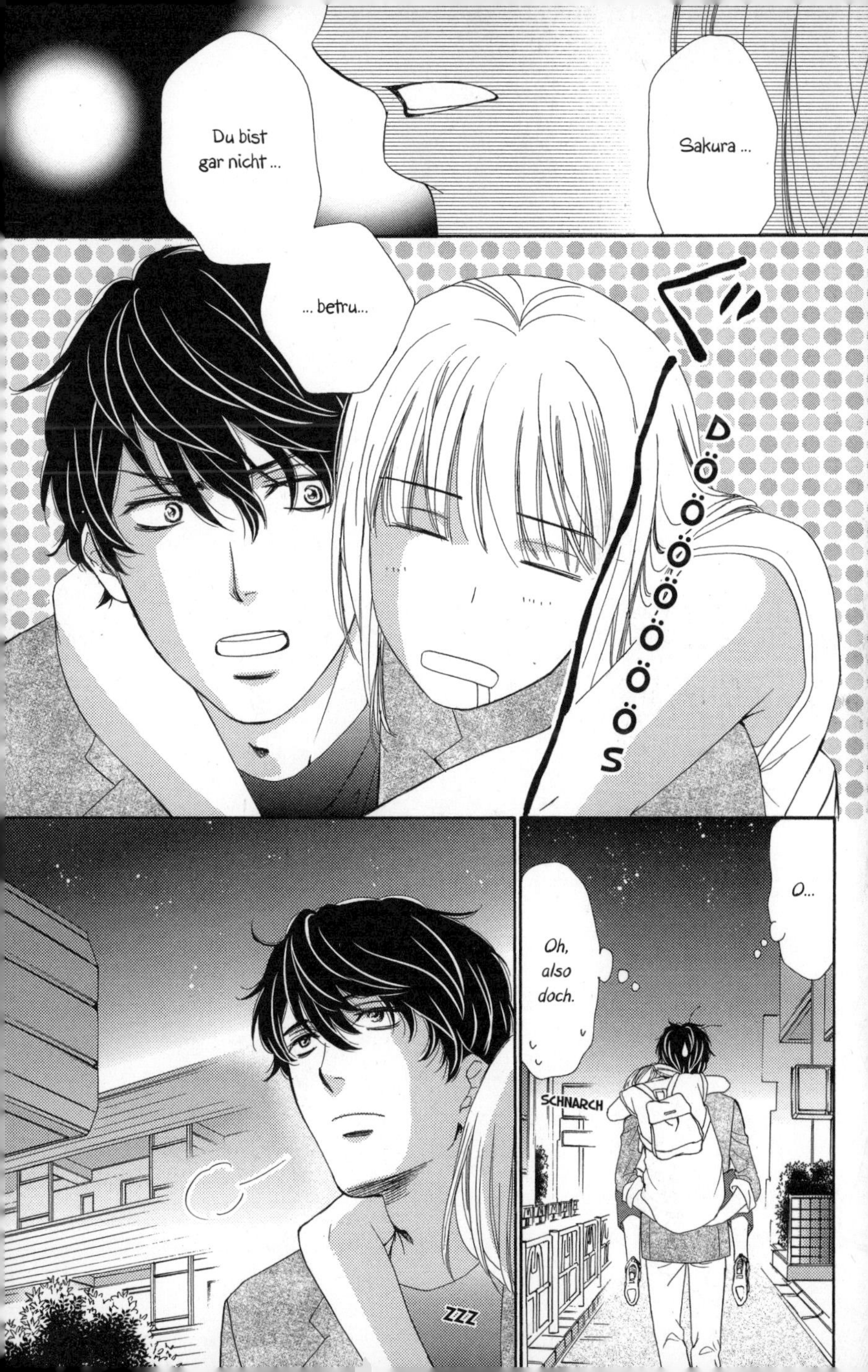
Sakura ...
Du bist gar nicht ...
... betru...
DÖÖÖÖÖÖÖÖÖS
O...
Oh, also doch.
SCHNARCH
ZZZ

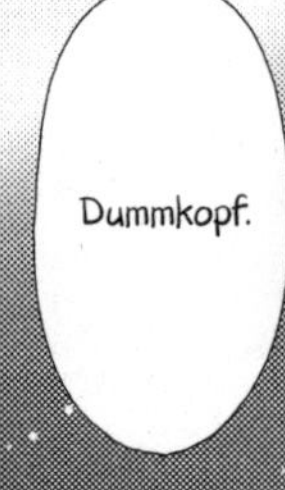
Narimiya Zentralklinik
Dummkopf.
Penn gefälligst nicht ein.

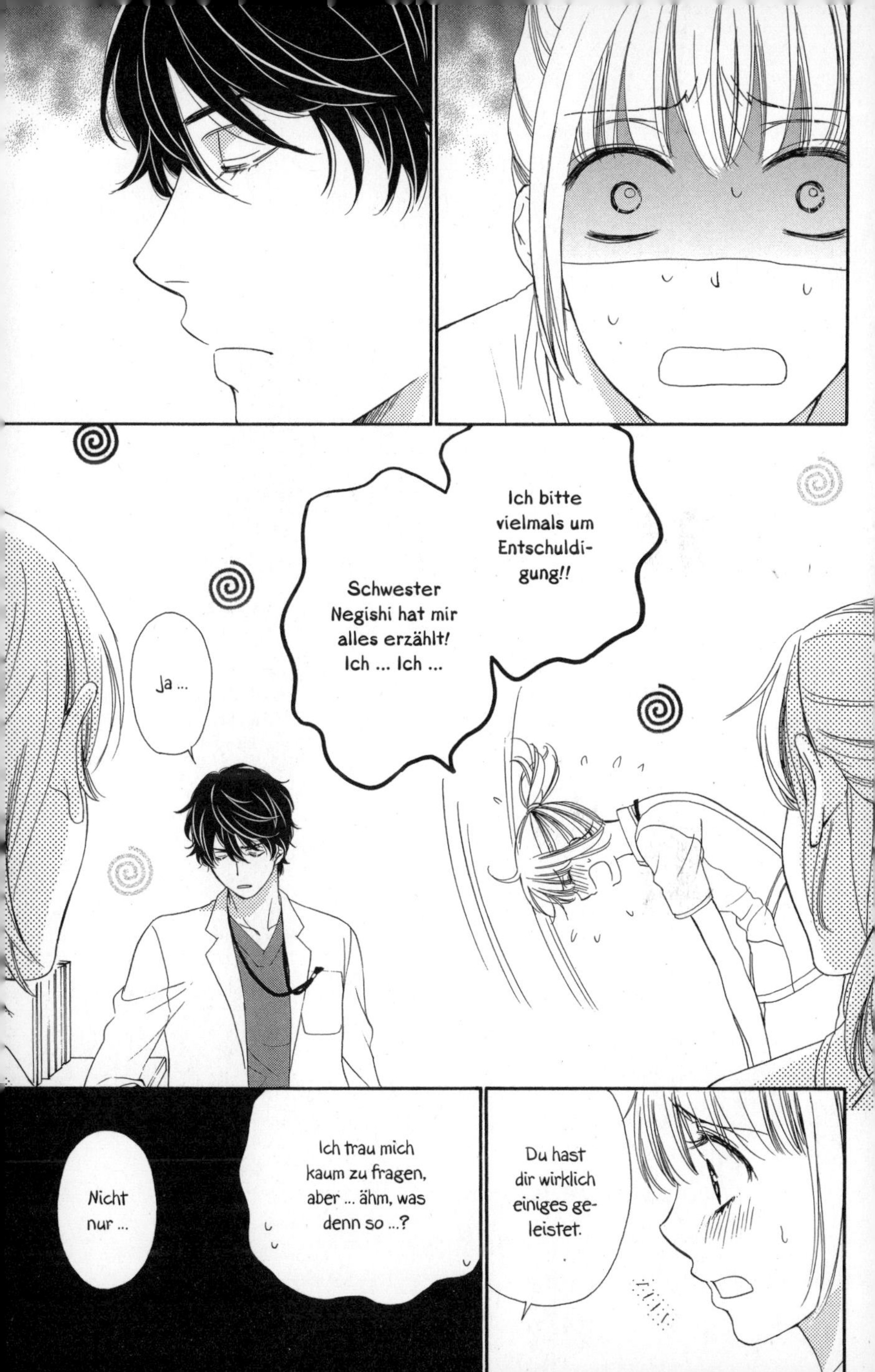
Ich bitte vielmals um Entschuldigung!!
Schwester Negishi hat mir alles erzählt! Ich ... Ich ...
Ja ...
Du hast dir wirklich einiges geleistet.
Ich trau mich kaum zu fragen, aber ... ähm, was denn so ...?
Nicht nur ...

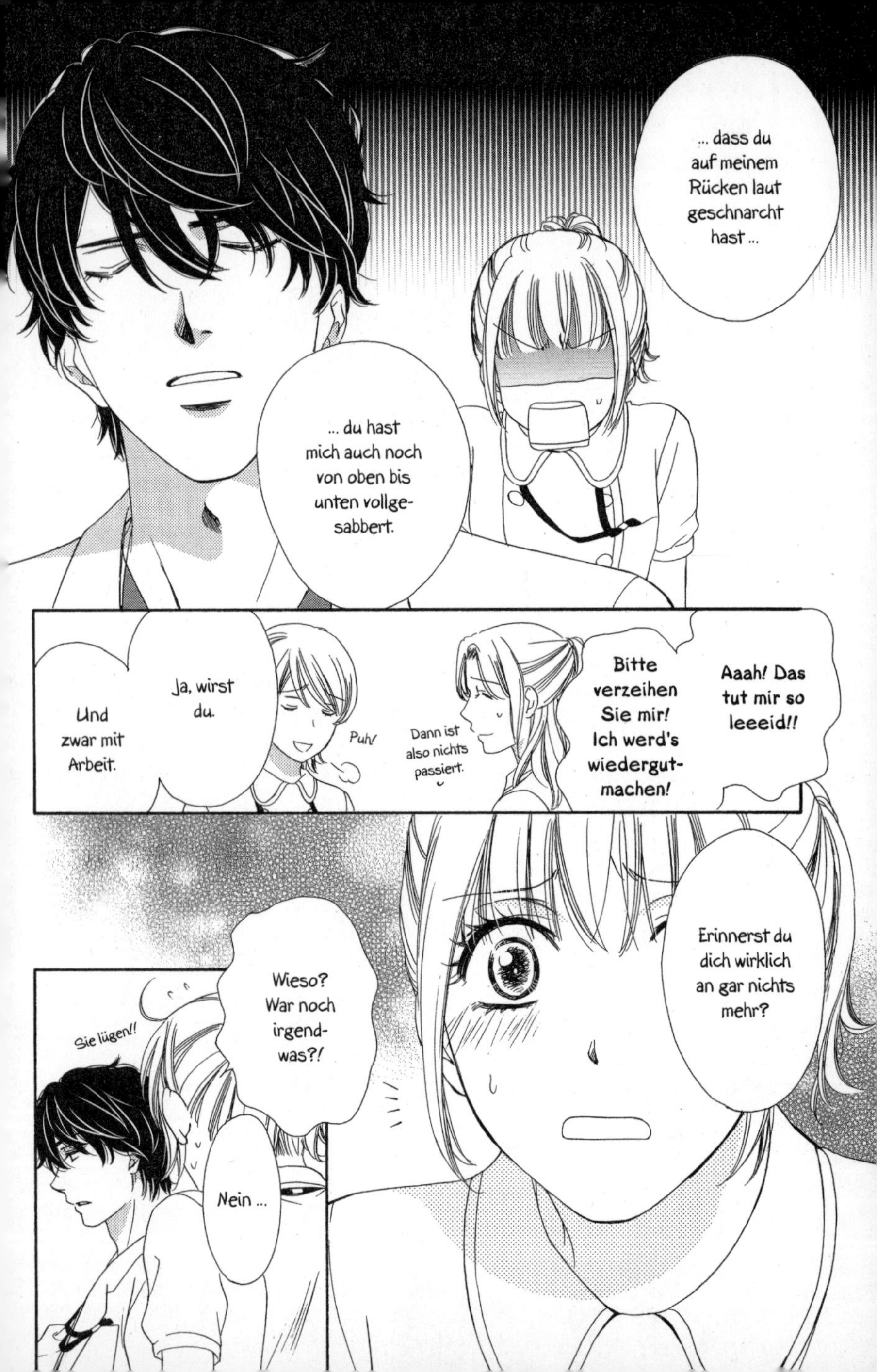
... dass du auf meinem Rücken laut geschnarcht hast ...
... du hast mich auch noch von oben bis unten vollgesabbert.
Aaah! Das tut mir so leeeid!!
Bitte verzeihen Sie mir! Ich werd's wiedergutmachen!
Dann ist also nichts passiert.
Puh!
Ja, wirst du.
Und zwar mit Arbeit.
Erinnerst du dich wirklich an gar nichts mehr?
Wieso? War noch irgendwas?!
Sie lügen!!
Nein ...

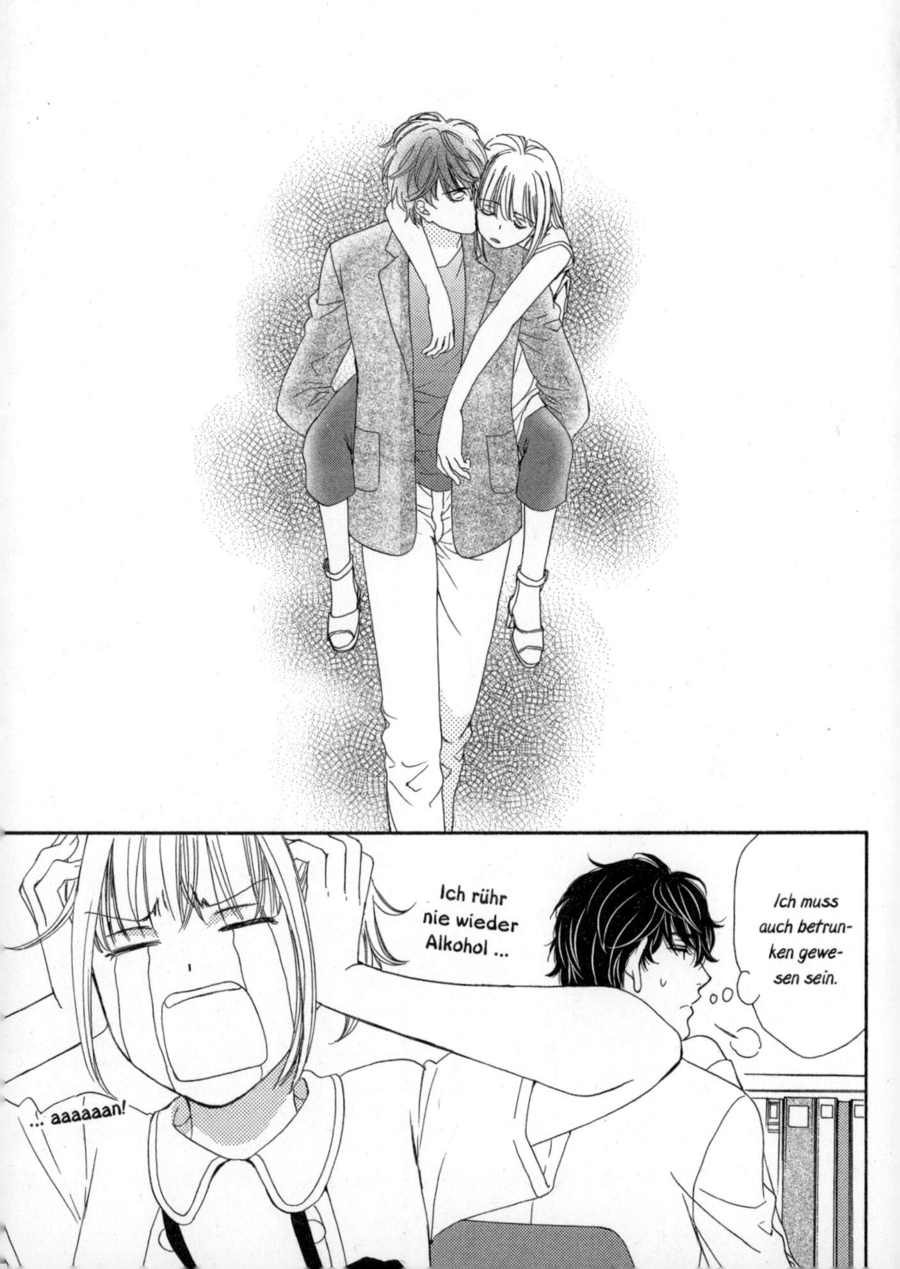
Ich muss auch betrunken gewesen sein.
Ich rühr nie wieder Alkohol ...
... aaaaaan!

Check Me Up!

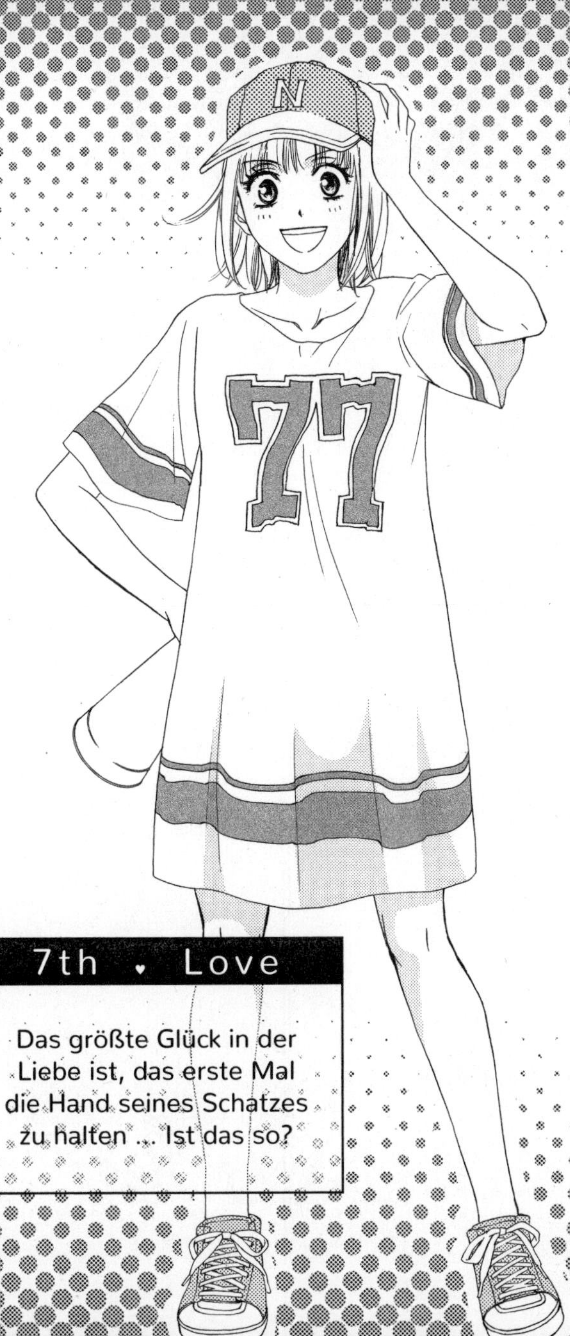

7th ♥ Love

Das größte Glück in der Liebe ist, das erste Mal die Hand seines Schatzes zu halten ... Ist das so?

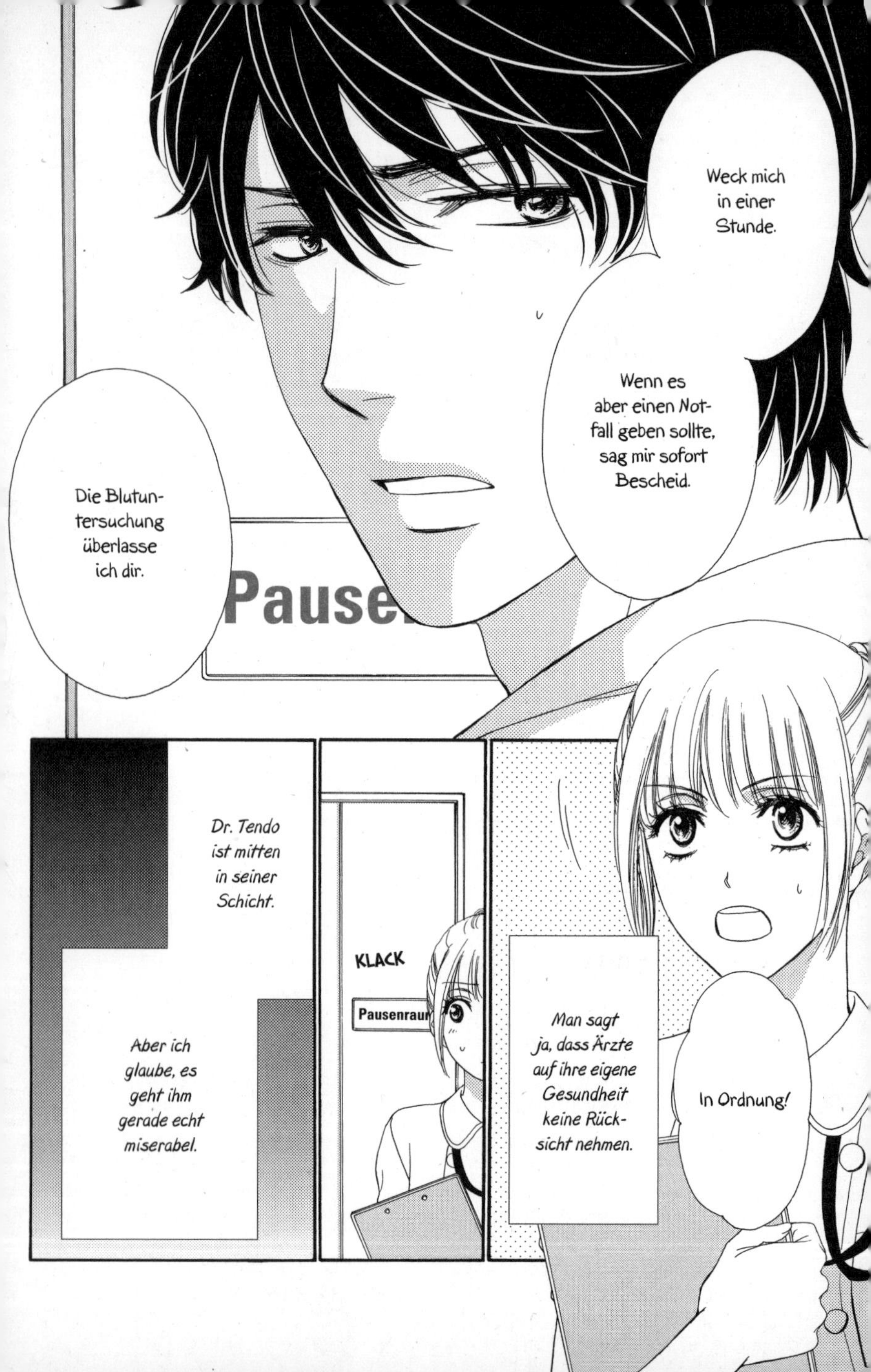
Weck mich in einer Stunde.
Wenn es aber einen Notfall geben sollte, sag mir sofort Bescheid.
Pausen
Die Blutuntersuchung überlasse ich dir.
In Ordnung!
Man sagt ja, dass Ärzte auf ihre eigene Gesundheit keine Rücksicht nehmen.
KLACK
Pausenrau
Dr. Tendo ist mitten in seiner Schicht.
Aber ich glaube, es geht ihm gerade echt miserabel.

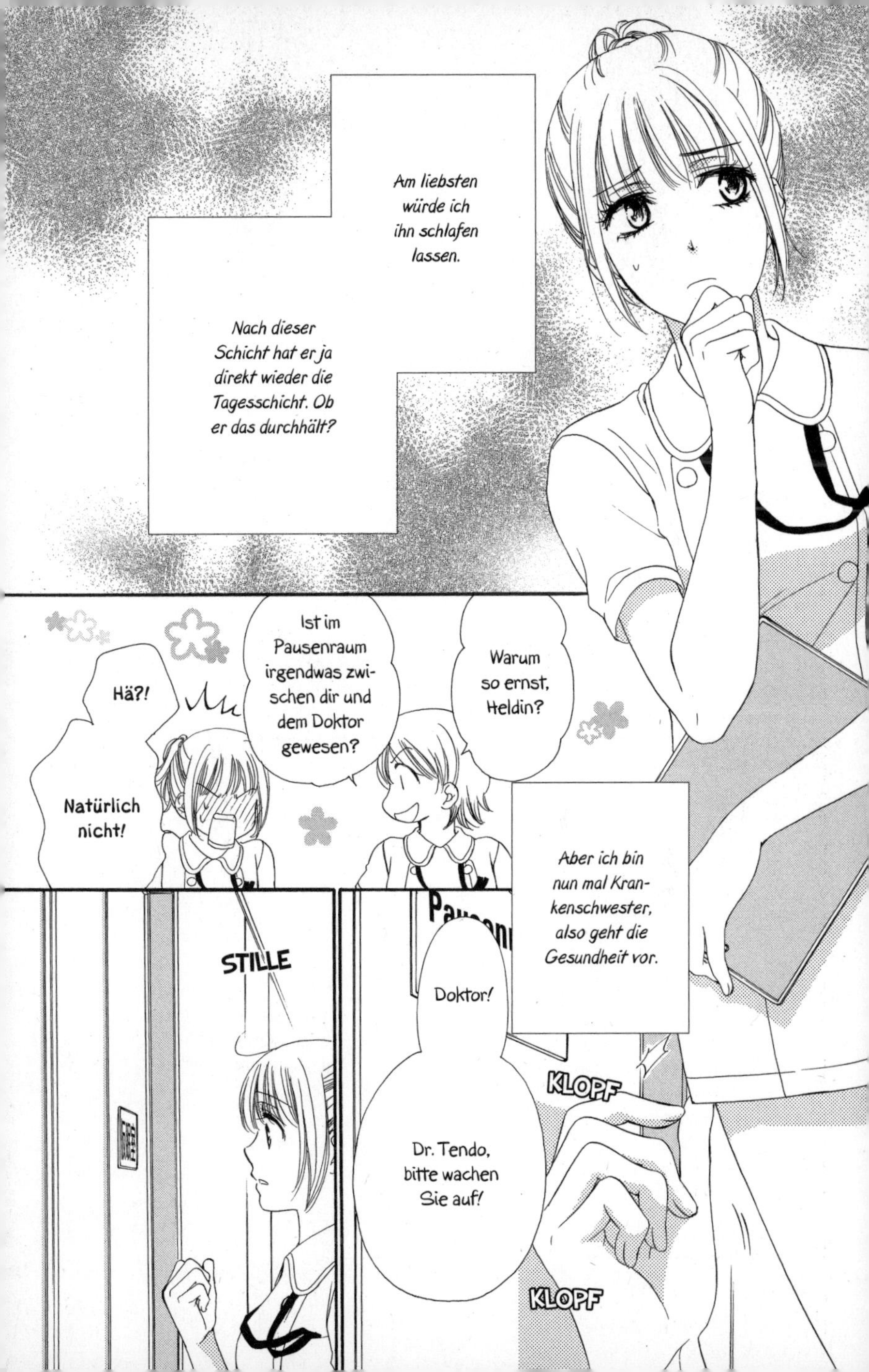
Am liebsten würde ich ihn schlafen lassen.
Nach dieser Schicht hat er ja direkt wieder die Tagesschicht. Ob er das durchhält?
Warum so ernst, Heldin?
Ist im Pausenraum irgendwas zwischen dir und dem Doktor gewesen?
Hä?!
Natürlich nicht!
Aber ich bin nun mal Krankenschwester, also geht die Gesundheit vor.
KLOPF
KLOPF
Doktor!
Dr. Tendo, bitte wachen Sie auf!
STILLE

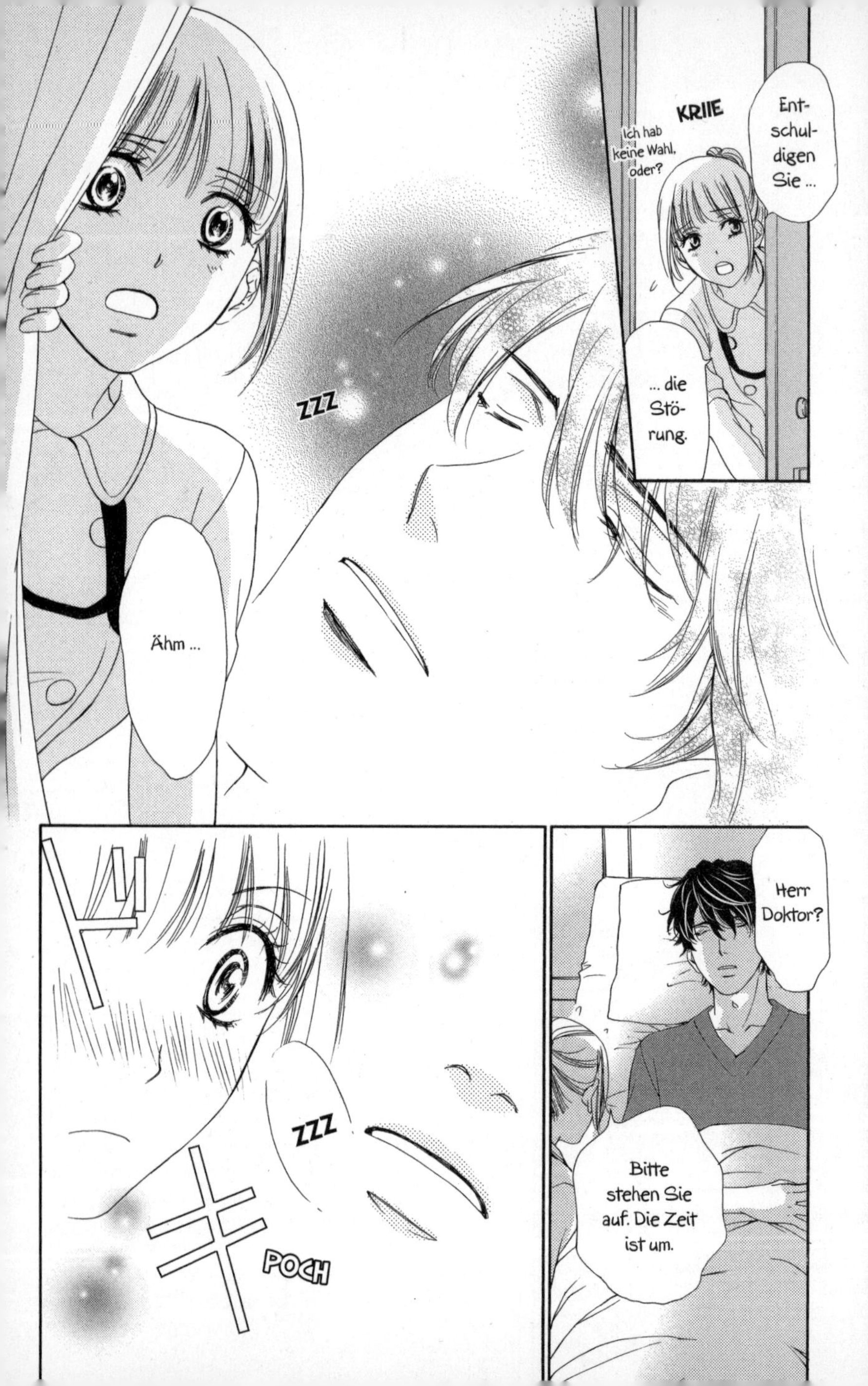
KRIIE
Entschuldigen Sie ...
Ich hab keine Wahl, oder?
... die Störung.
ZZZ
Ähm ...
Herr Doktor?
Bitte stehen Sie auf. Die Zeit ist um.
ZZZ
POCH

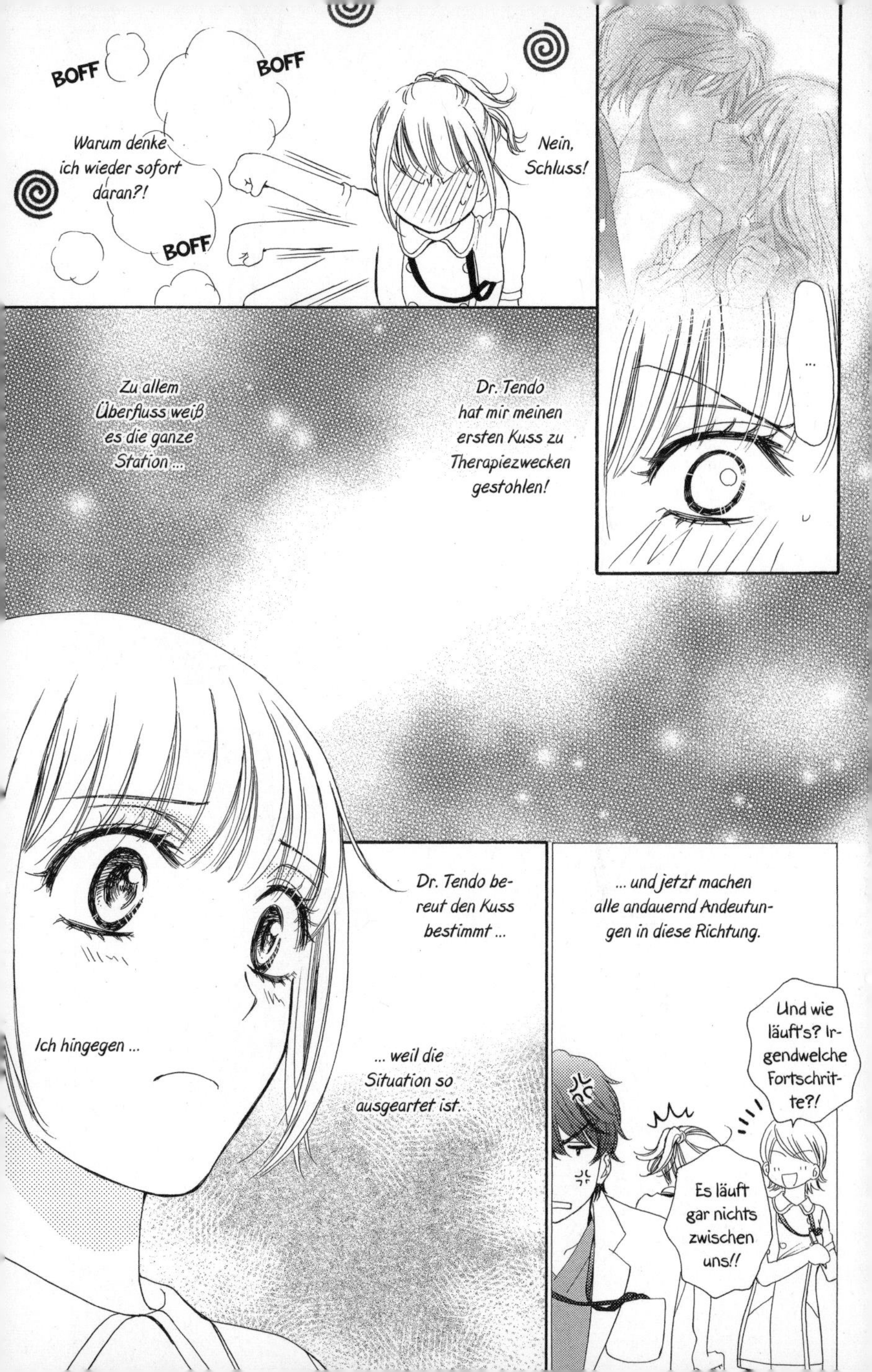
Nein, Schluss!
Warum denke ich wieder sofort daran?!
BOFF
BOFF
BOFF
...
Dr. Tendo hat mir meinen ersten Kuss zu Therapiezwecken gestohlen!
Zu allem Überfluss weiß es die ganze Station ...
... und jetzt machen alle andauernd Andeutungen in diese Richtung.
Und wie läuft's? Irgendwelche Fortschritte?!
Es läuft gar nichts zwischen uns!!
Dr. Tendo bereut den Kuss bestimmt ...
... weil die Situation so ausgeartet ist.
Ich hingegen ...

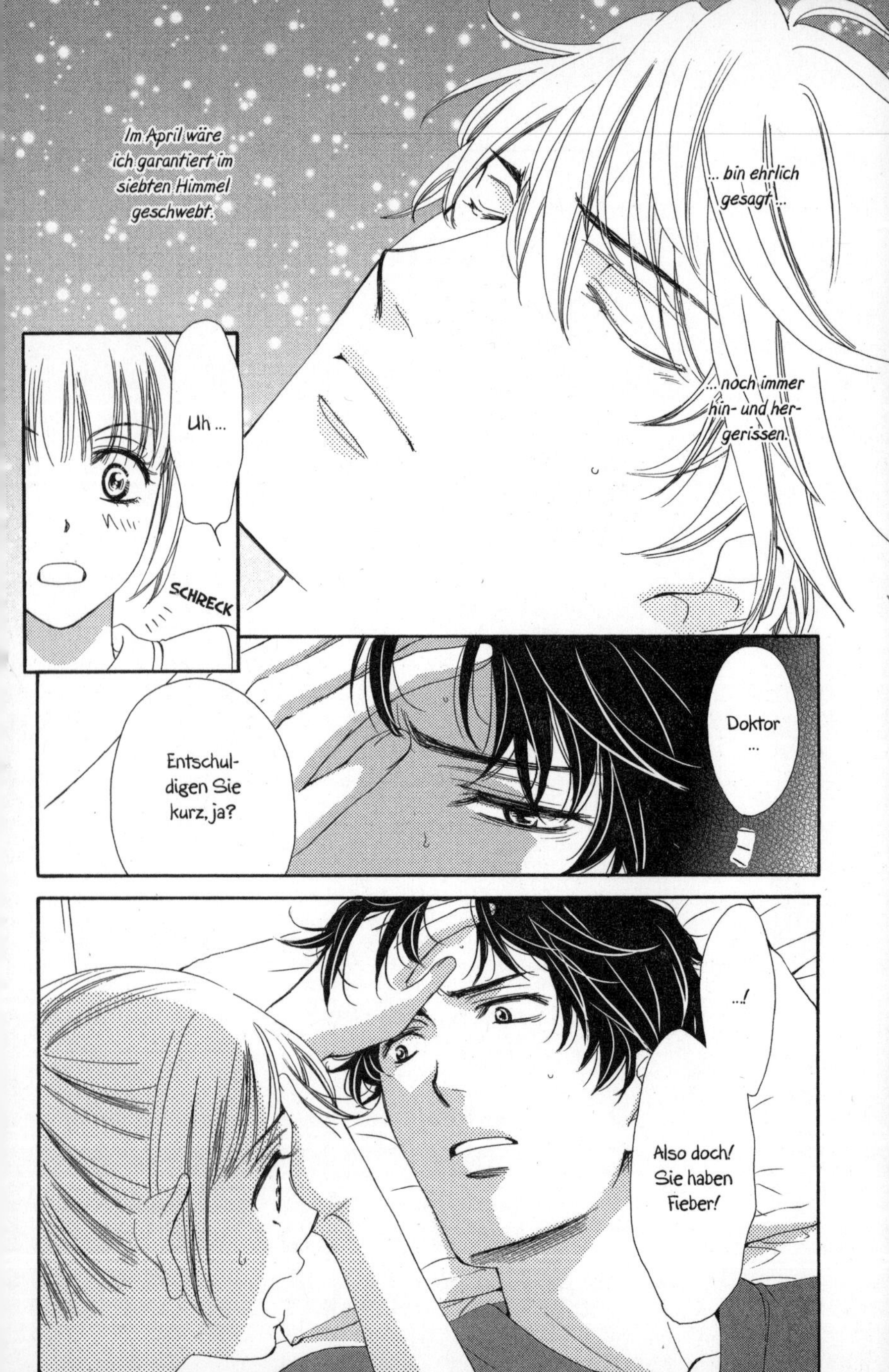

... bin ehrlich gesagt ...
... noch immer hin- und hergerissen.
Im April wäre ich garantiert im siebten Himmel geschwebt.
Uh ...
SCHRECK
Doktor ...
Entschul-digen Sie kurz, ja?
...!
Also doch! Sie haben Fieber!

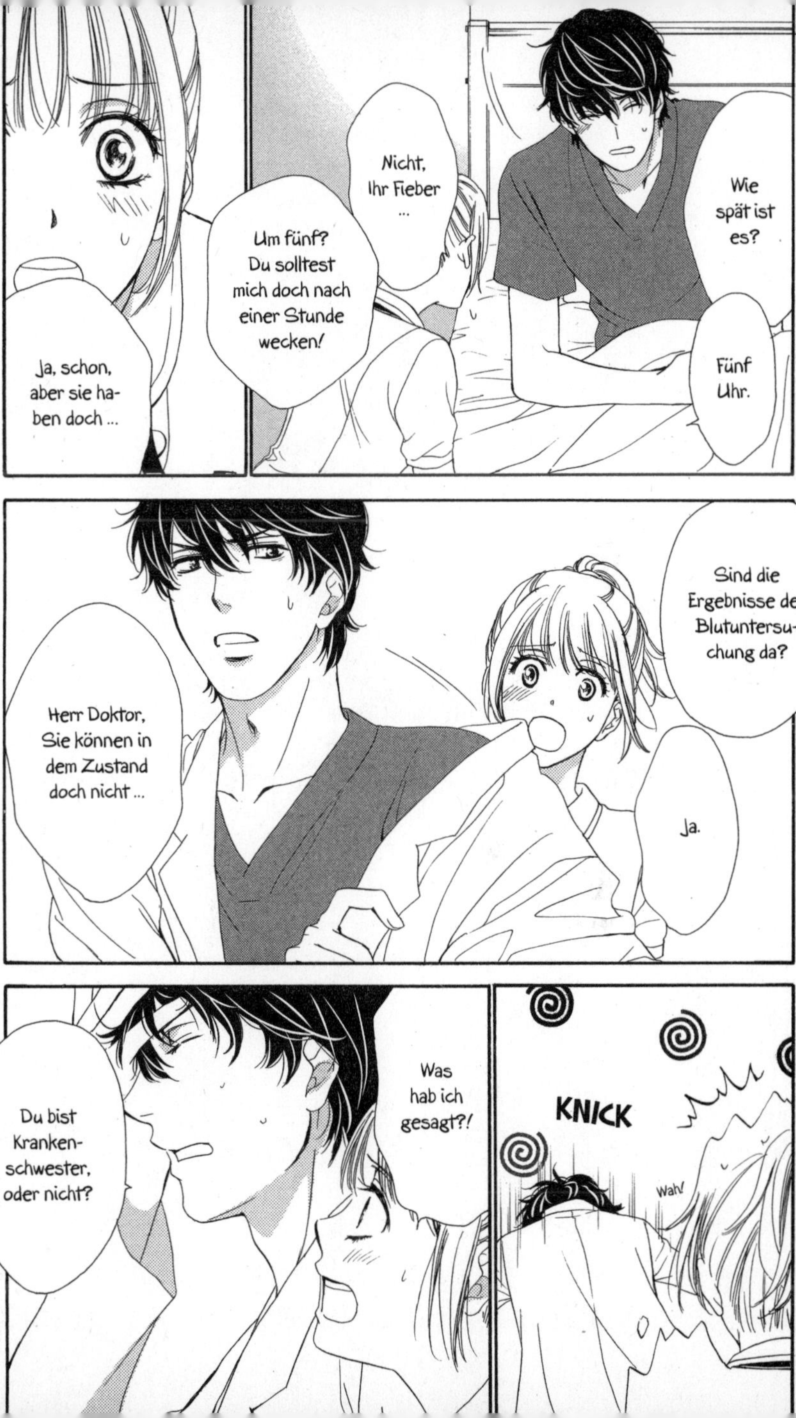

Wie spät ist es?
Fünf Uhr.
Nicht, Ihr Fieber ...
Um fünf? Du solltest mich doch nach einer Stunde wecken!
Ja, schon, aber sie haben doch ...

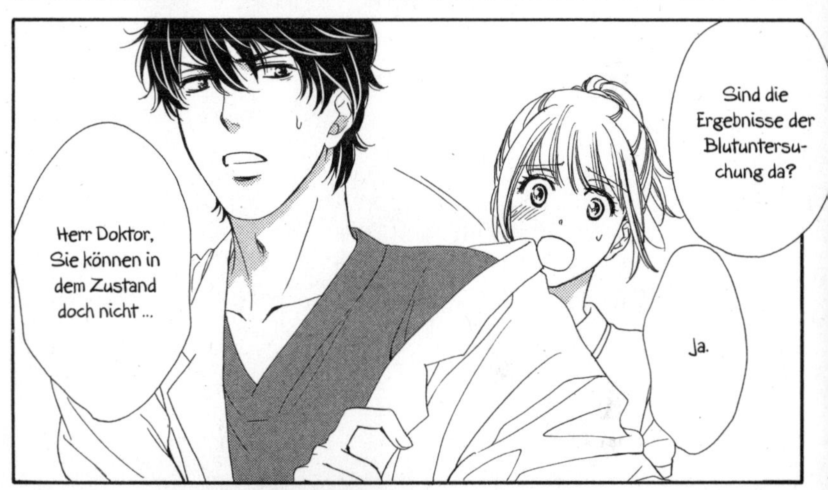

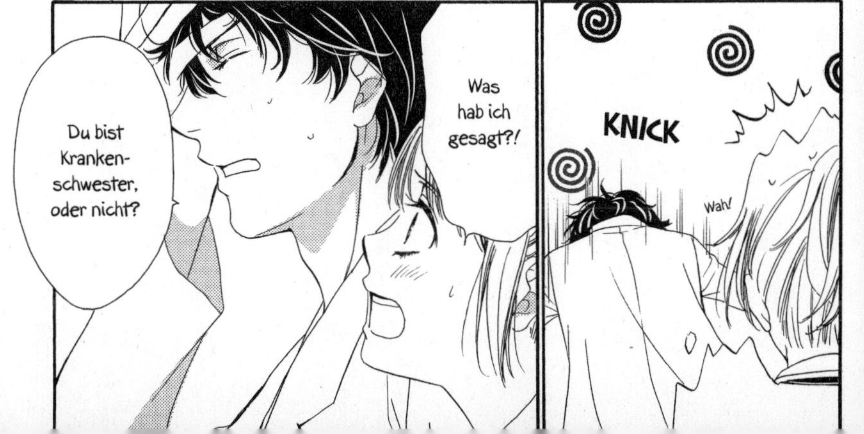

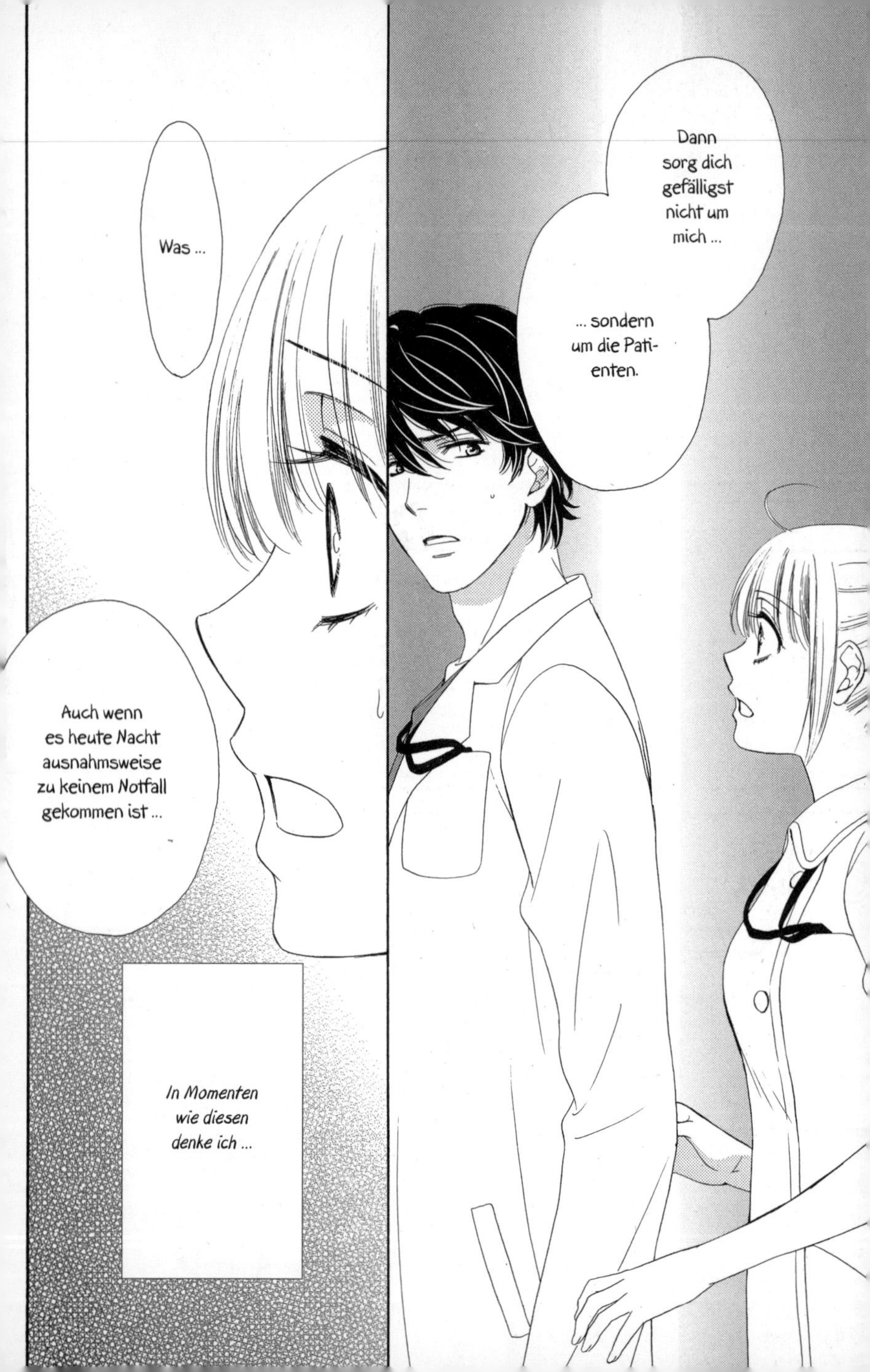
Dann sorg dich gefälligst nicht um mich ...
... sondern um die Patienten.
Was ...
Auch wenn es heute Nacht ausnahmsweise zu keinem Notfall gekommen ist ...
In Momenten wie diesen denke ich ...

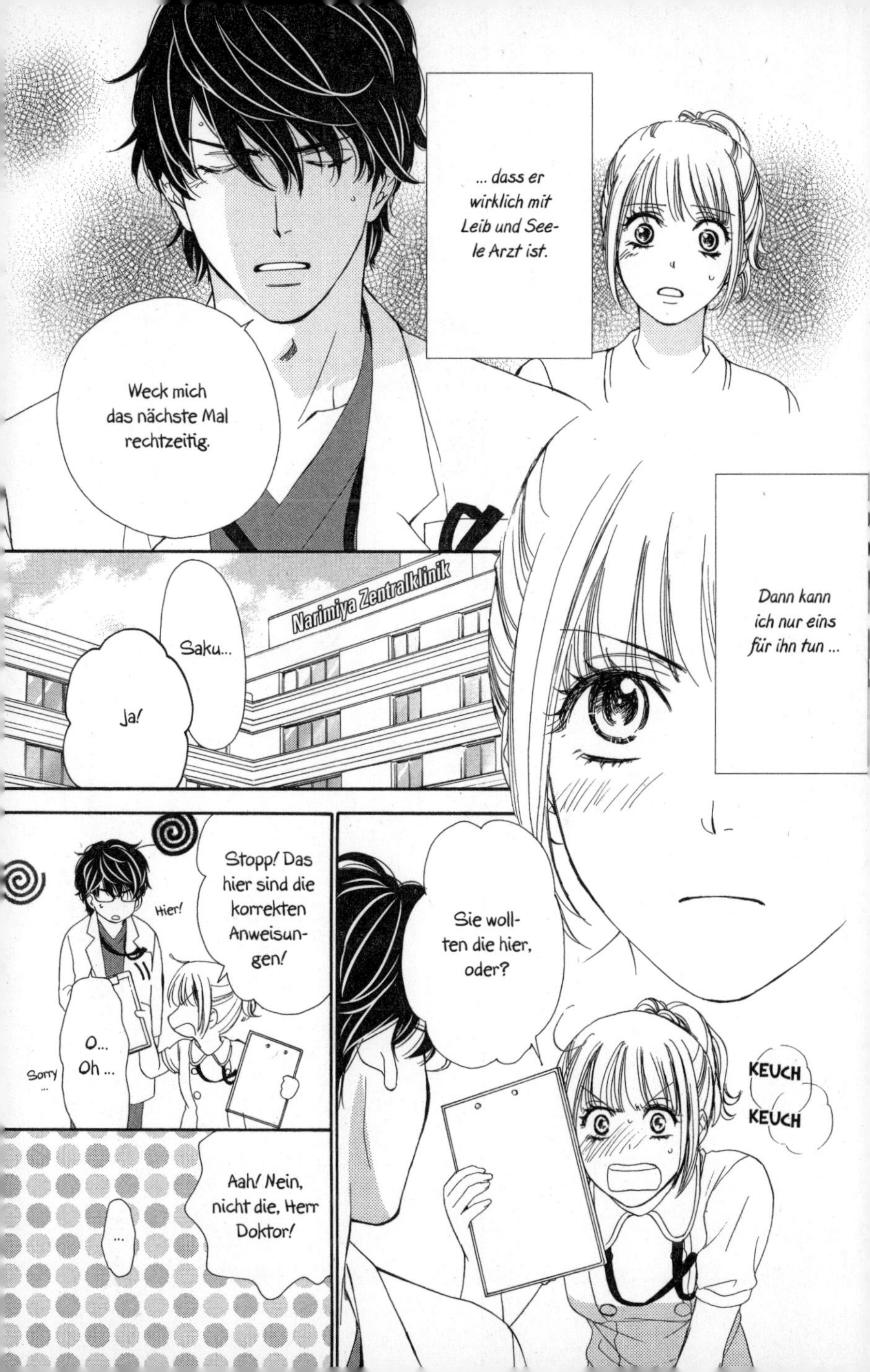

... dass er wirklich mit Leib und Seele Arzt ist.
Weck mich das nächste Mal rechtzeitig.
Dann kann ich nur eins für ihn tun ...
Narimiya Zentralklinik
Saku...
Ja!
Sie wollten die hier, oder?
KEUCH
KEUCH
Stopp! Das hier sind die korrekten Anweisungen!
Hier!
O... Oh ...
Sorry ...
Aah! Nein, nicht die, Herr Doktor!
...

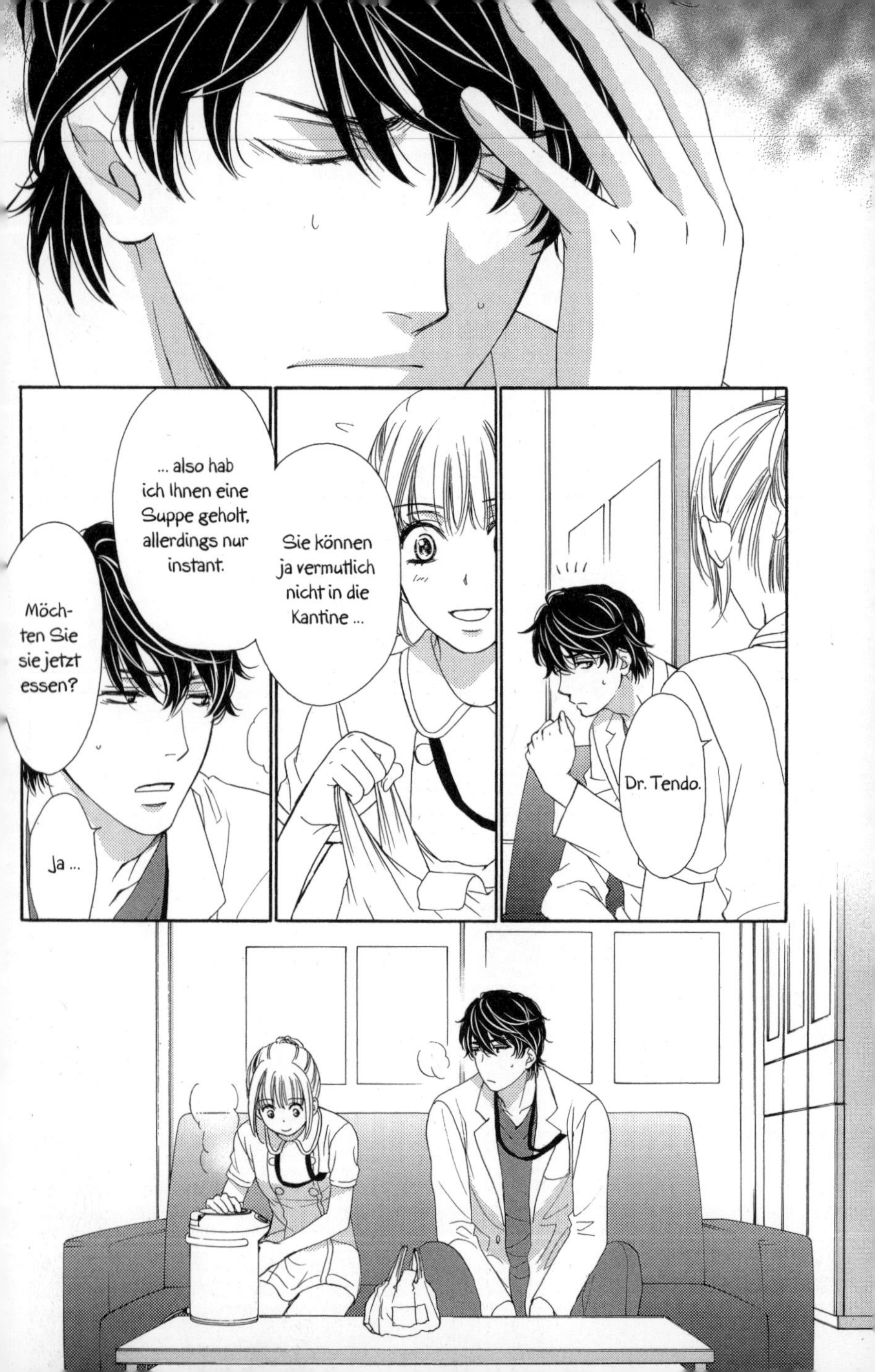
Dr. Tendo.
Sie können ja vermutlich nicht in die Kantine ...
... also hab ich Ihnen eine Suppe geholt, allerdings nur instant.
Möchten Sie sie jetzt essen?
Ja ...

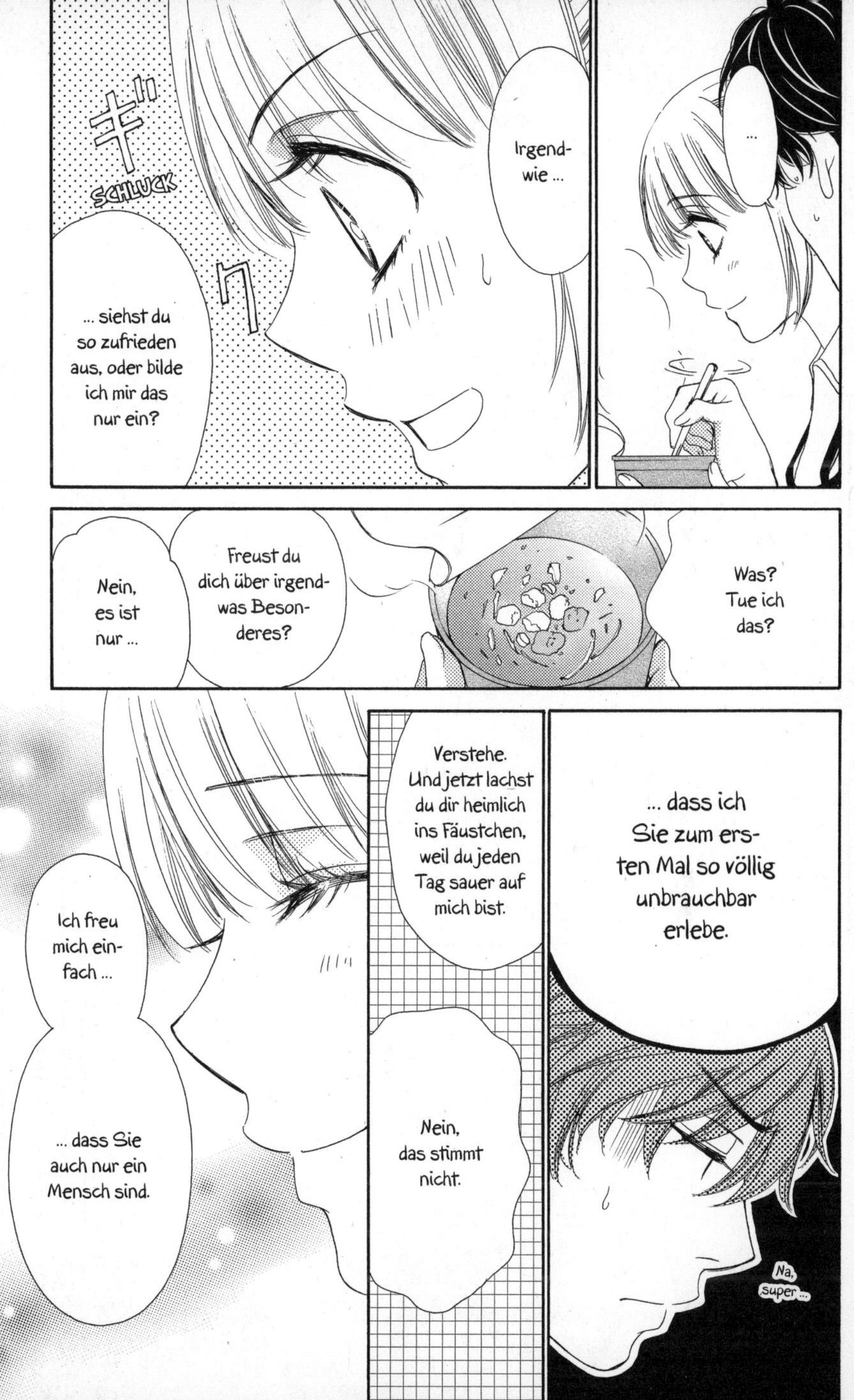
…
Irgend- wie …
SCHLUCK
… siehst du so zufrieden aus, oder bilde ich mir das nur ein?
Was? Tue ich das?
Freust du dich über irgend- was Beson- deres?
Nein, es ist nur …
… dass ich Sie zum ers- ten Mal so völlig unbrauchbar erlebe.
Na, super …
Verstehe. Und jetzt lachst du dir heimlich ins Fäustchen, weil du jeden Tag sauer auf mich bist.
Nein, das stimmt nicht.
Ich freu mich ein- fach …
… dass Sie auch nur ein Mensch sind.

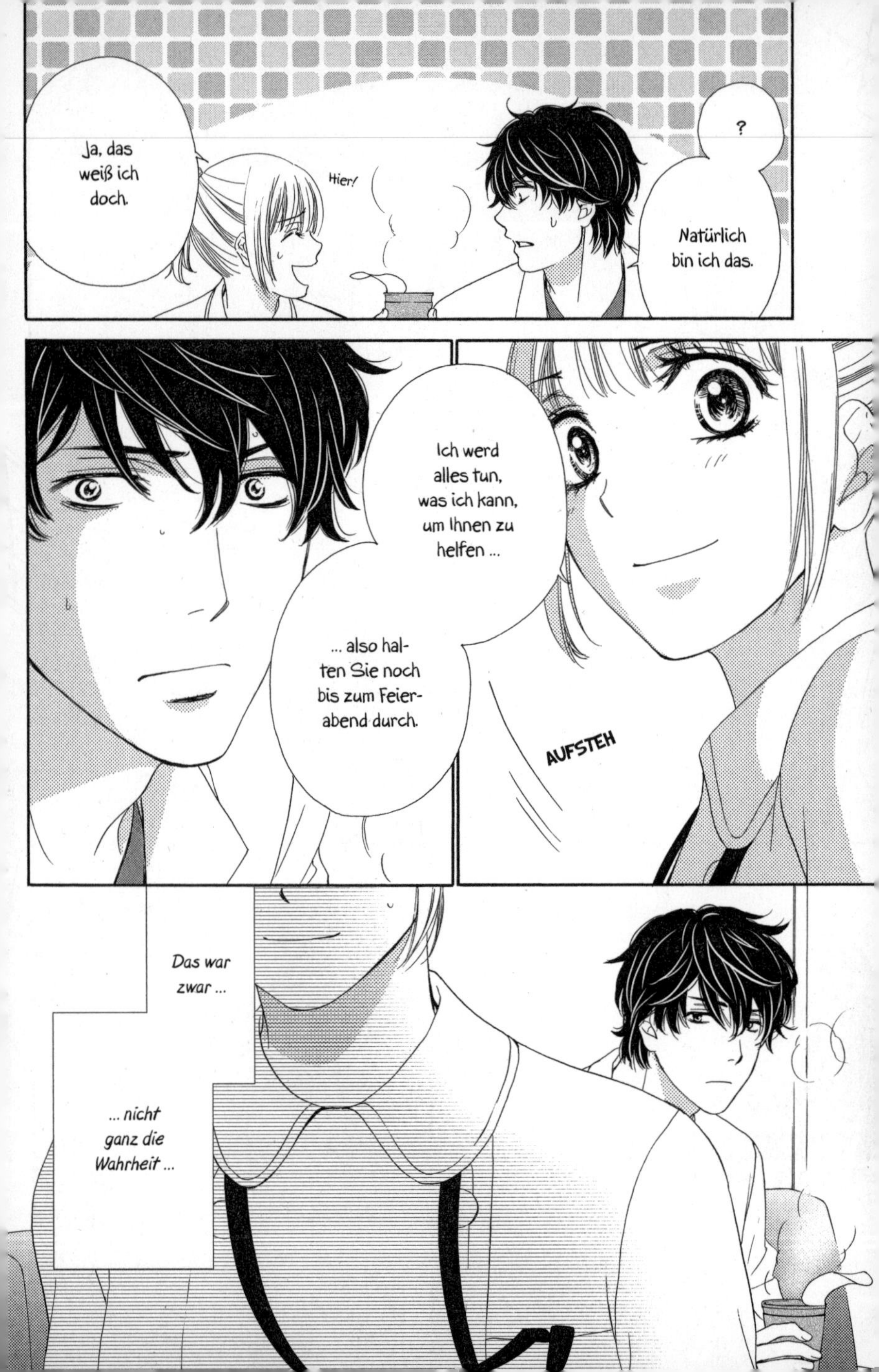
?
Natürlich bin ich das.
Hier!
Ja, das weiß ich doch.
Ich werd alles tun, was ich kann, um Ihnen zu helfen ...
... also hal-ten Sie noch bis zum Feier-abend durch.
AUFSTEH
Das war zwar ...
... nicht ganz die Wahrheit ...

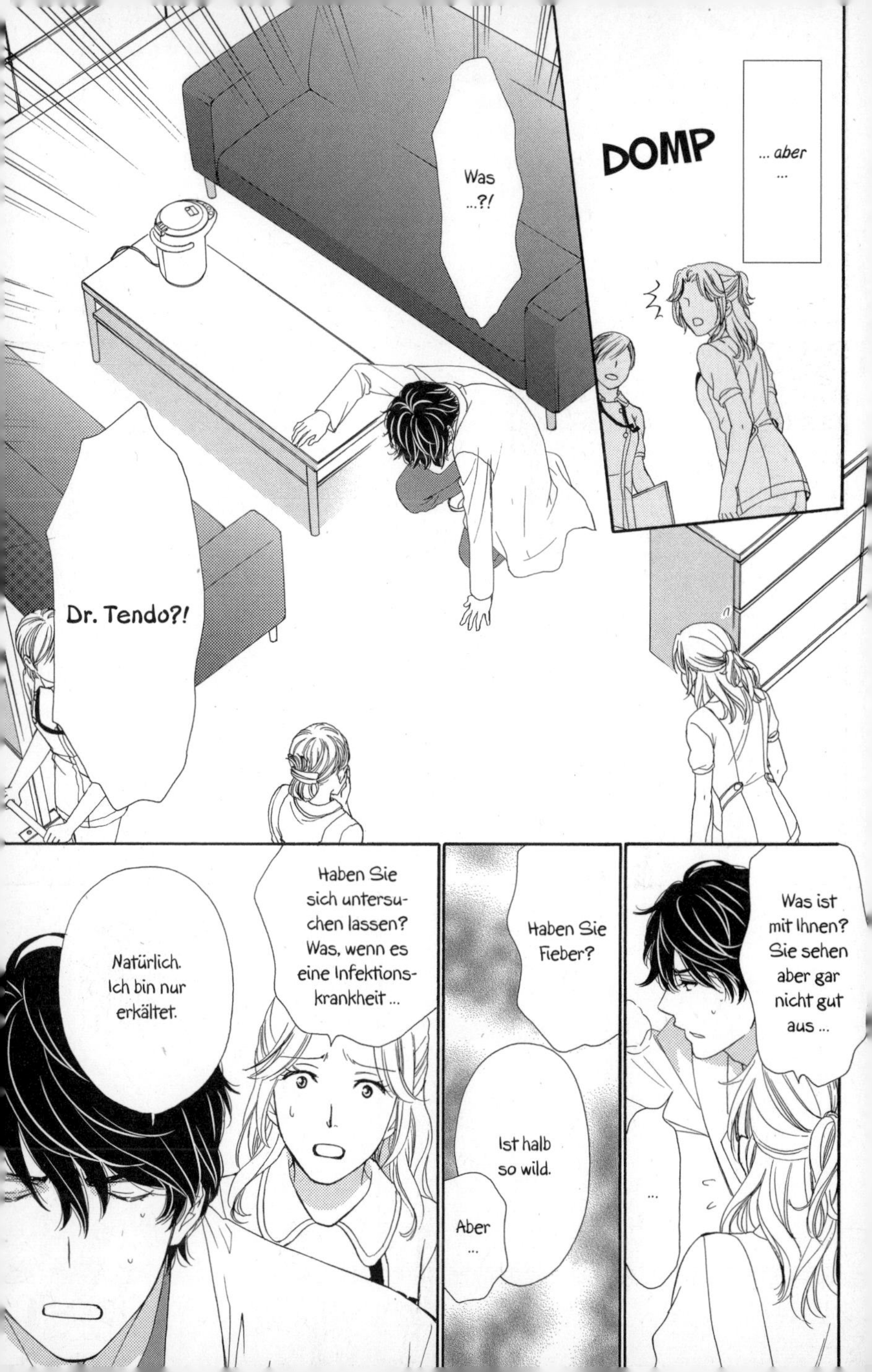
... aber ...
DOMP
Was ...?!
Dr. Tendo?!
Was ist mit Ihnen? Sie sehen aber gar nicht gut aus ...
...
Haben Sie Fieber?
Ist halb so wild.
Aber ...
Haben Sie sich untersuchen lassen? Was, wenn es eine Infektionskrankheit ...
Natürlich. Ich bin nur erkältet.

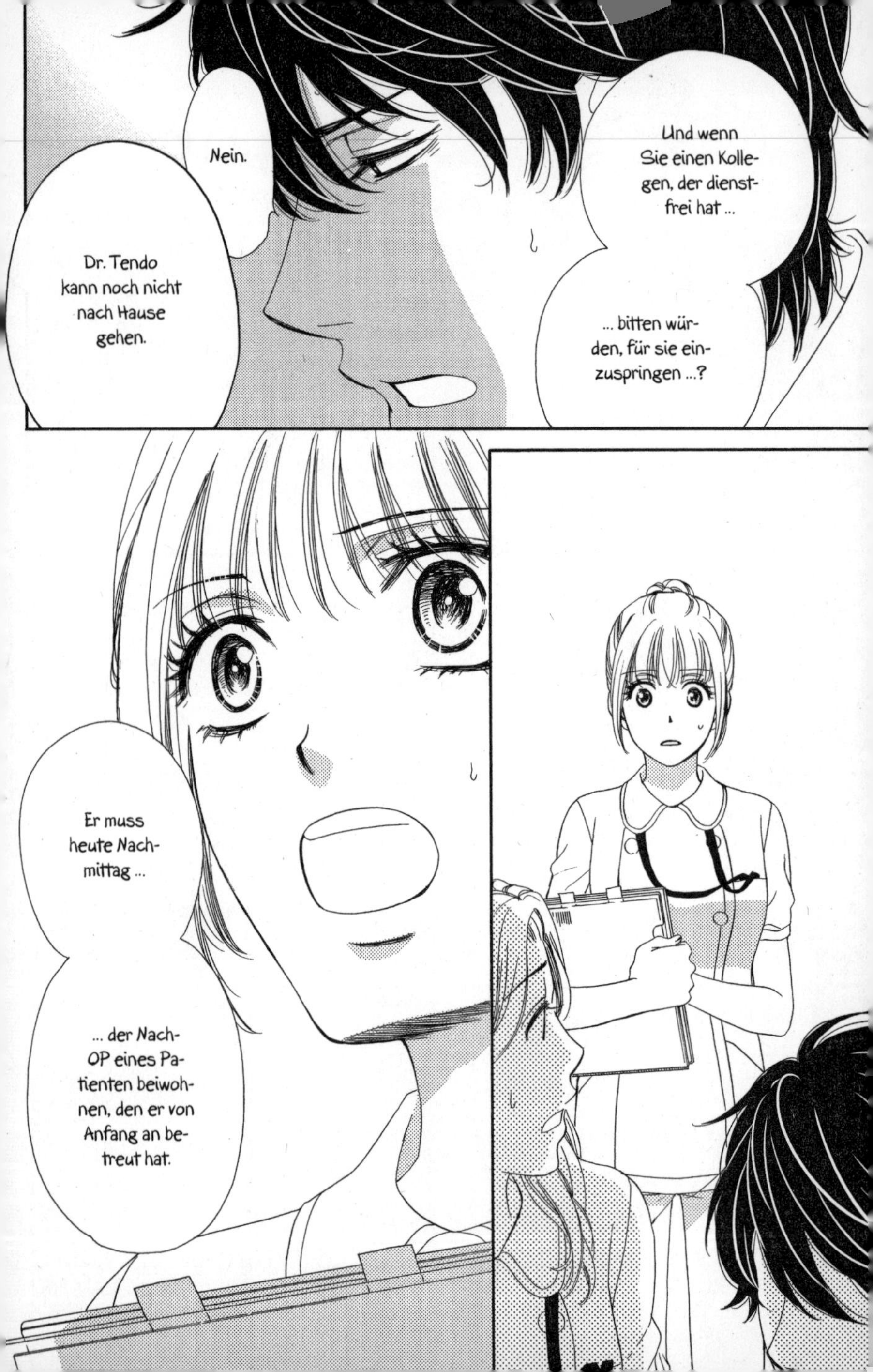
Und wenn Sie einen Kollegen, der dienstfrei hat ...
... bitten würden, für sie einzuspringen ...?
Nein.
Dr. Tendo kann noch nicht nach Hause gehen.
Er muss heute Nachmittag ...
... der Nach-OP eines Patienten beiwohnen, den er von Anfang an betreut hat.

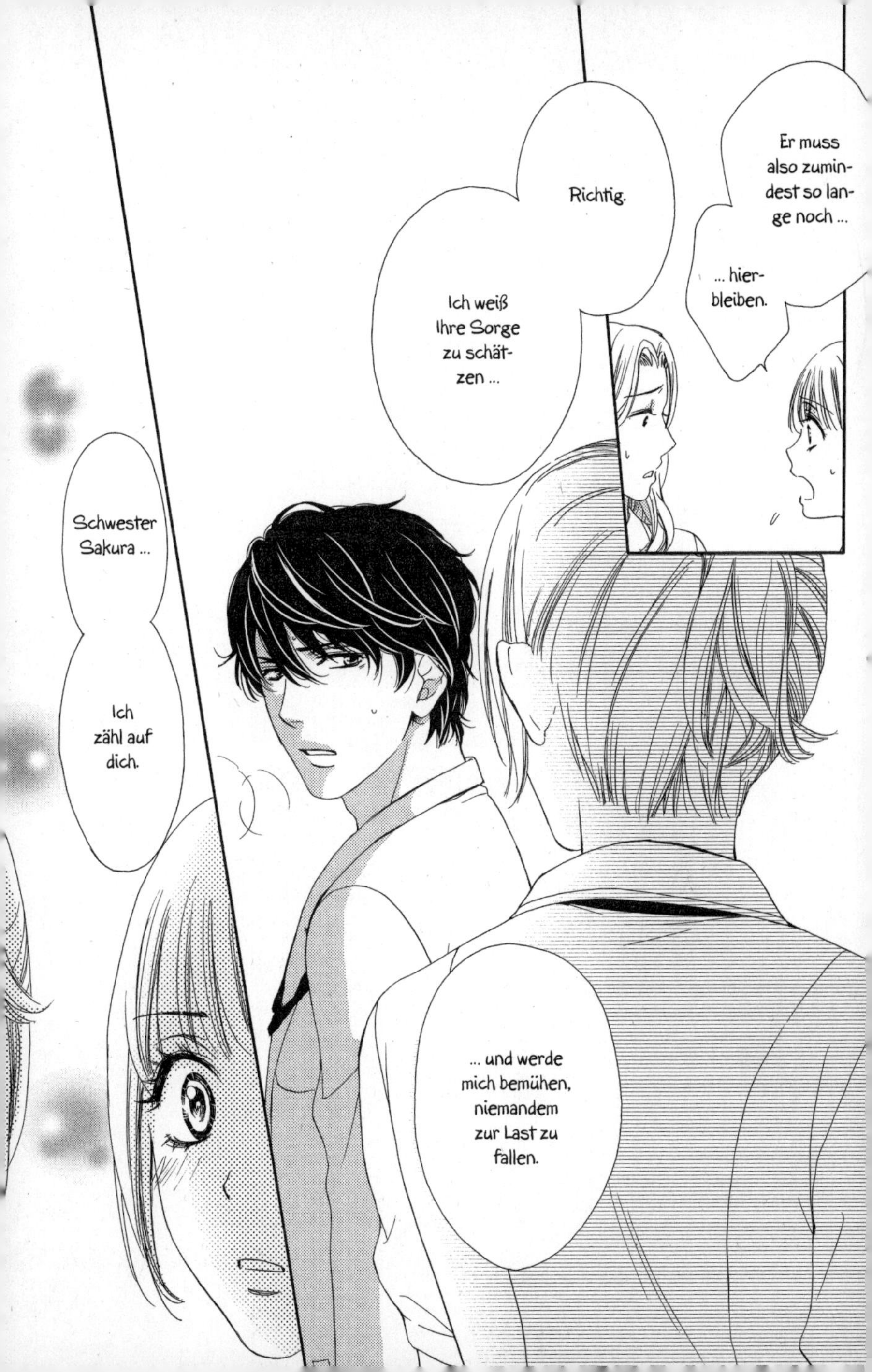
Er muss also zumindest so lange noch ...
... hierbleiben.
Richtig.
Ich weiß Ihre Sorge zu schätzen ...
... und werde mich bemühen, niemandem zur Last zu fallen.
Schwester Sakura ...
Ich zähl auf dich.

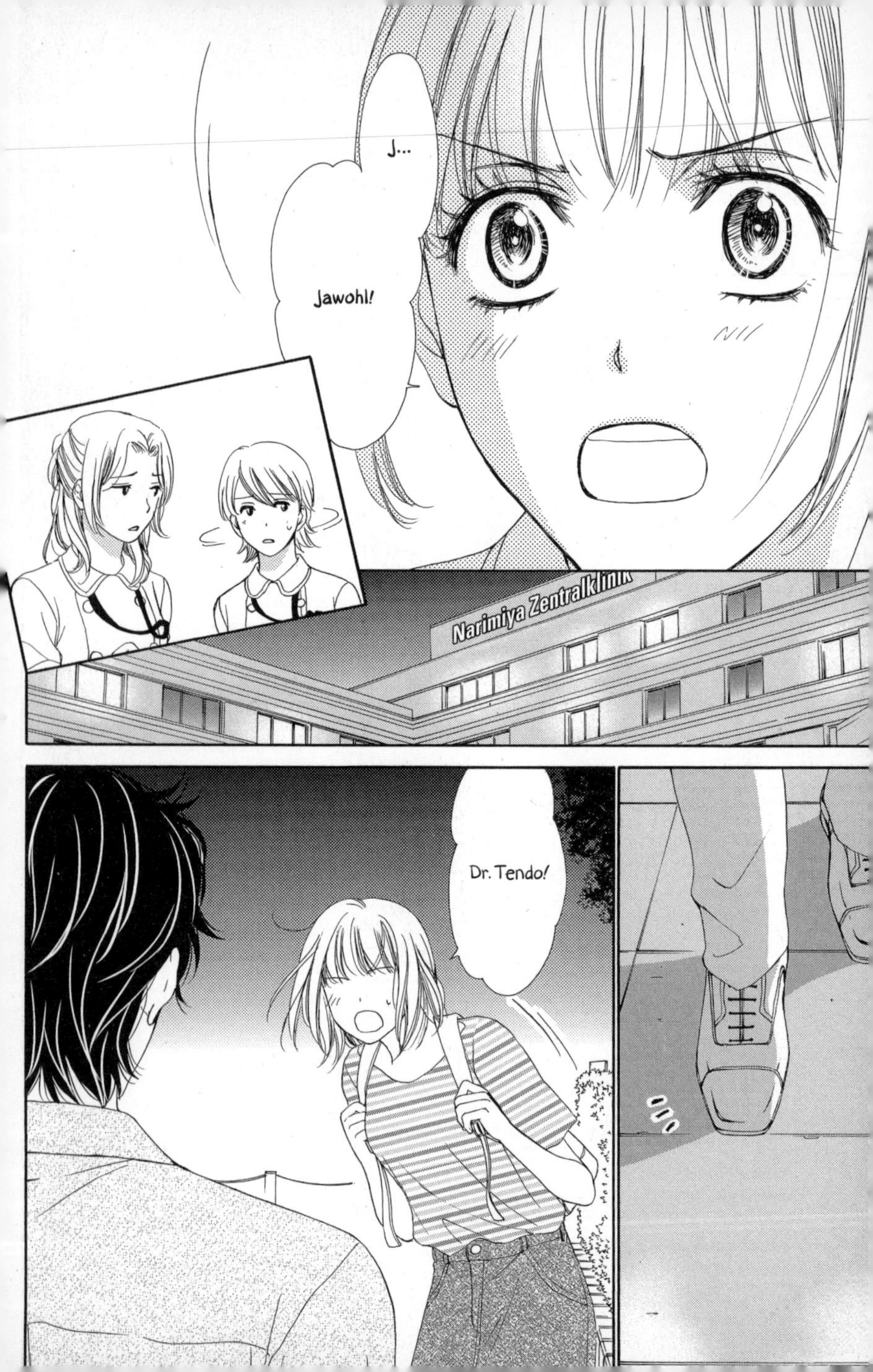
J…
Jawohl!
Narimiya Zentralklinik
Dr. Tendo!

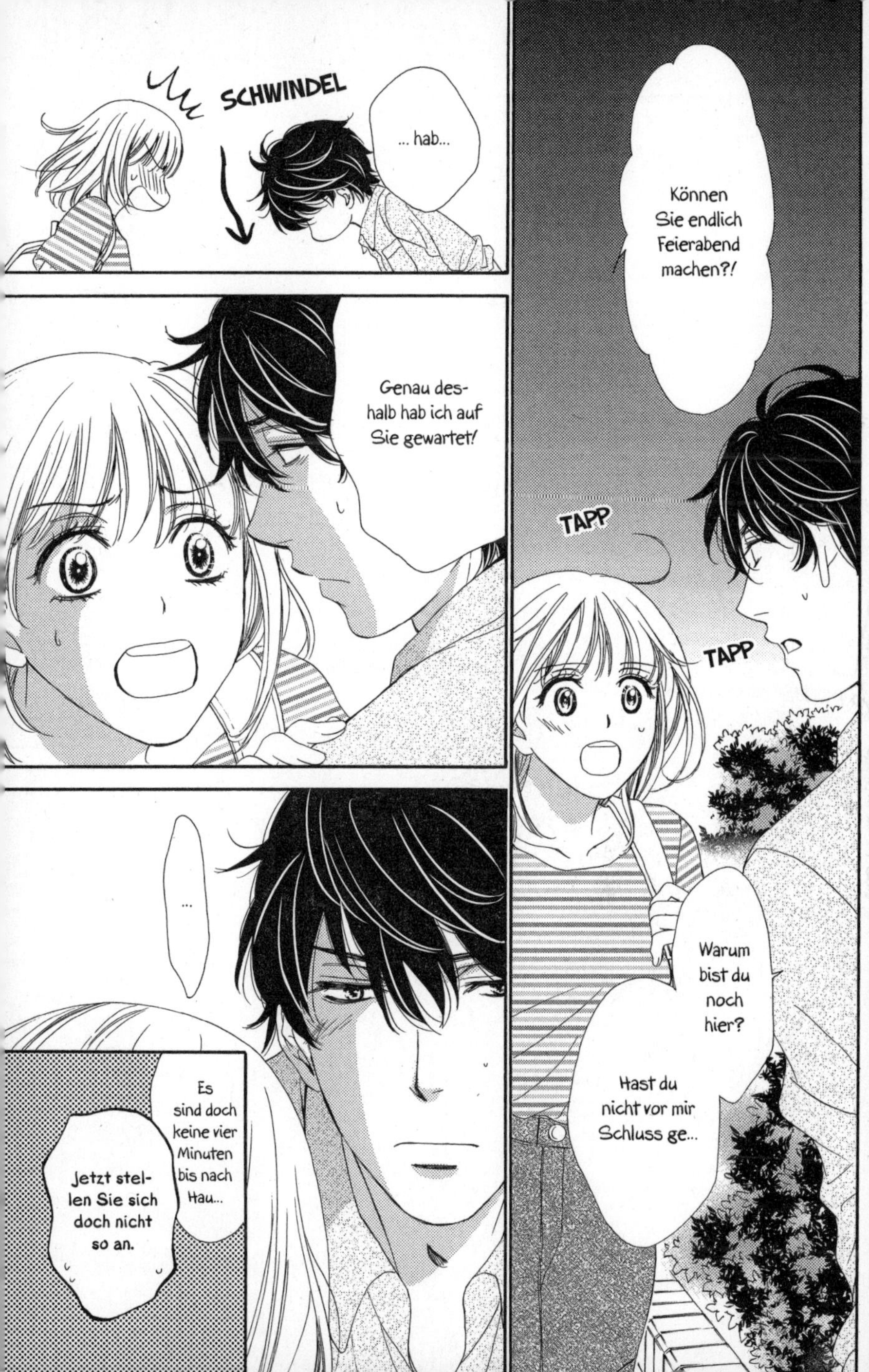
Können Sie endlich Feierabend machen?!
TAPP
TAPP
Warum bist du noch hier?
Hast du nicht vor mir Schluss ge...
... hab...
SCHWINDEL
Genau deshalb hab ich auf Sie gewartet!
...
Es sind doch keine vier Minuten bis nach Hau...
Jetzt stellen Sie sich doch nicht so an.

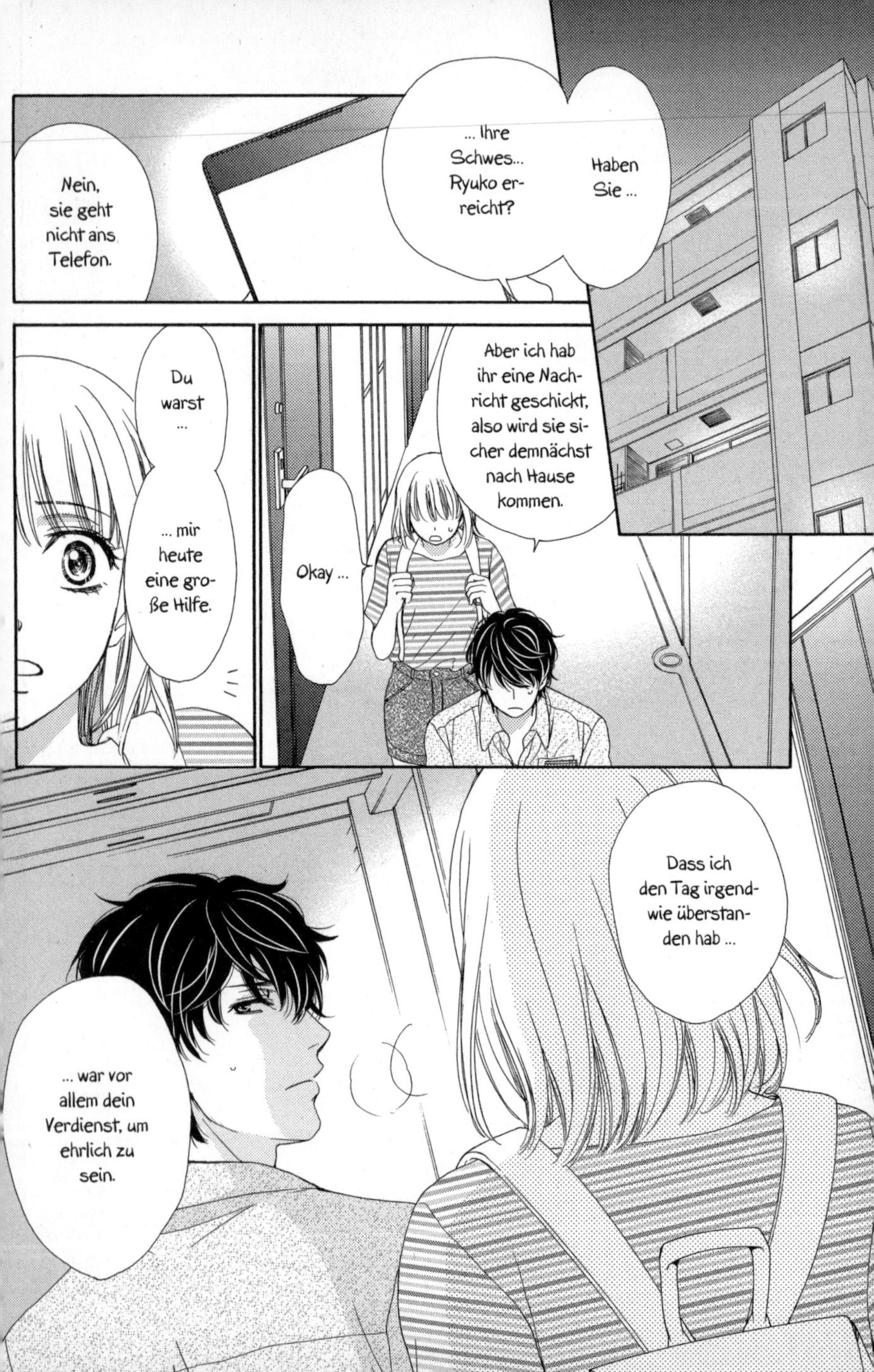
Haben Sie ...
... Ihre Schwes... Ryuko erreicht?
Nein, sie geht nicht ans Telefon.
Aber ich hab ihr eine Nachricht geschickt, also wird sie sicher demnächst nach Hause kommen.
Okay ...
Du warst ...
... mir heute eine große Hilfe.
Dass ich den Tag irgendwie überstanden hab ...
... war vor allem dein Verdienst, um ehrlich zu sein.

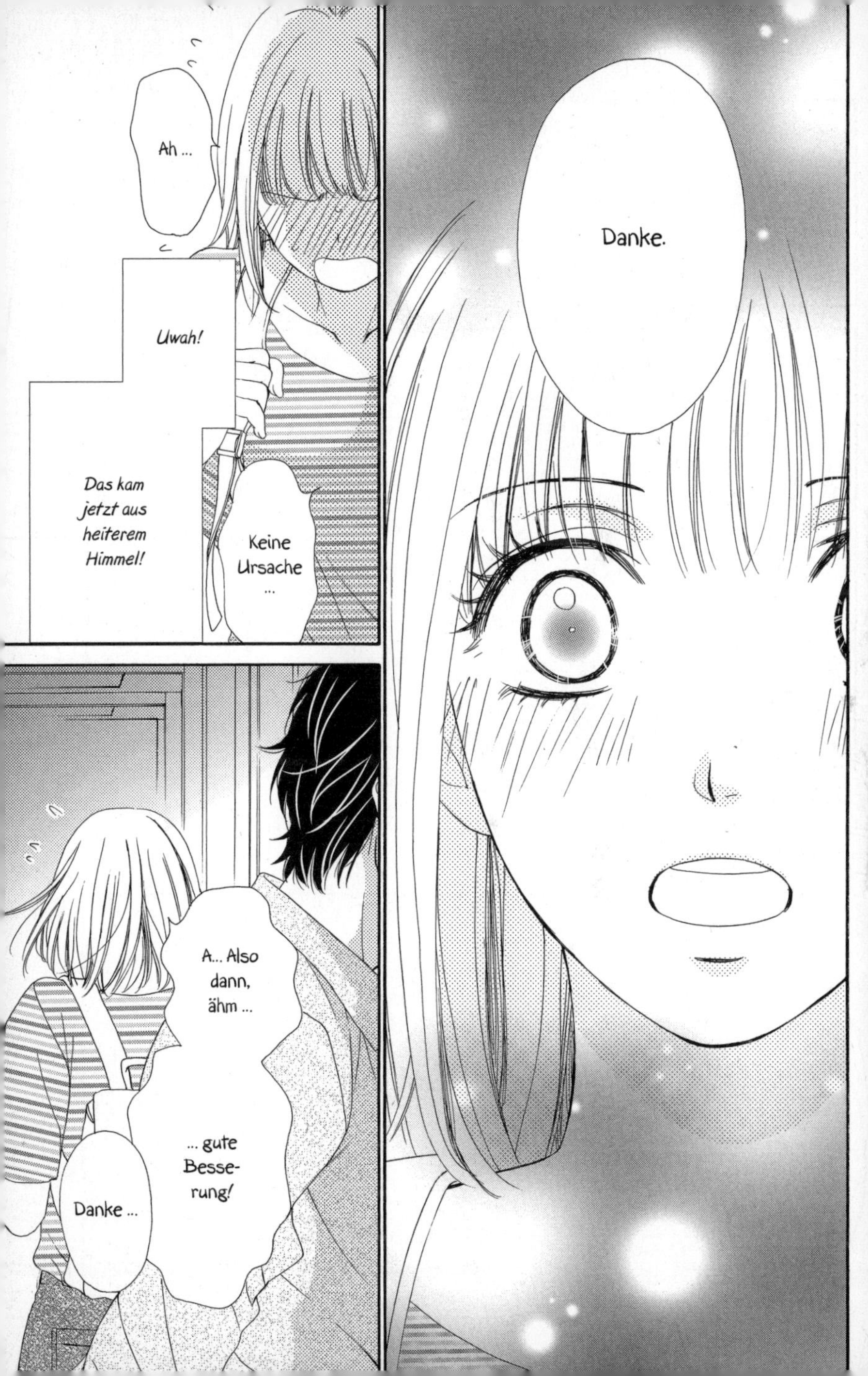
Danke.
Ah ...
Uwah!
Keine Ursache ...
Das kam jetzt aus heiterem Himmel!
A... Also dann, ähm ...
... gute Besse-rung!
Danke ...

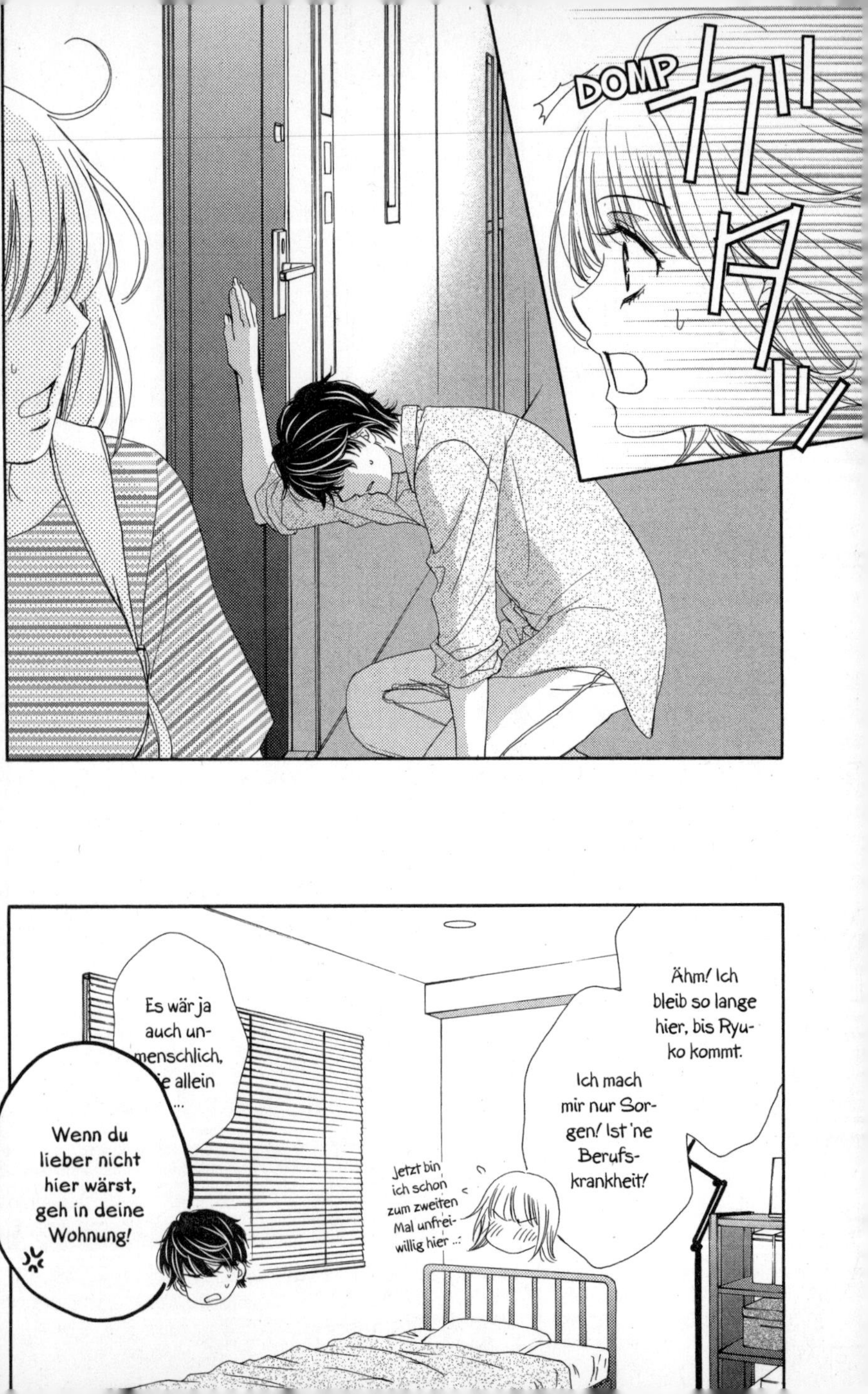

DOMP

Ähm! Ich bleib so lange hier, bis Ryuko kommt.
Ich mach mir nur Sorgen! Ist 'ne Berufskrankheit!
Jetzt bin ich schon zum zweiten Mal unfreiwillig hier ...!
Es wär ja auch unmenschlich, ie allein ...
Wenn du lieber nicht hier wärst, geh in deine Wohnung!

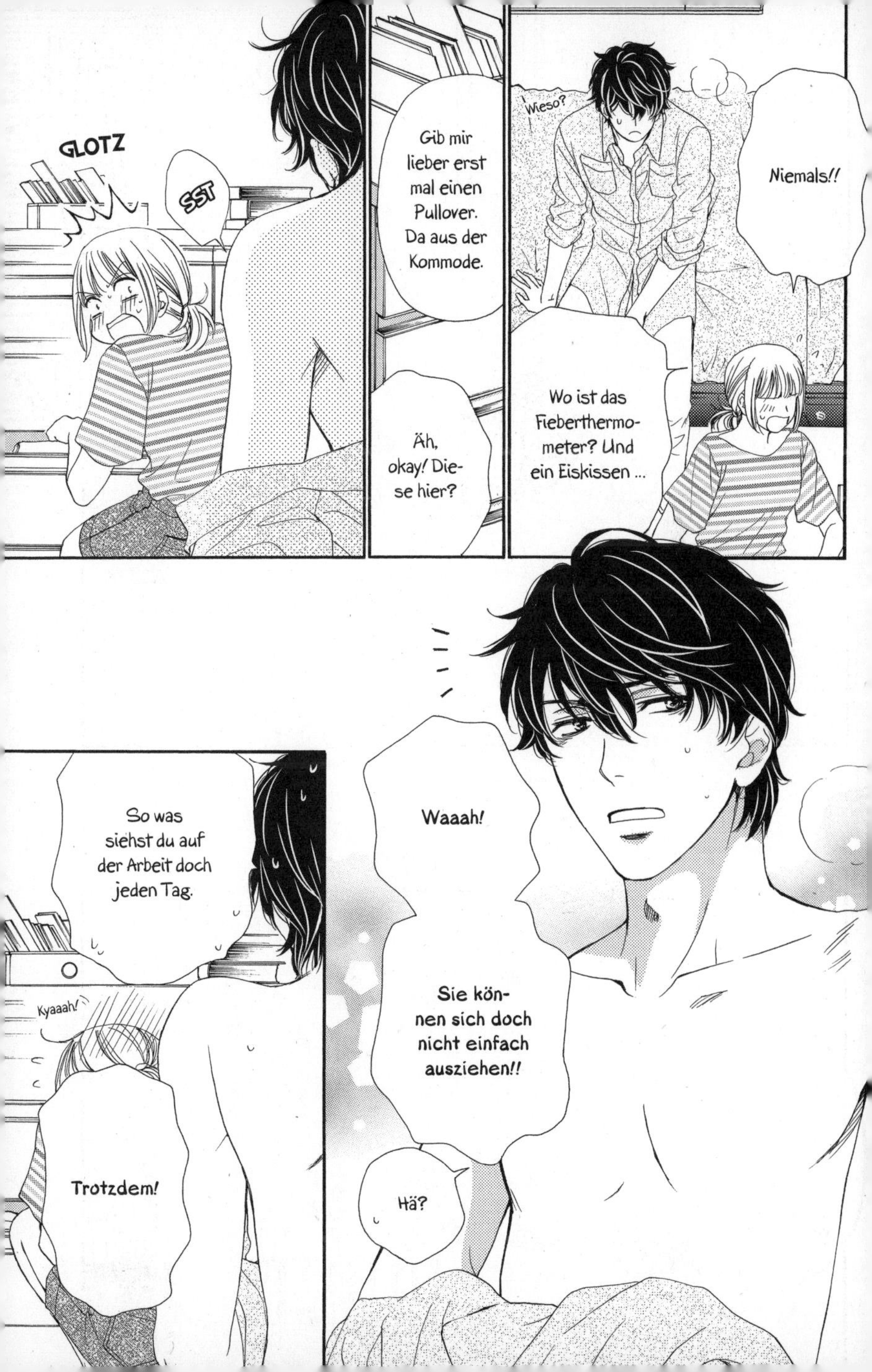
Niemals!!
Wieso?
Wo ist das Fieberthermometer? Und ein Eiskissen ...
Gib mir lieber erst mal einen Pullover. Da aus der Kommode.
Äh, okay! Diese hier?
SST
GLOTZ
Waaah!
Sie können sich doch nicht einfach ausziehen!!
Hä?
So was siehst du auf der Arbeit doch jeden Tag.
Kyaaah!
Trotzdem!

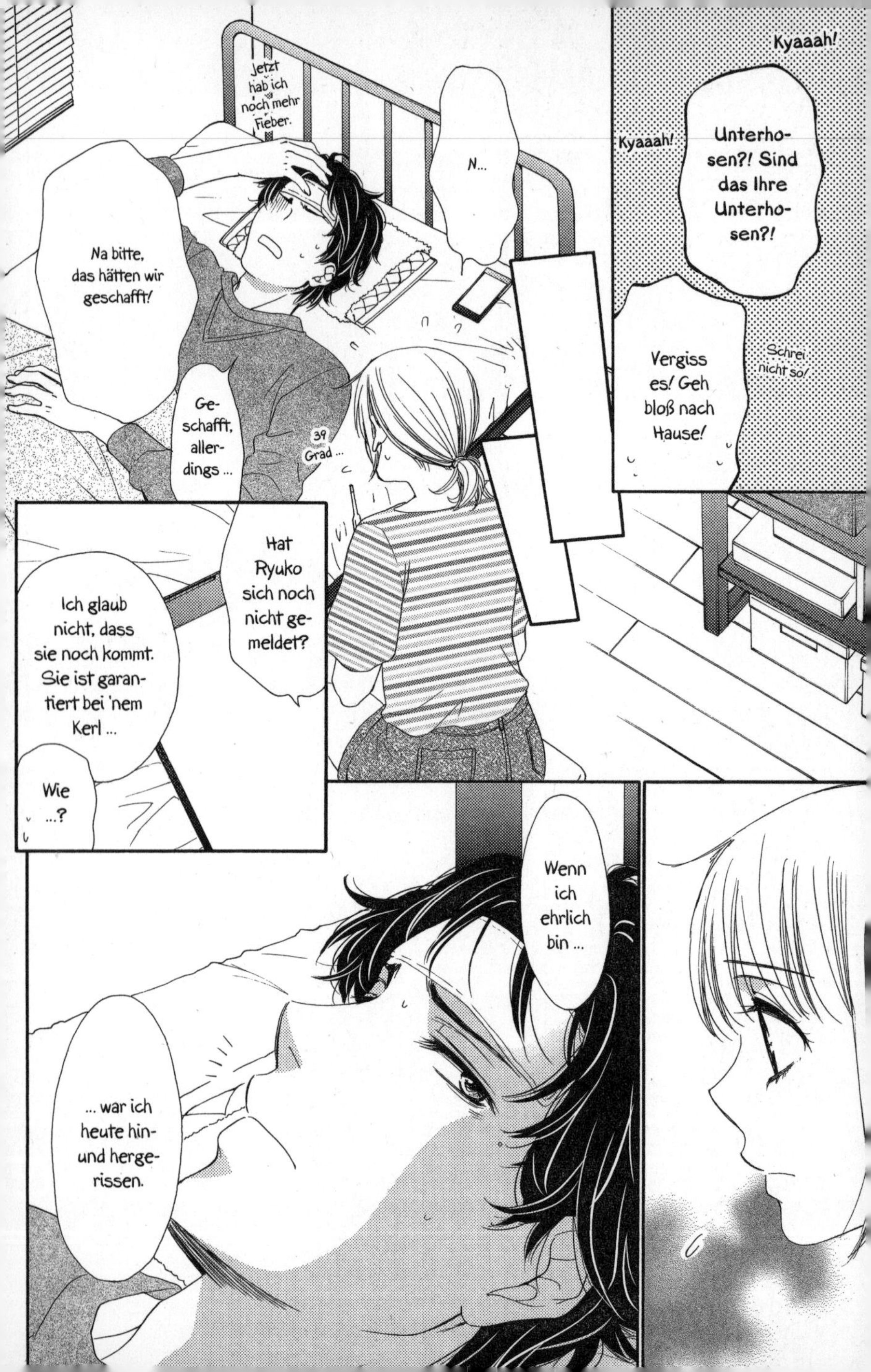

Kyaaah!
Kyaaah!
Unterhosen?! Sind das Ihre Unterhosen?!
Vergiss es! Geh bloß nach Hause!
Schrei nicht so!
N...
Jetzt hab ich noch mehr Fieber.
Na bitte, das hätten wir geschafft!
39 Grad ...
Geschafft, allerdings ...
Hat Ryuko sich noch nicht gemeldet?
Ich glaub nicht, dass sie noch kommt. Sie ist garantiert bei 'nem Kerl ...
Wie ...?
Wenn ich ehrlich bin ...
... war ich heute hin- und hergerissen.

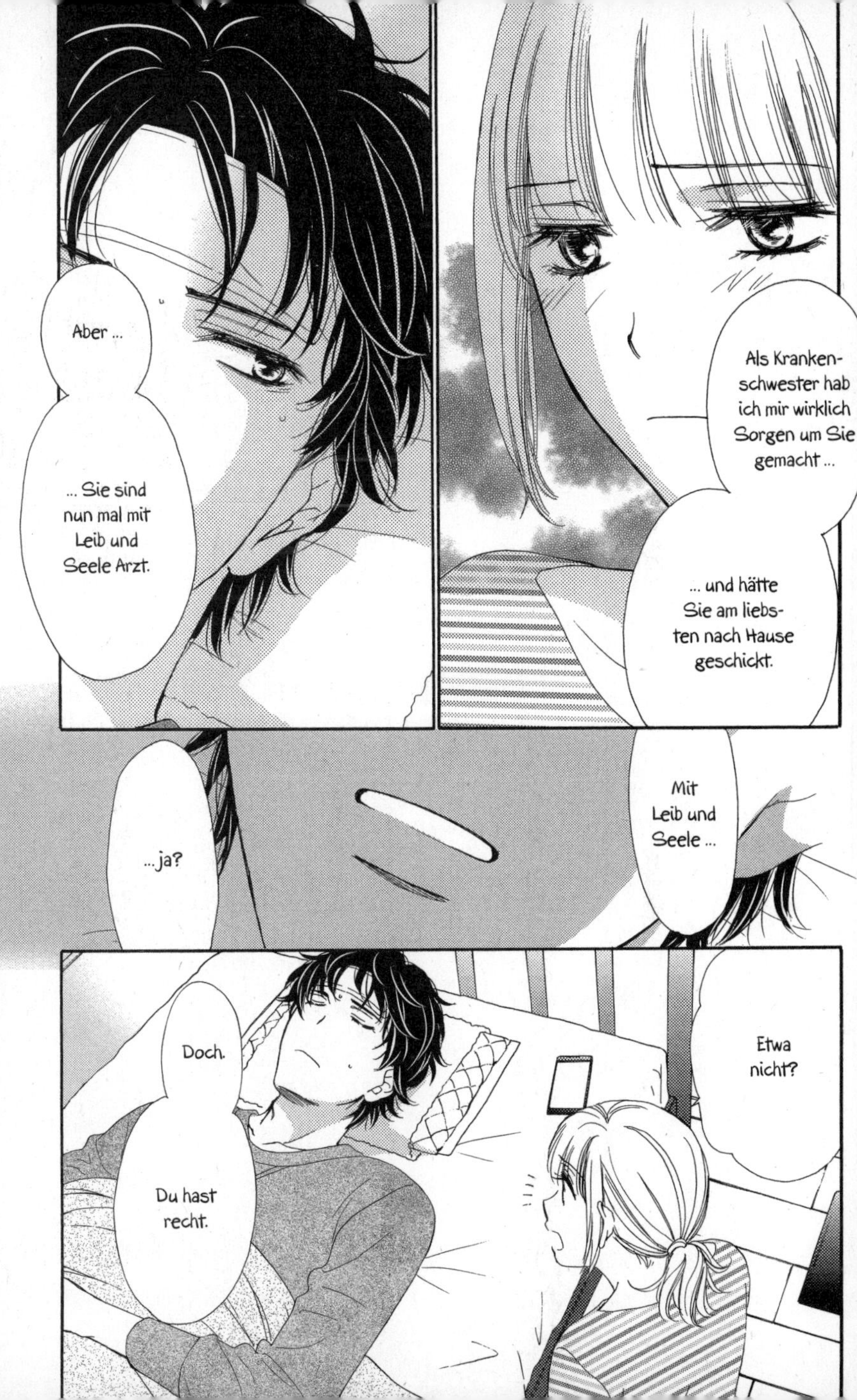
Als Kranken-schwester hab ich mir wirklich Sorgen um Sie gemacht ...
... und hätte Sie am liebsten nach Hause geschickt.
Aber ...
... Sie sind nun mal mit Leib und Seele Arzt.
Mit Leib und Seele ...
...ja?
Etwa nicht?
Doch.
Du hast recht.

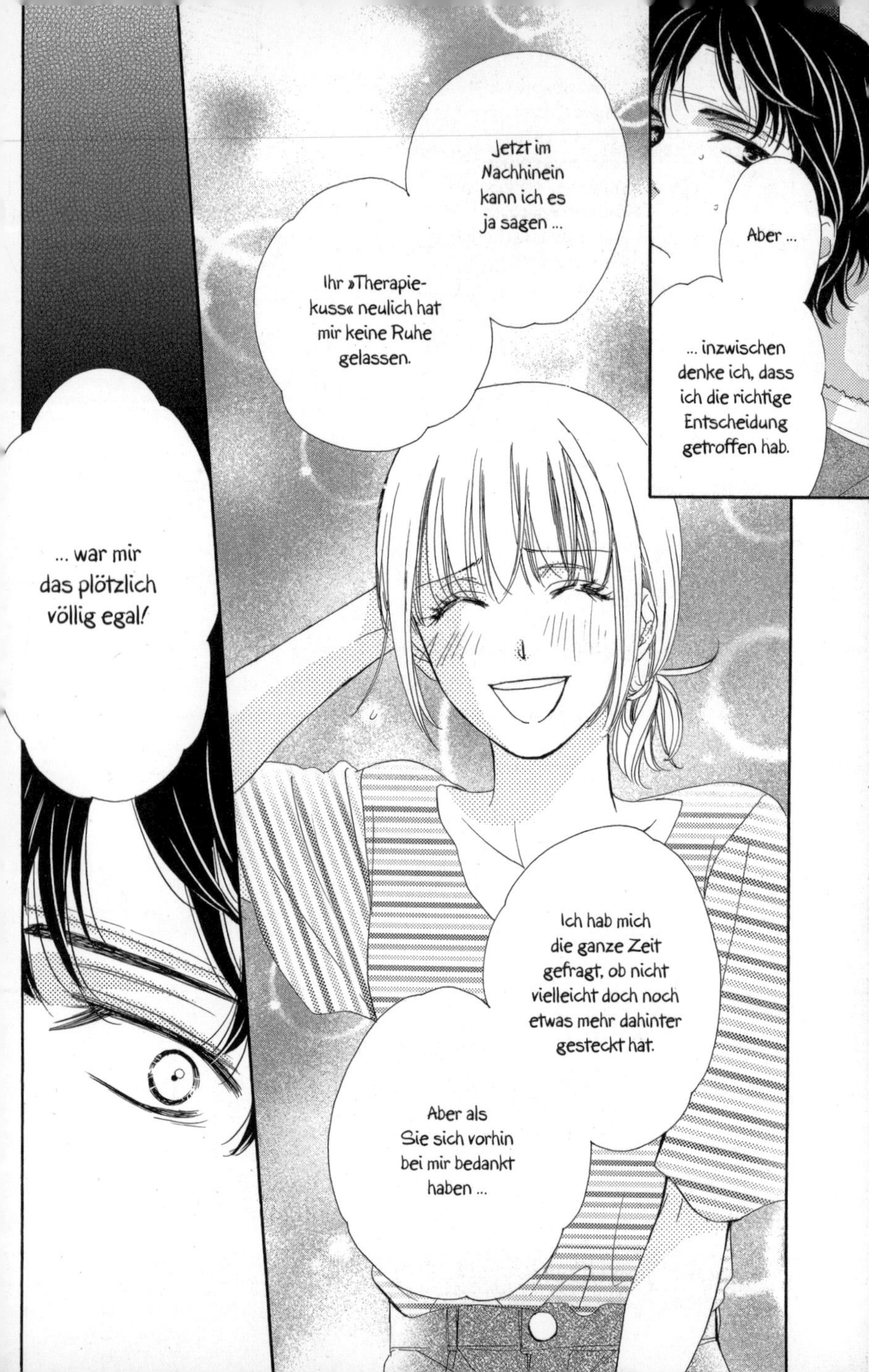
Aber ...
... inzwischen denke ich, dass ich die richtige Entscheidung getroffen hab.
Jetzt im Nachhinein kann ich es ja sagen ...
Ihr »Therapiekuss« neulich hat mir keine Ruhe gelassen.
Ich hab mich die ganze Zeit gefragt, ob nicht vielleicht doch noch etwas mehr dahinter gesteckt hat.
Aber als Sie sich vorhin bei mir bedankt haben ...
... war mir das plötzlich völlig egal!

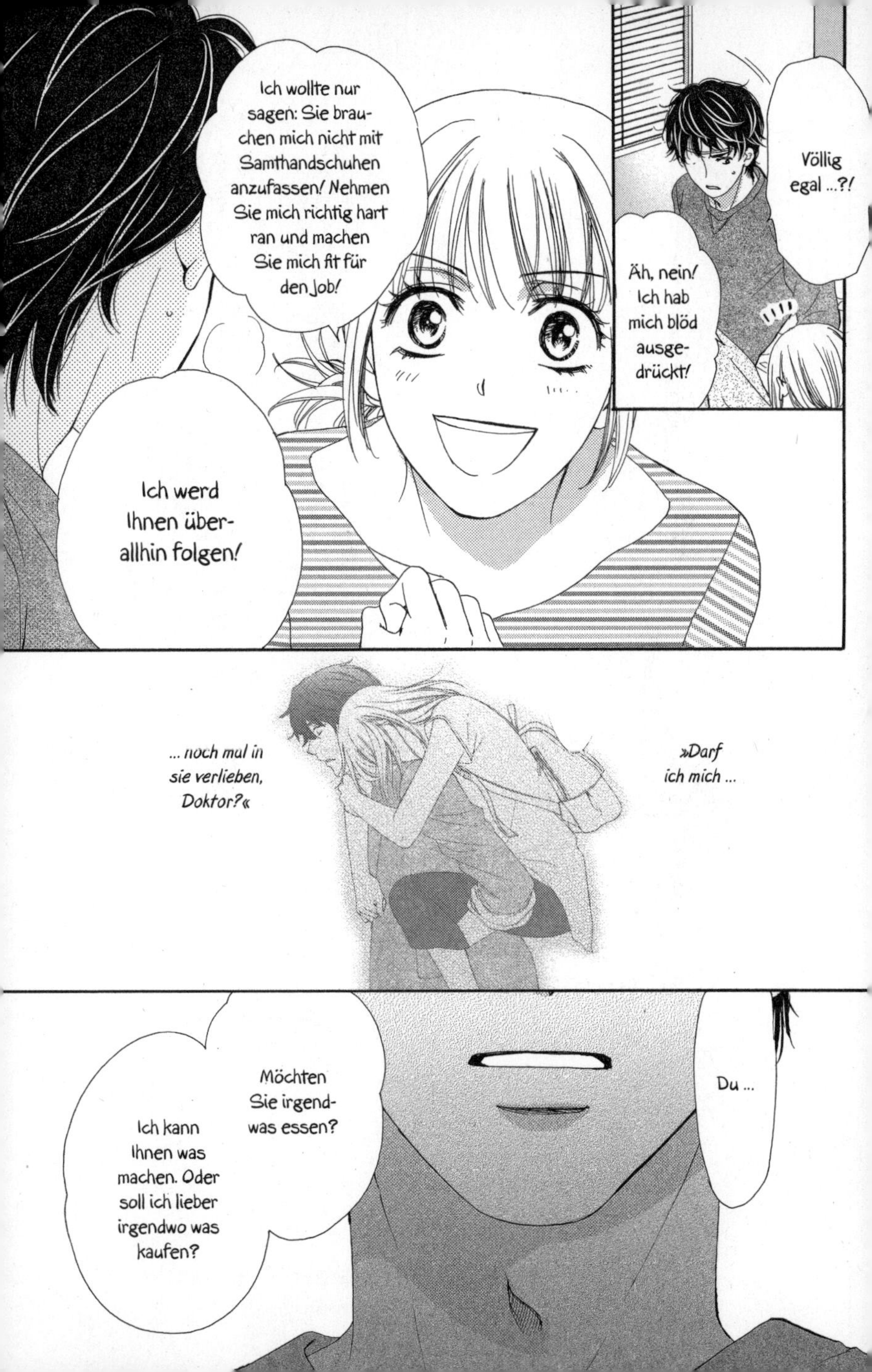
Völlig egal ...?!
Äh, nein! Ich hab mich blöd ausgedrückt!
Ich wollte nur sagen: Sie brauchen mich nicht mit Samthandschuhen anzufassen! Nehmen Sie mich richtig hart ran und machen Sie mich fit für den Job!
Ich werd Ihnen überallhin folgen!
»Darf ich mich ...
... noch mal in sie verlieben, Doktor?«
Du ...
Möchten Sie irgendwas essen?
Ich kann Ihnen was machen. Oder soll ich lieber irgendwo was kaufen?

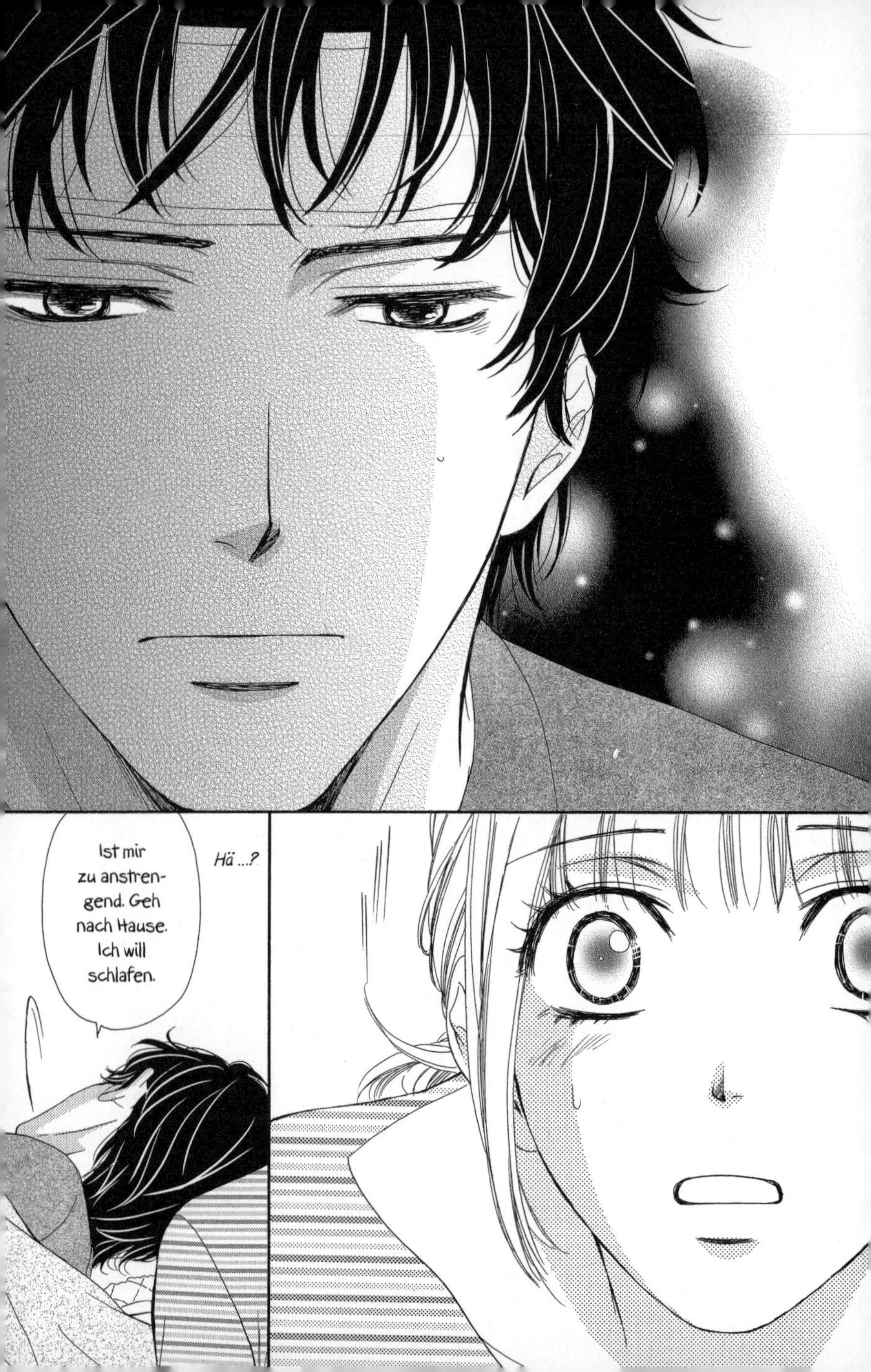
Hä ...?
Ist mir zu anstrengend. Geh nach Hause. Ich will schlafen.

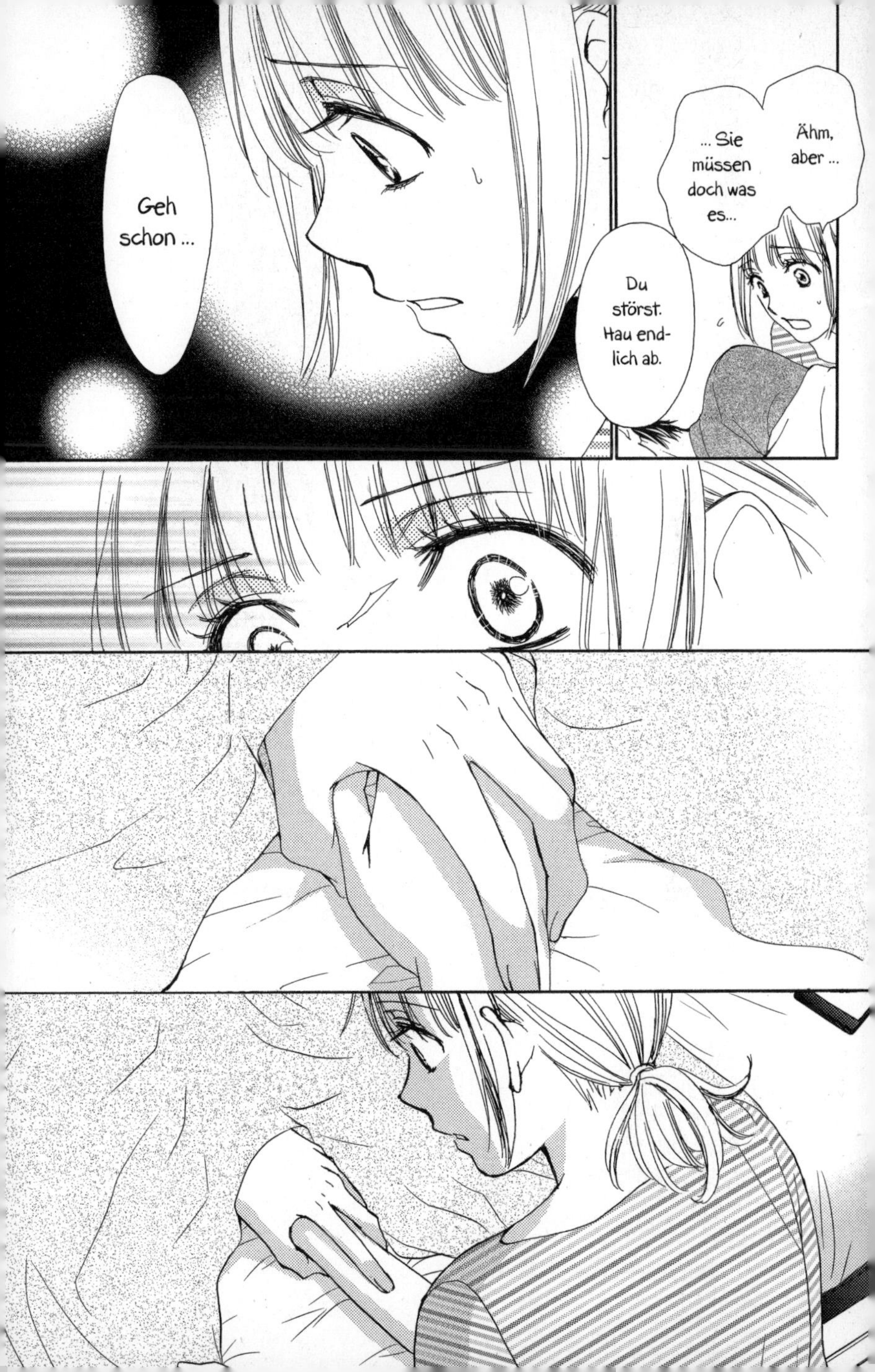
Ähm, aber ...
... Sie müssen doch was es...
Du störst. Hau endlich ab.
Geh schon ...

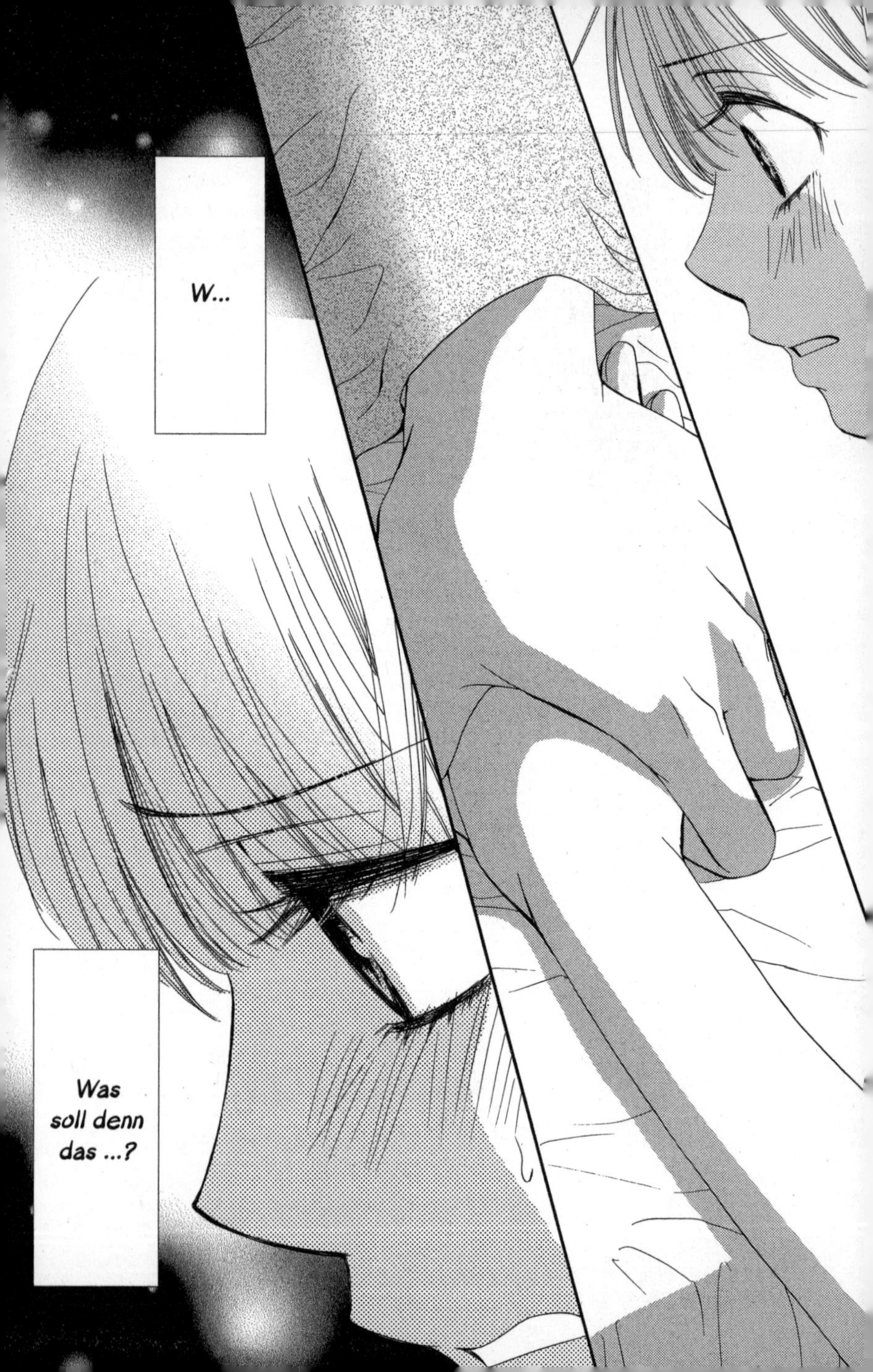
W...
Was soll denn das ...?

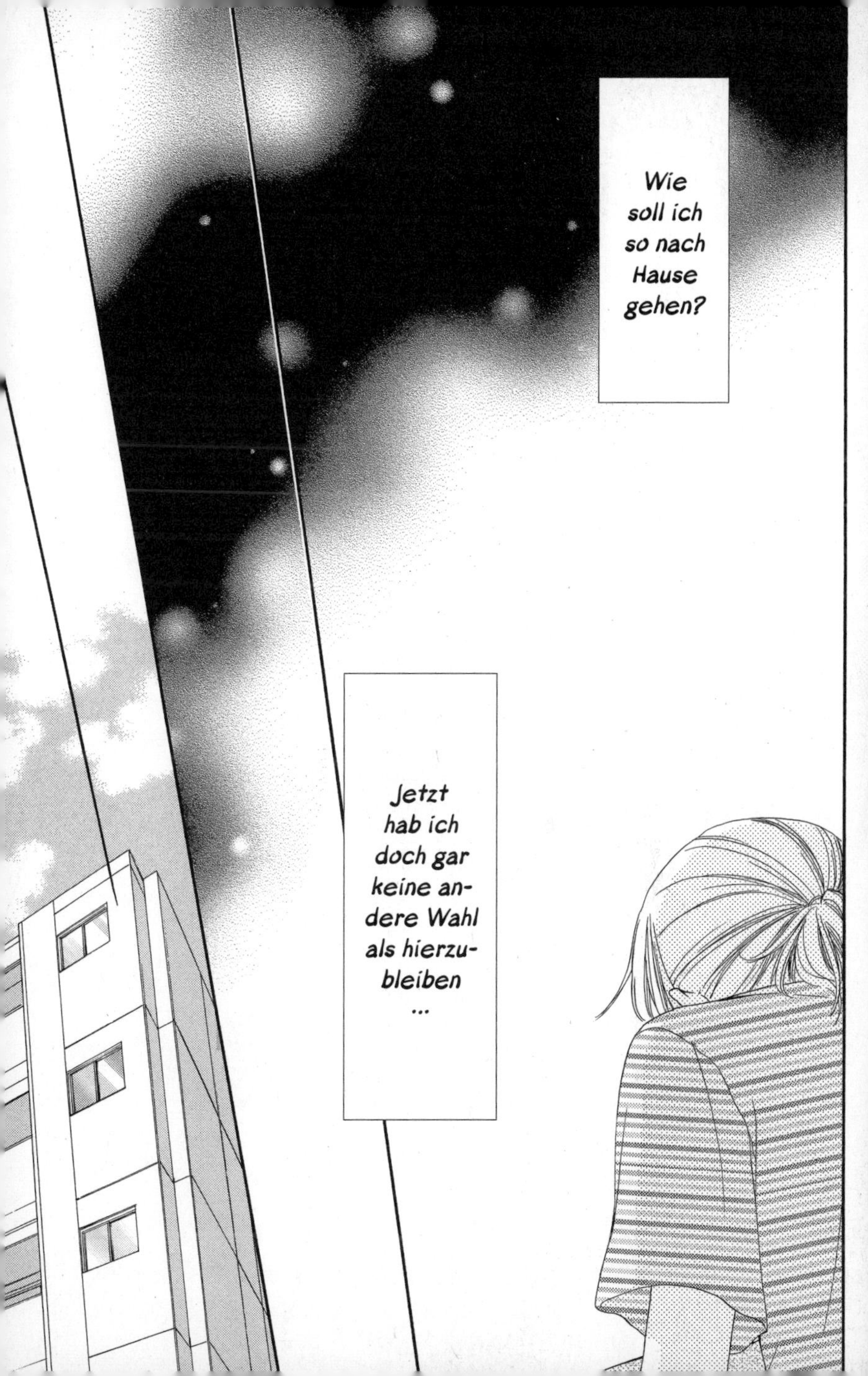
Wie soll ich so nach Hause gehen?
Jetzt hab ich doch gar keine andere Wahl als hierzubleiben …

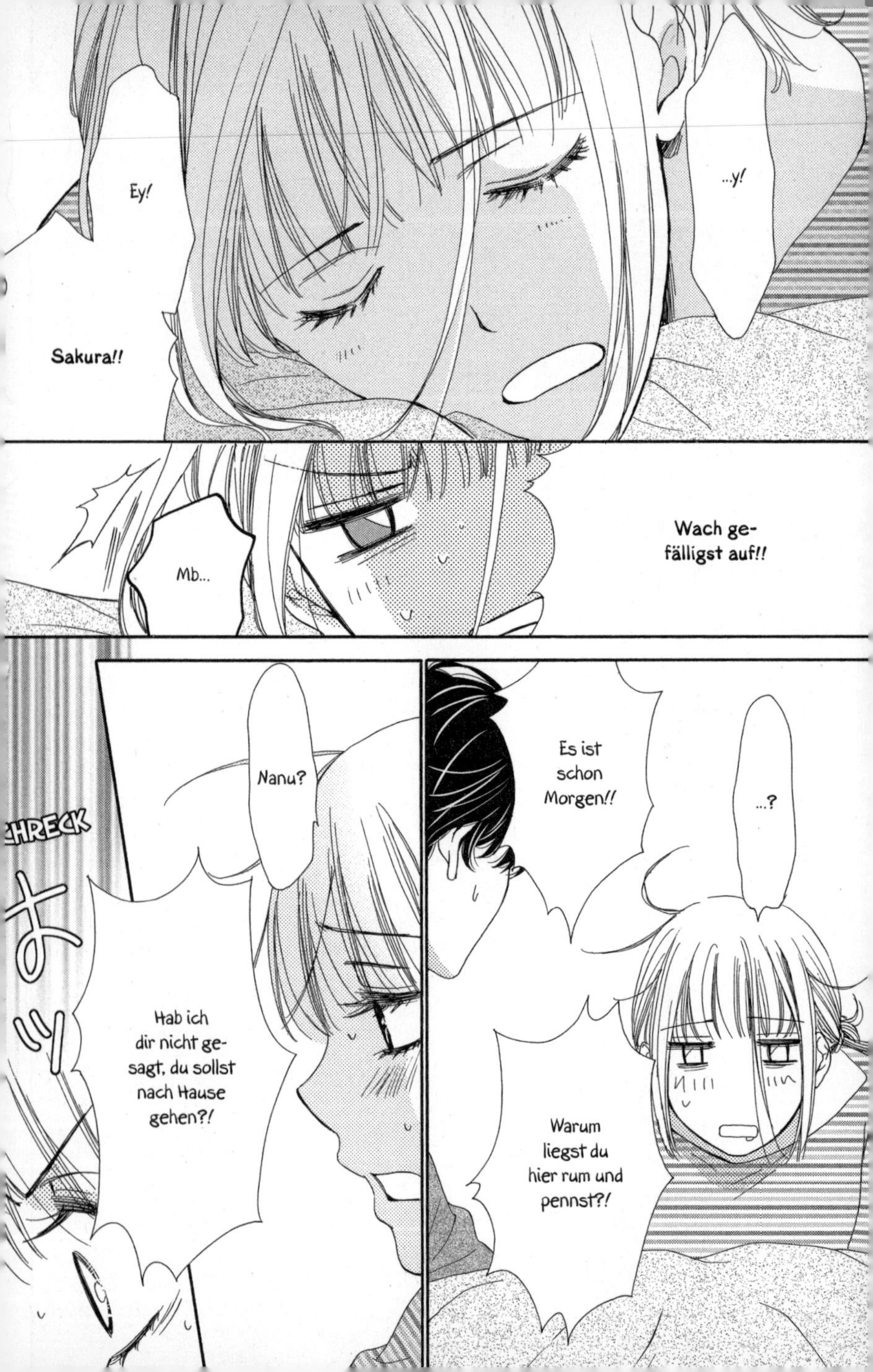
...y!
Ey!
Sakura!!
Wach ge-
fälligst auf!!
Mb...
...?
Es ist
schon
Morgen!!
Nanu?
HRECK
Warum
liegst du
hier rum und
pennst?!
Hab ich
dir nicht ge-
sagt, du sollst
nach Hause
gehen?!

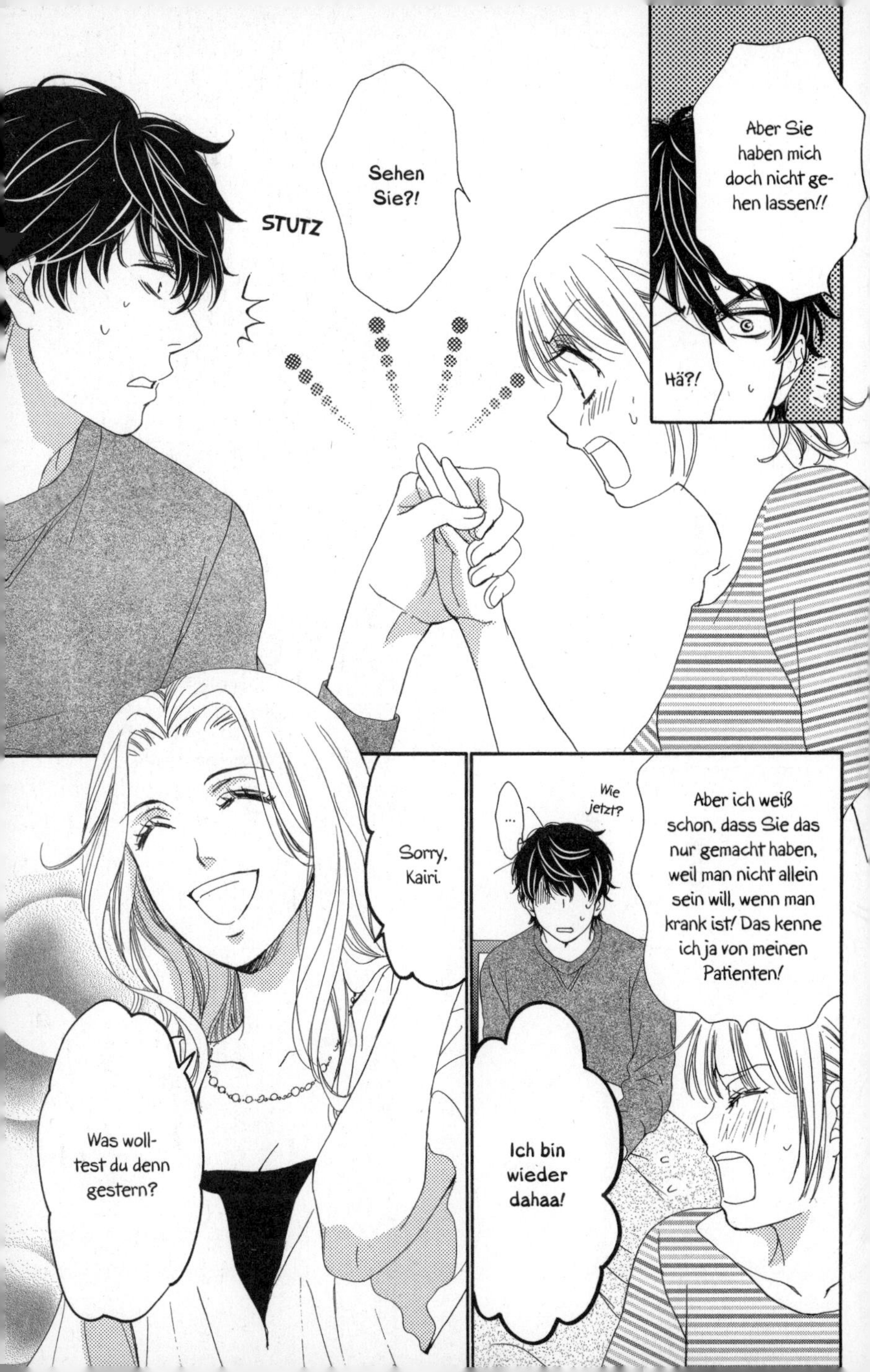

Aber Sie haben mich doch nicht gehen lassen!!
Hä?!
Sehen Sie?!
STUTZ
Aber ich weiß schon, dass Sie das nur gemacht haben, weil man nicht allein sein will, wenn man krank ist! Das kenne ich ja von meinen Patienten!
Wie jetzt?
...
Ich bin wieder dahaa!
Sorry, Kairi.
Was wolltest du denn gestern?

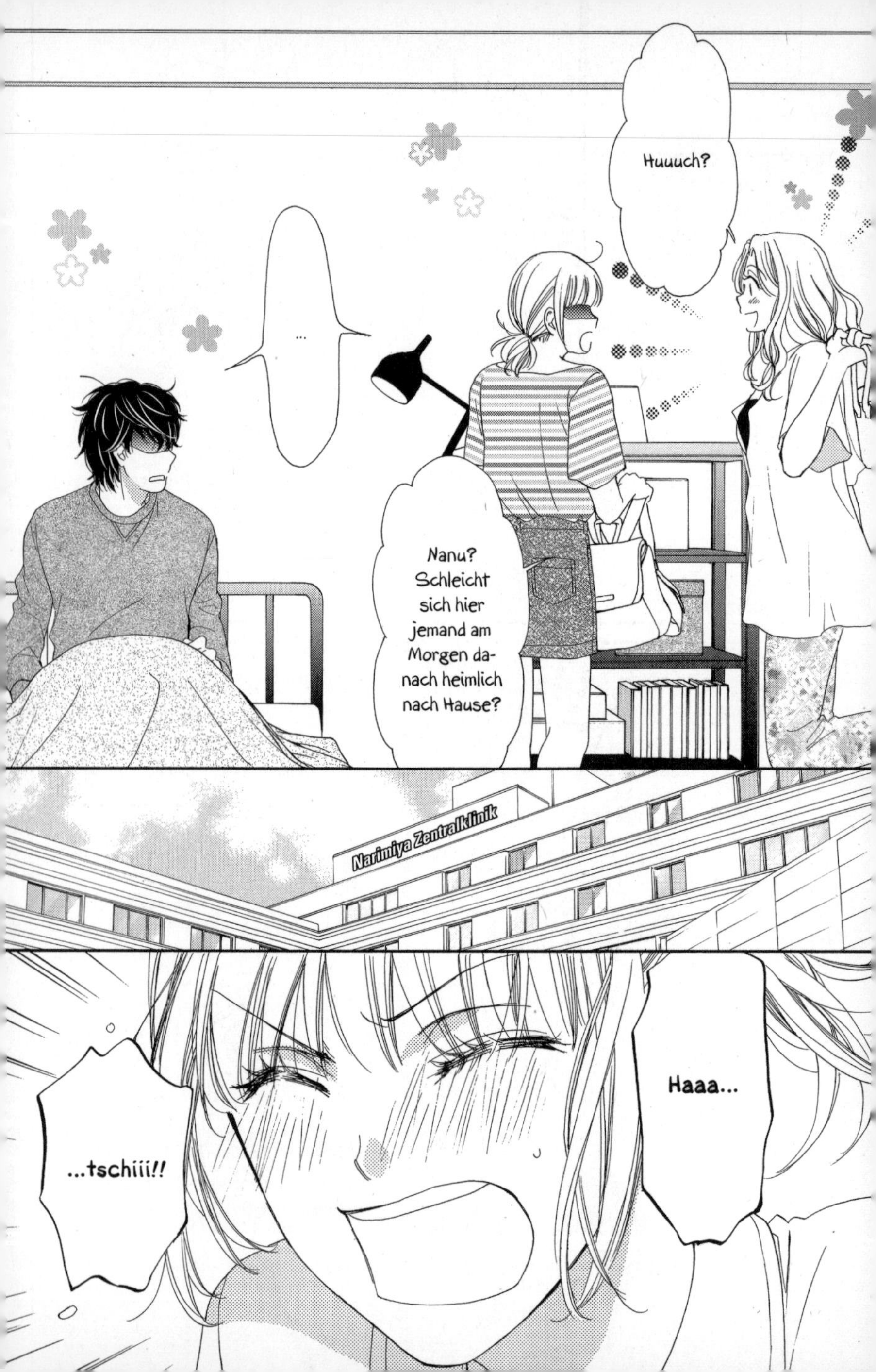
Huuuch?
...
Nanu? Schleicht sich hier jemand am Morgen danach heimlich nach Hause?
Narimiya Zentralklinik
Haaa...
...tschiii!!

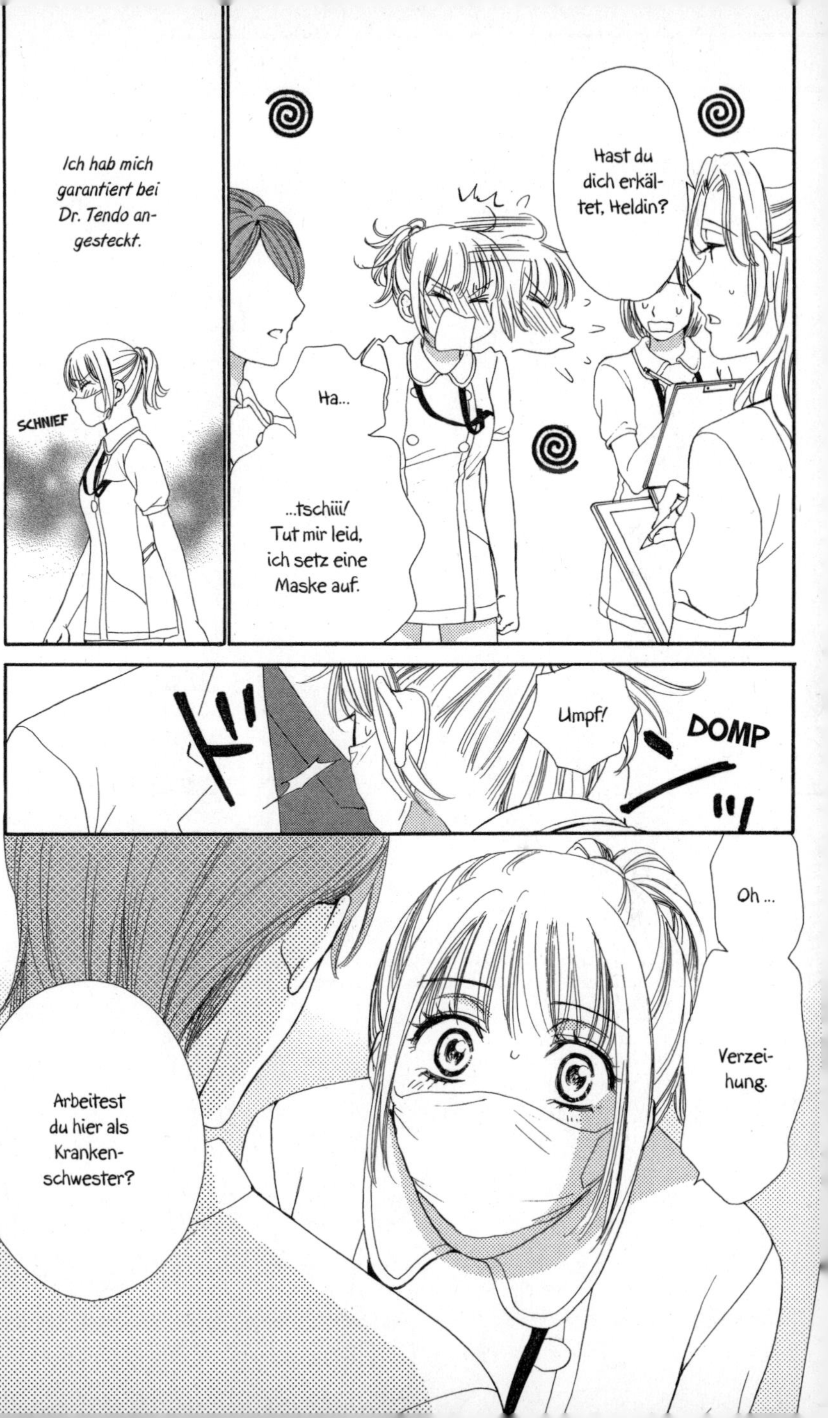

Hast du dich erkältet, Heldin?

Ha...

...tschiii! Tut mir leid, ich setz eine Maske auf.

Ich hab mich garantiert bei Dr. Tendo angesteckt.

SCHNIEF

DOMP

Umpf!

ドッ

Oh ...

Verzeihung.

Arbeitest du hier als Krankenschwester?

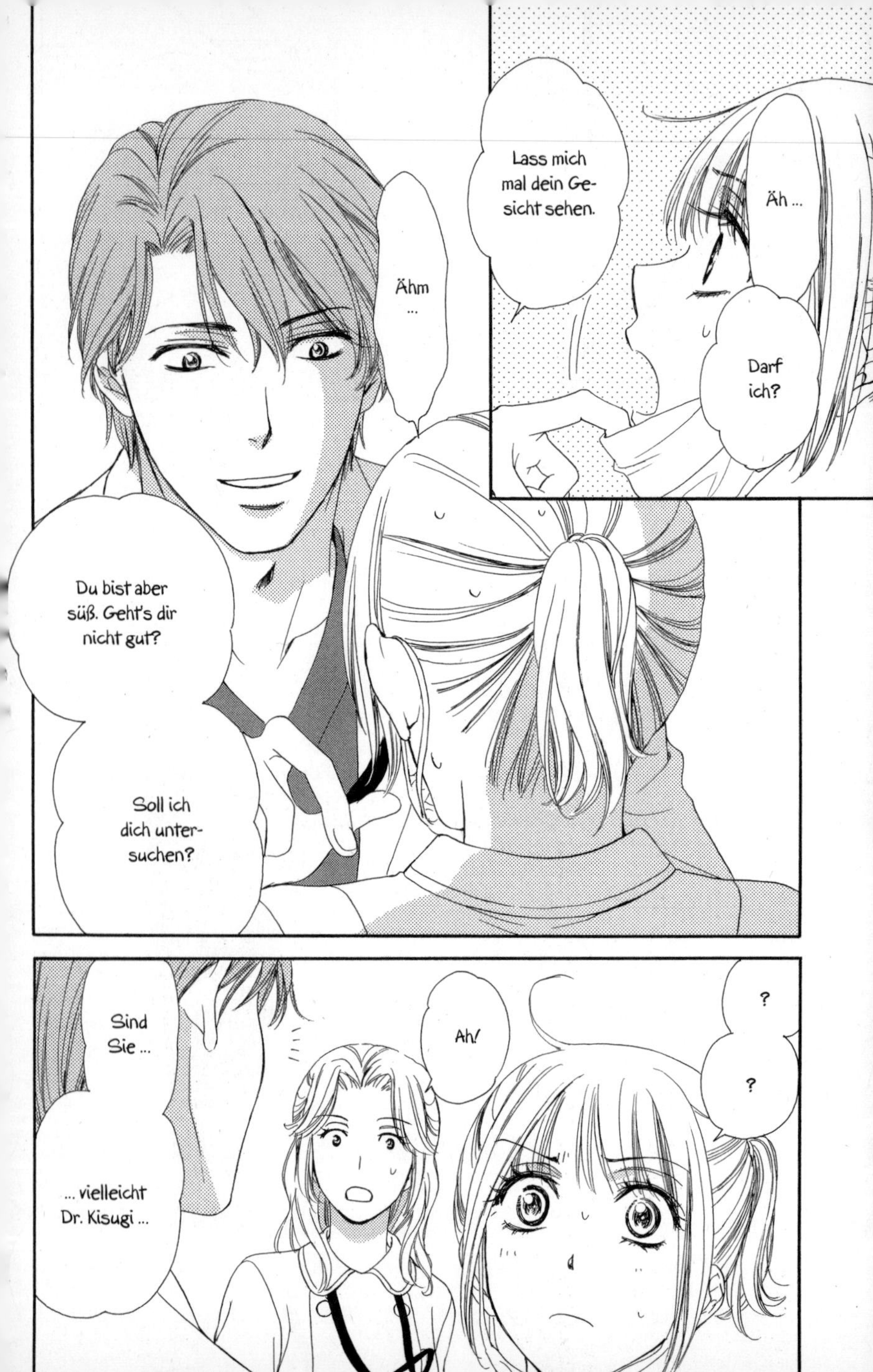
Äh ...
Lass mich mal dein Gesicht sehen.
Darf ich?
Ähm ...
Du bist aber süß. Geht's dir nicht gut?
Soll ich dich untersuchen?
?
?
Ah!
Sind Sie ...
... vielleicht Dr. Kisugi ...

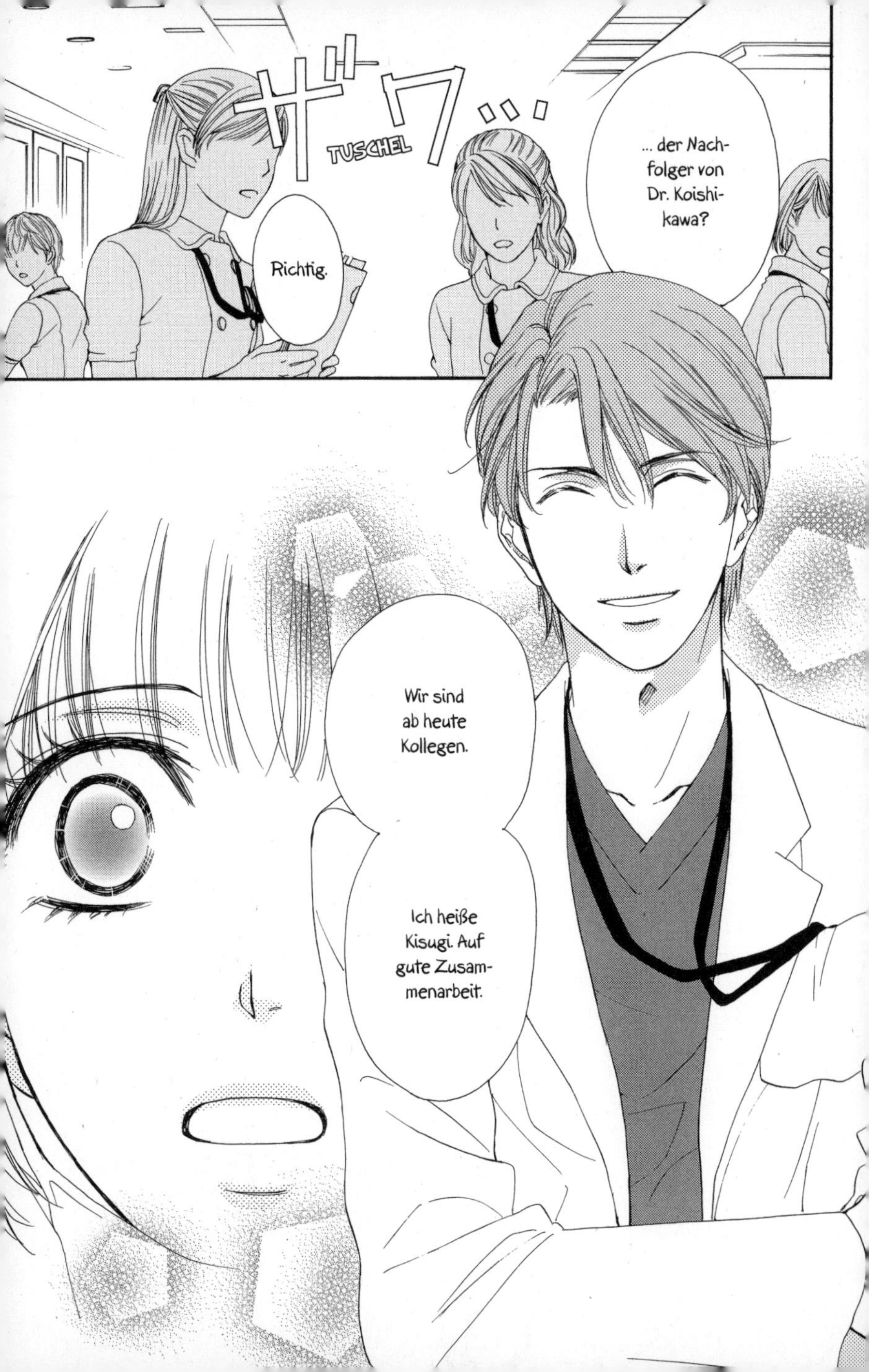
... der Nachfolger von Dr. Koishikawa?
TUSCHEL
Richtig.
Wir sind ab heute Kollegen.
Ich heiße Kisugi. Auf gute Zusammenarbeit.

Check Me Up!

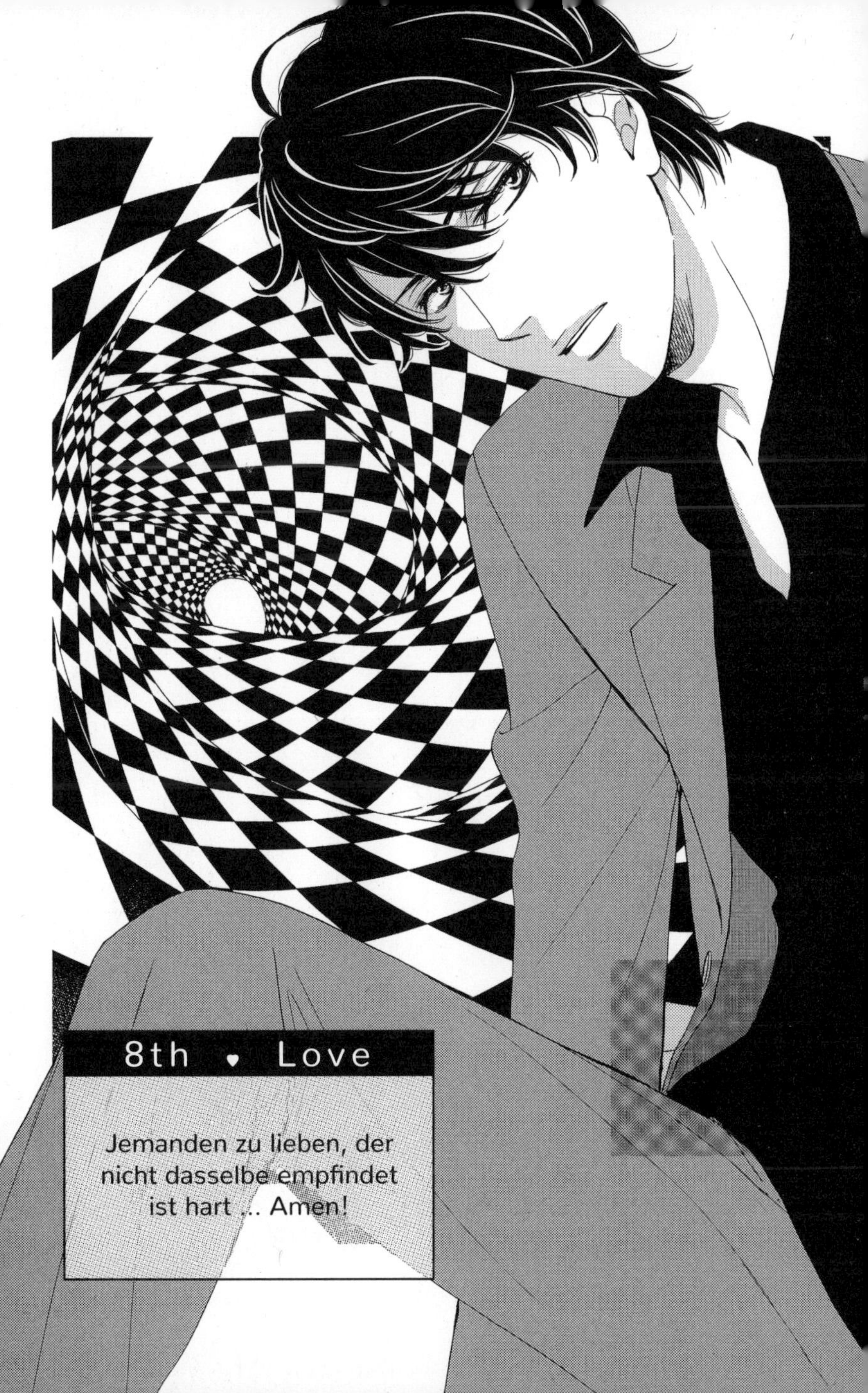
8th ♥ Love
Jemanden zu lieben, der nicht dasselbe empfindet ist hart ... Amen!

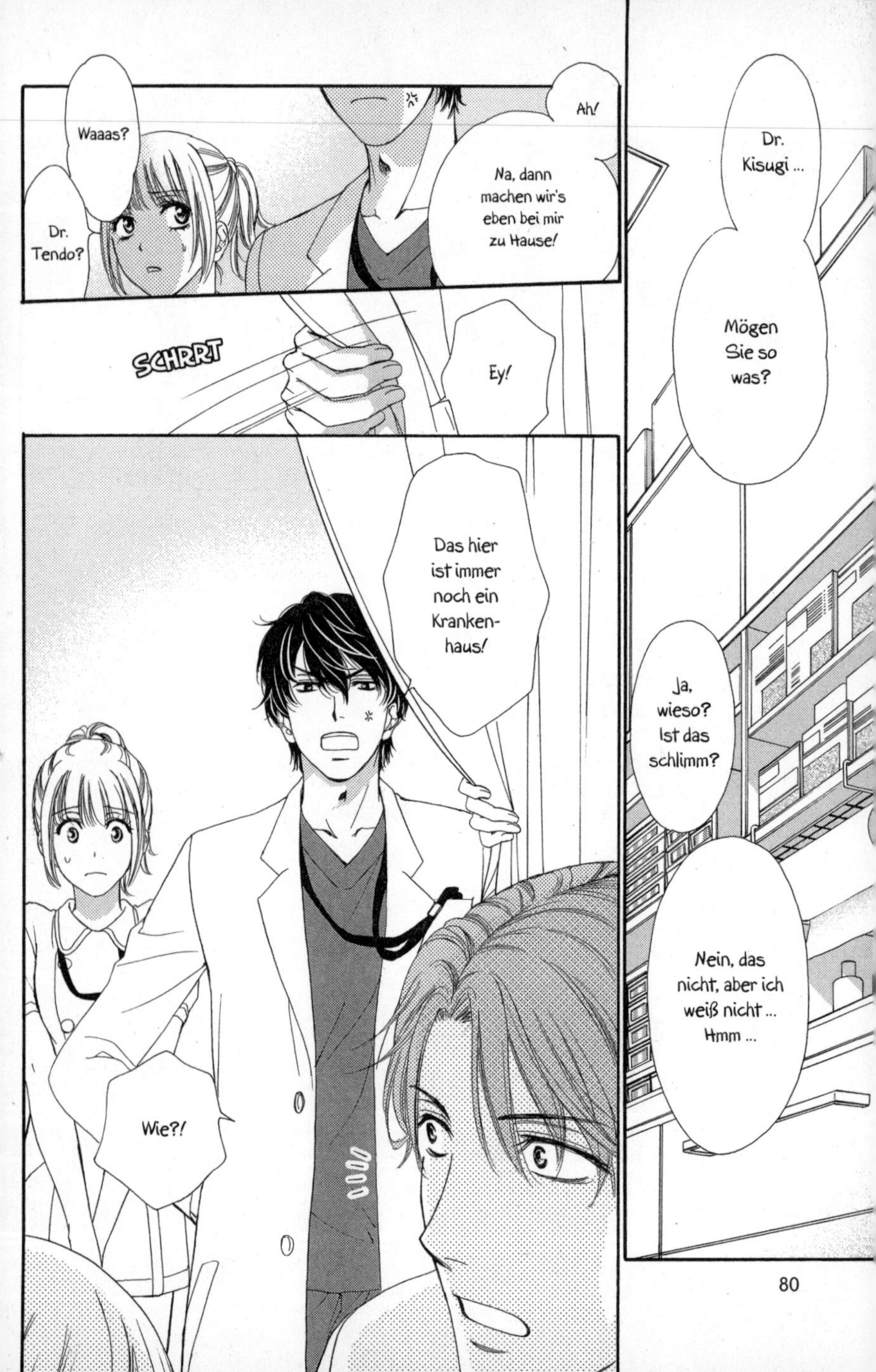
Dr. Kisugi ...
Mögen Sie so was?
Ja, wieso? Ist das schlimm?
Nein, das nicht, aber ich weiß nicht ... Hmm ...
Ah!
Na, dann machen wir's eben bei mir zu Hause!
Waaas?
Dr. Tendo?
Ey!
SCHRRT
Das hier ist immer noch ein Kranken-haus!
Wie?!

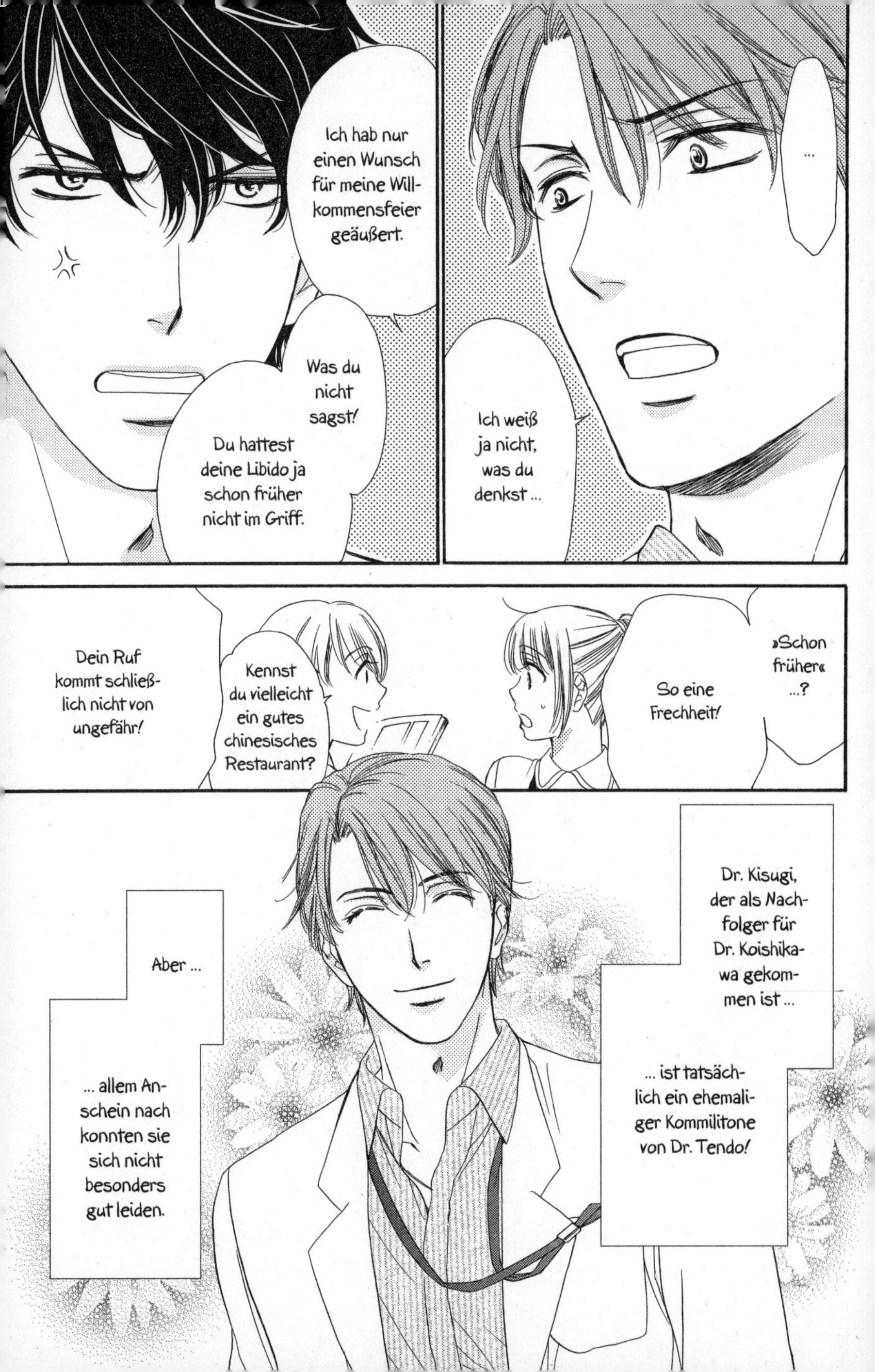
...
Ich weiß ja nicht, was du denkst ...
Ich hab nur einen Wunsch für meine Willkommensfeier geäußert.
Was du nicht sagst!
Du hattest deine Libido ja schon früher nicht im Griff.
»Schon früher« ...?
So eine Frechheit!
Kennst du vielleicht ein gutes chinesisches Restaurant?
Dein Ruf kommt schließlich nicht von ungefähr!
Dr. Kisugi, der als Nachfolger für Dr. Koishikawa gekommen ist ...
... ist tatsächlich ein ehemaliger Kommilitone von Dr. Tendo!
Aber ...
... allem Anschein nach konnten sie sich nicht besonders gut leiden.

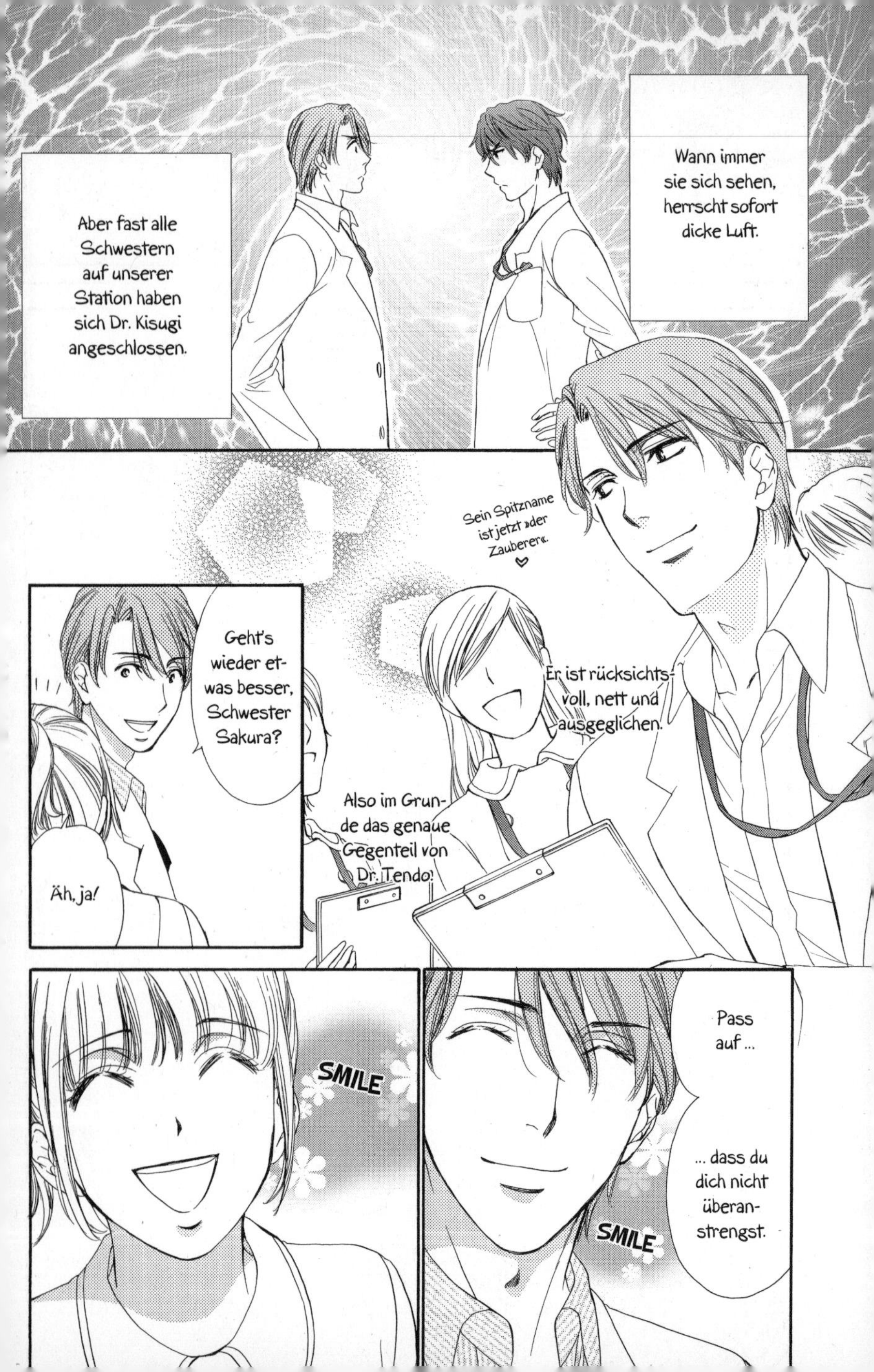
Aber fast alle Schwestern auf unserer Station haben sich Dr. Kisugi angeschlossen.
Wann immer sie sich sehen, herrscht sofort dicke Luft.
Sein Spitzname ist jetzt »der Zauberer«.
Geht's wieder etwas besser, Schwester Sakura?
Äh, ja!
Er ist rücksichtsvoll, nett und ausgeglichen.
Also im Grunde das genaue Gegenteil von Dr. Tendo!
SMILE
Pass auf ...
... dass du dich nicht überanstrengst.
SMILE

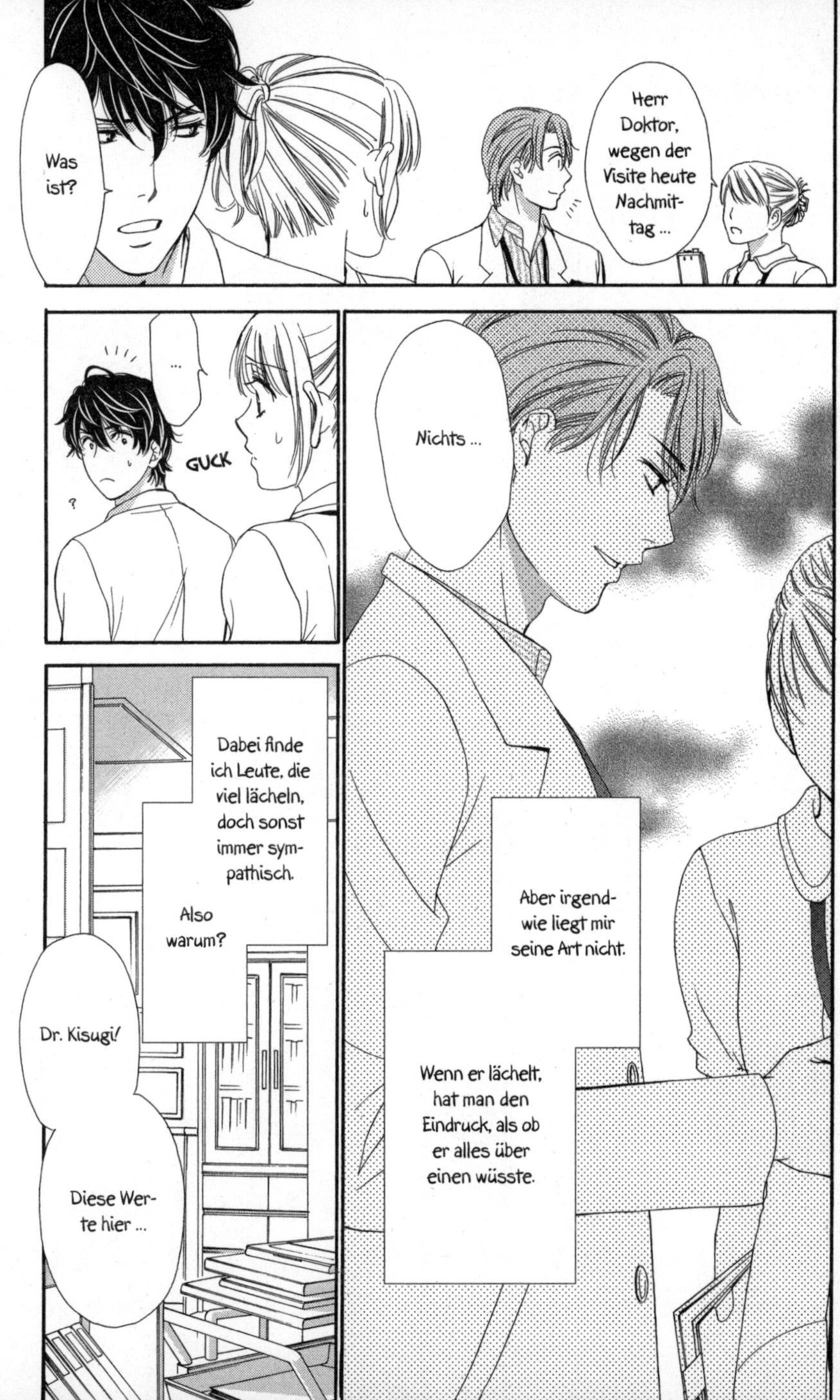
Herr Doktor, wegen der Visite heute Nachmit-tag ...
Was ist?
Nichts ...
...
GUCK
?
Aber irgend-wie liegt mir seine Art nicht.
Wenn er lächelt, hat man den Eindruck, als ob er alles über einen wüsste.
Dabei finde ich Leute, die viel lächeln, doch sonst immer sym-pathisch.
Also warum?
Dr. Kisugi!
Diese Wer-te hier ...

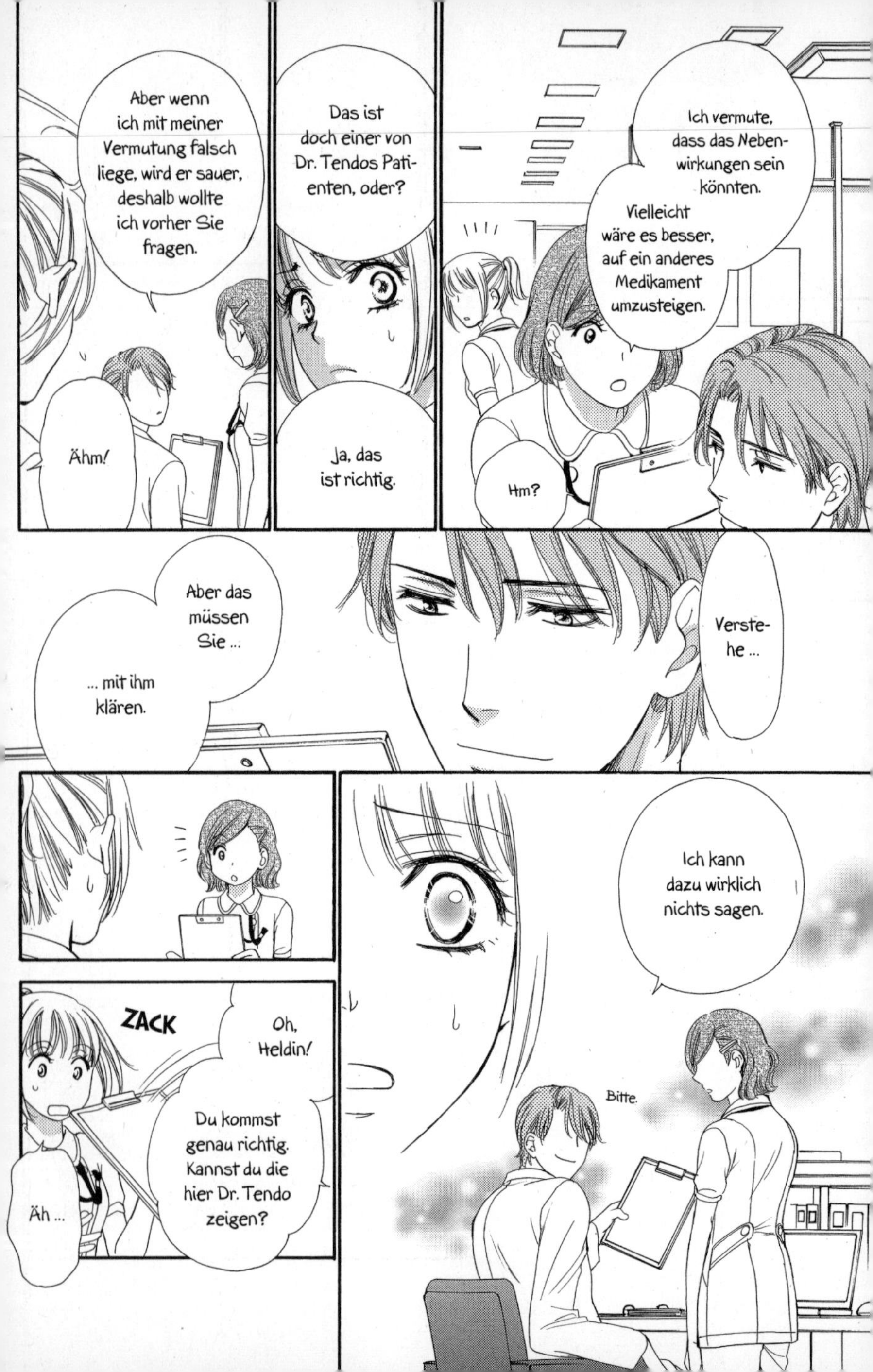
Hm?
Ich vermute, dass das Nebenwirkungen sein könnten.
Vielleicht wäre es besser, auf ein anderes Medikament umzusteigen.
Das ist doch einer von Dr. Tendos Patienten, oder?
Ja, das ist richtig.
Ähm!
Aber wenn ich mit meiner Vermutung falsch liege, wird er sauer, deshalb wollte ich vorher Sie fragen.
Verstehe ...
Aber das müssen Sie ...
... mit ihm klären.
Ich kann dazu wirklich nichts sagen.
Bitte.
ZACK
Oh, Heldin!
Du kommst genau richtig. Kannst du die hier Dr. Tendo zeigen?
Äh ...

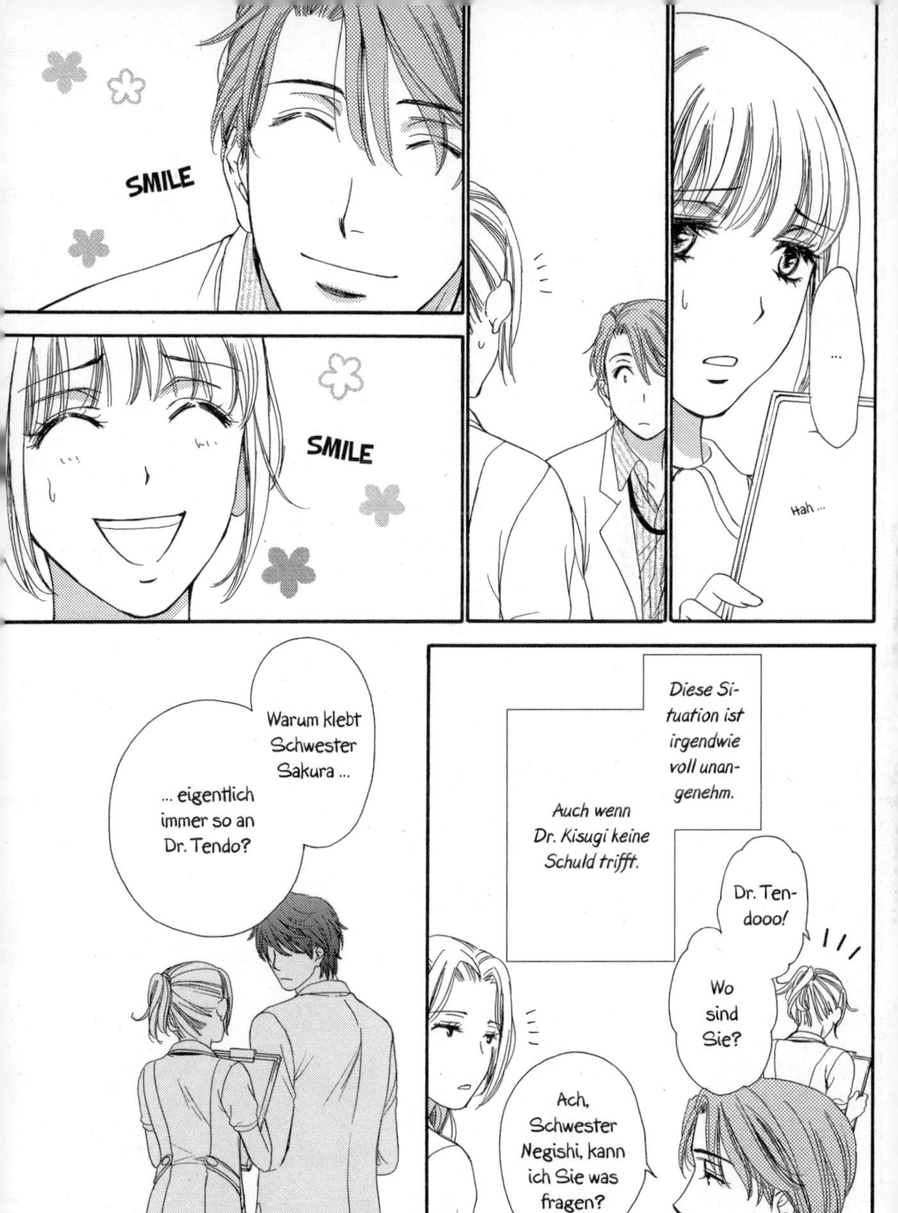

SMILE
SMILE
...
Hah ...
Warum klebt Schwester Sakura ...
... eigentlich immer so an Dr. Tendo?
Diese Situation ist irgendwie voll unangenehm.
Auch wenn Dr. Kisugi keine Schuld trifft.
Dr. Tendooo!
Wo sind Sie?
Ach, Schwester Negishi, kann ich Sie was fragen?

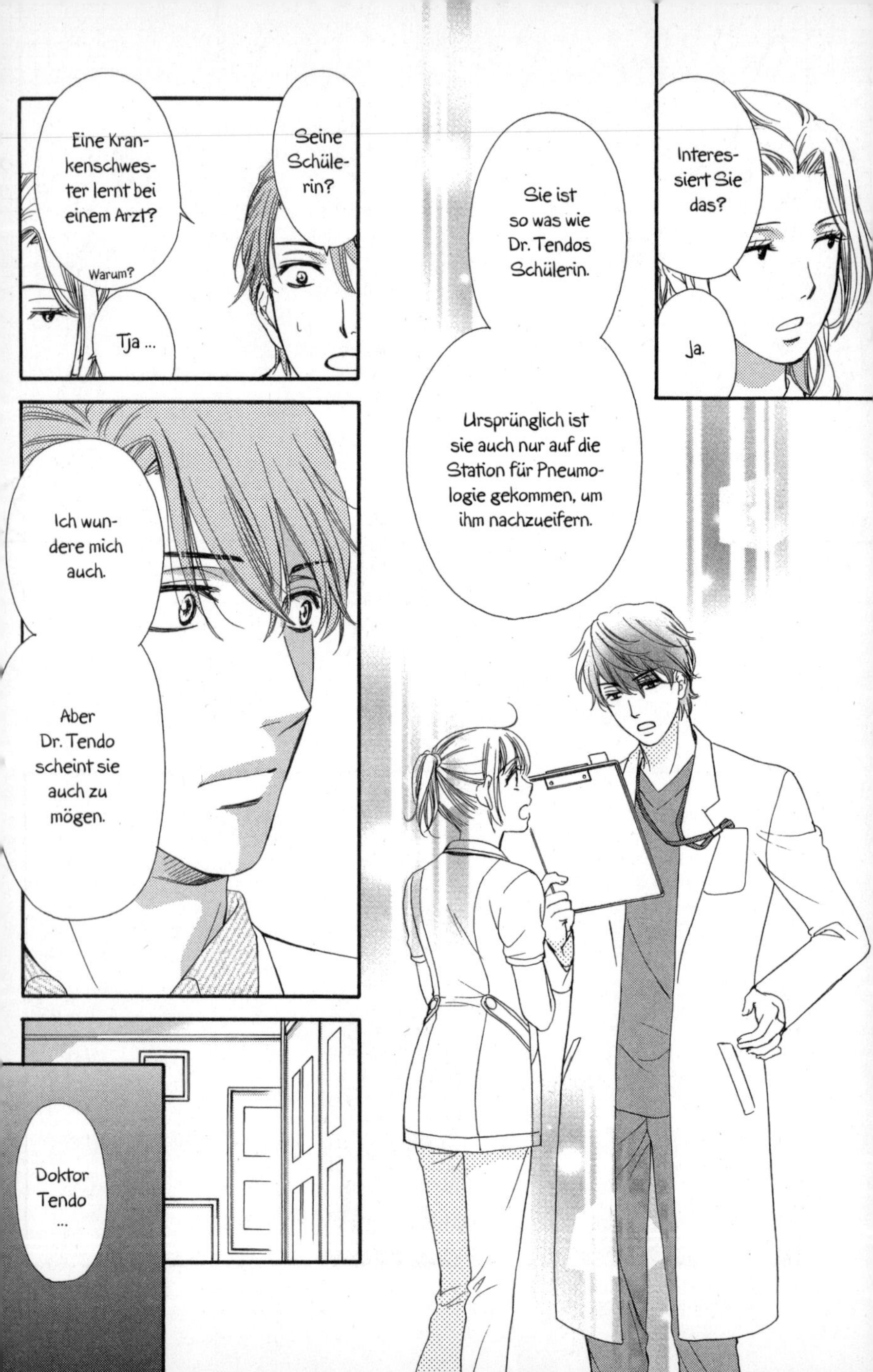
Interessiert Sie das?
Ja.
Sie ist so was wie Dr. Tendos Schülerin.
Ursprünglich ist sie auch nur auf die Station für Pneumologie gekommen, um ihm nachzueifern.
Seine Schülerin?
Eine Krankenschwester lernt bei einem Arzt?
Warum?
Tja ...
Ich wundere mich auch.
Aber Dr. Tendo scheint sie auch zu mögen.
Doktor Tendo ...

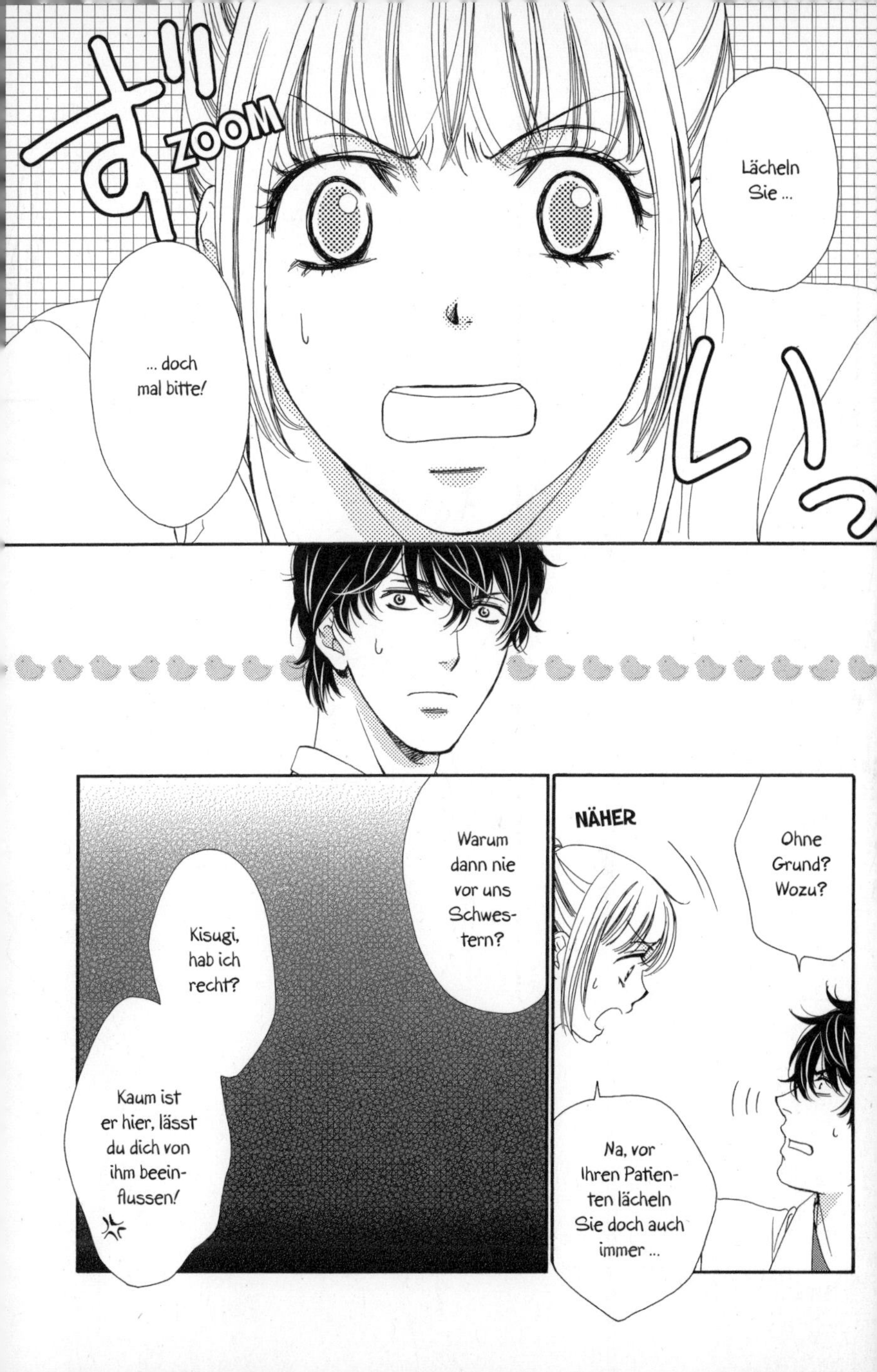

ZOOM
Lächeln Sie ...
... doch mal bitte!
Warum dann nie vor uns Schwestern?
Kisugi, hab ich recht?
Kaum ist er hier, lässt du dich von ihm beeinflussen!
NÄHER
Ohne Grund? Wozu?
Na, vor Ihren Patienten lächeln Sie doch auch immer ...

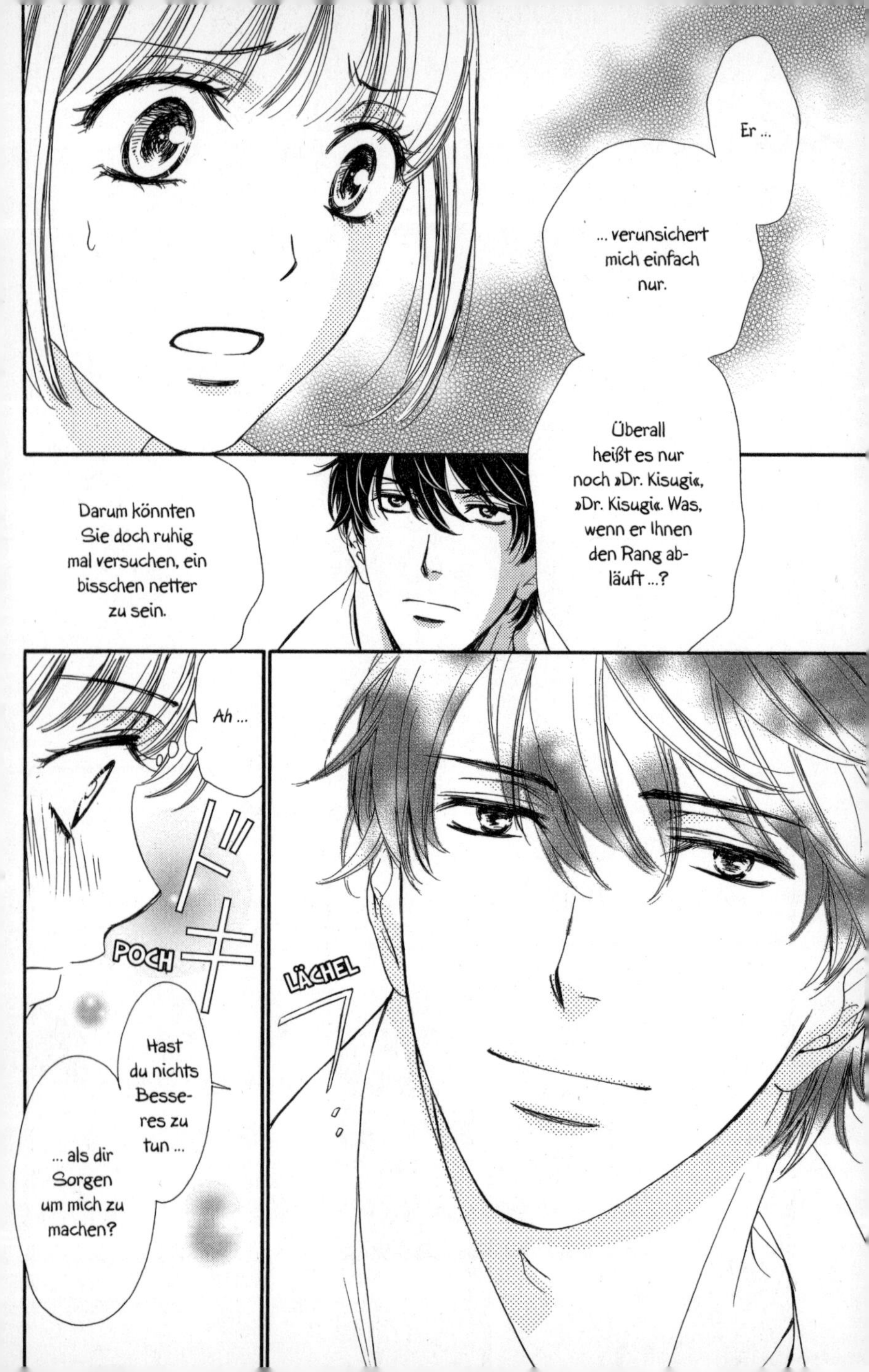
Er ...
... verunsichert mich einfach nur.
Überall heißt es nur noch »Dr. Kisugi«, »Dr. Kisugi«. Was, wenn er Ihnen den Rang abläuft ...?
Darum könnten Sie doch ruhig mal versuchen, ein bisschen netter zu sein.
LÄCHEL
Ah ...
POCH
Hast du nichts Besseres zu tun ...
... als dir Sorgen um mich zu machen?

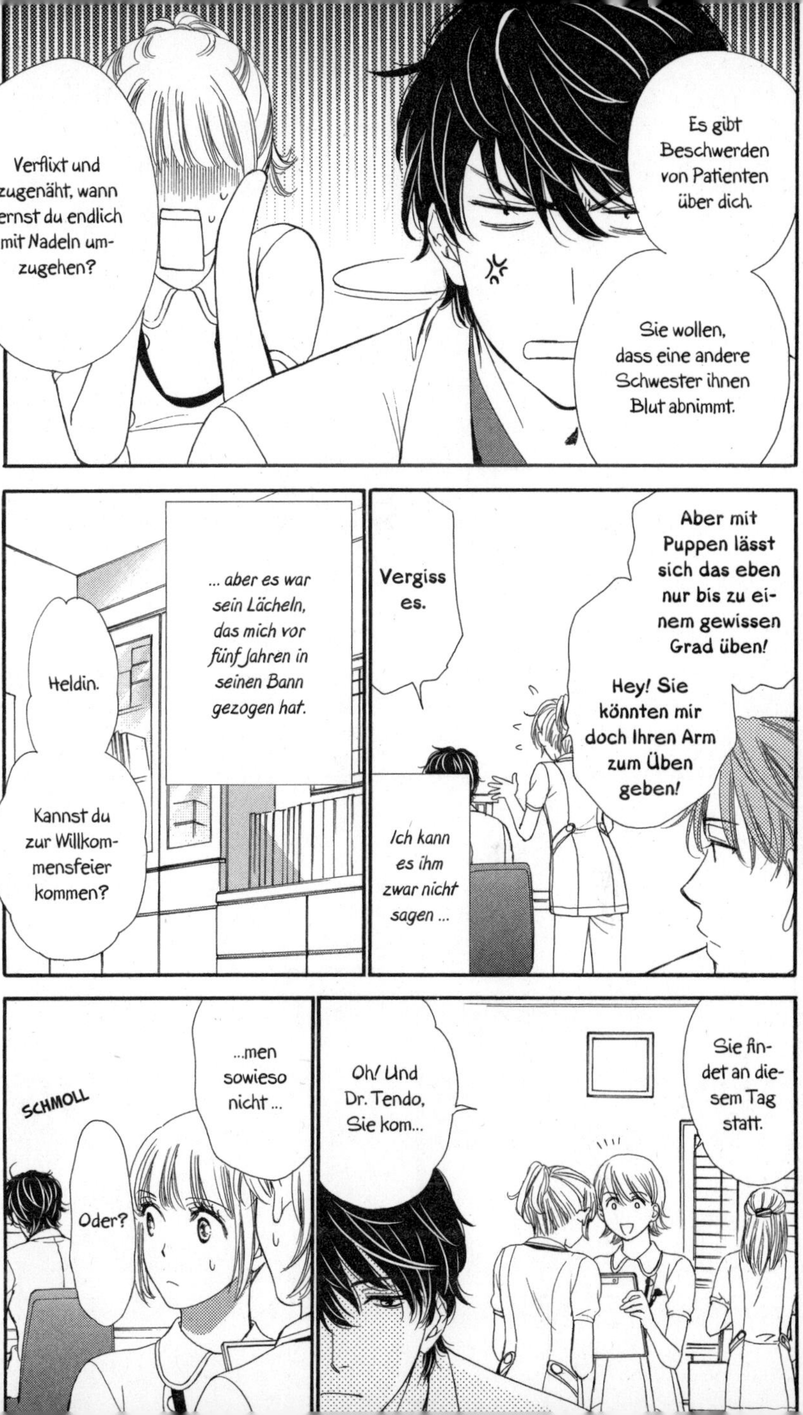

Es gibt Beschwerden von Patienten über dich.

Sie wollen, dass eine andere Schwester ihnen Blut abnimmt.

Verflixt und zugenäht, wann lernst du endlich mit Nadeln umzugehen?

Aber mit Puppen lässt sich das eben nur bis zu einem gewissen Grad üben!

Hey! Sie könnten mir doch Ihren Arm zum Üben geben!

Vergiss es.

Ich kann es ihm zwar nicht sagen ...

... aber es war sein Lächeln, das mich vor fünf Jahren in seinen Bann gezogen hat.

Heldin.

Kannst du zur Willkommensfeier kommen?

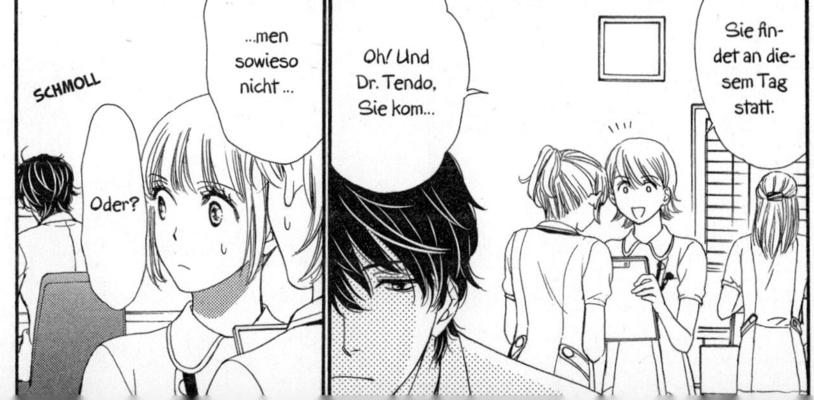

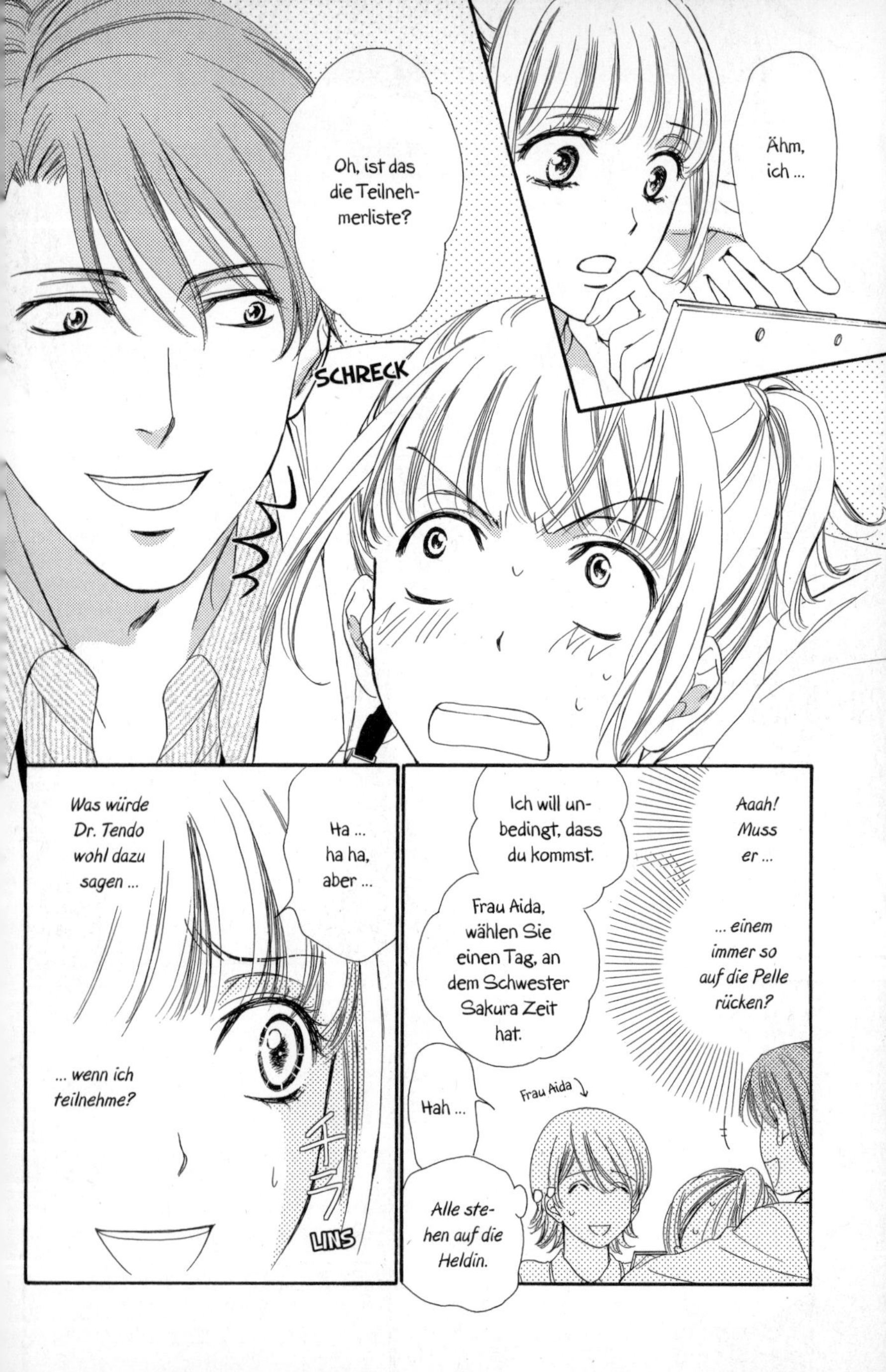

Ähm, ich ...
Oh, ist das die Teilnehmerliste?
SCHRECK
Aaah! Muss er ...
... einem immer so auf die Pelle rücken?
Ich will unbedingt, dass du kommst.
Frau Aida, wählen Sie einen Tag, an dem Schwester Sakura Zeit hat.
Frau Aida
Hah ...
Alle stehen auf die Heldin.
Ha ... ha ha, aber ...
Was würde Dr. Tendo wohl dazu sagen ...
... wenn ich teilnehme?
LINS

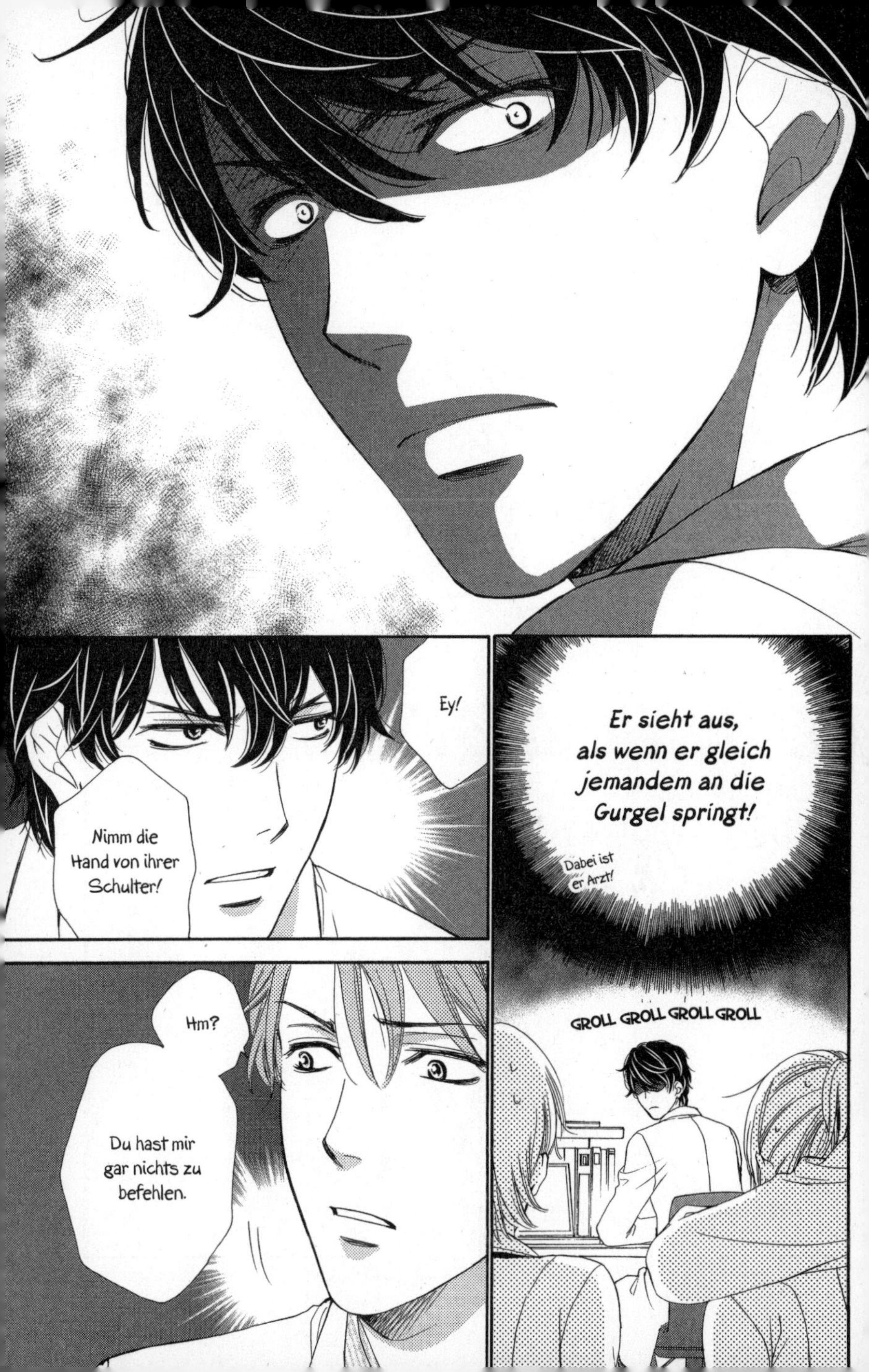
Er sieht aus, als wenn er gleich jemandem an die Gurgel springt!
Dabei ist er Arzt!
GROLL GROLL GROLL GROLL
Ey!
Nimm die Hand von ihrer Schulter!
Hm?
Du hast mir gar nichts zu befehlen.

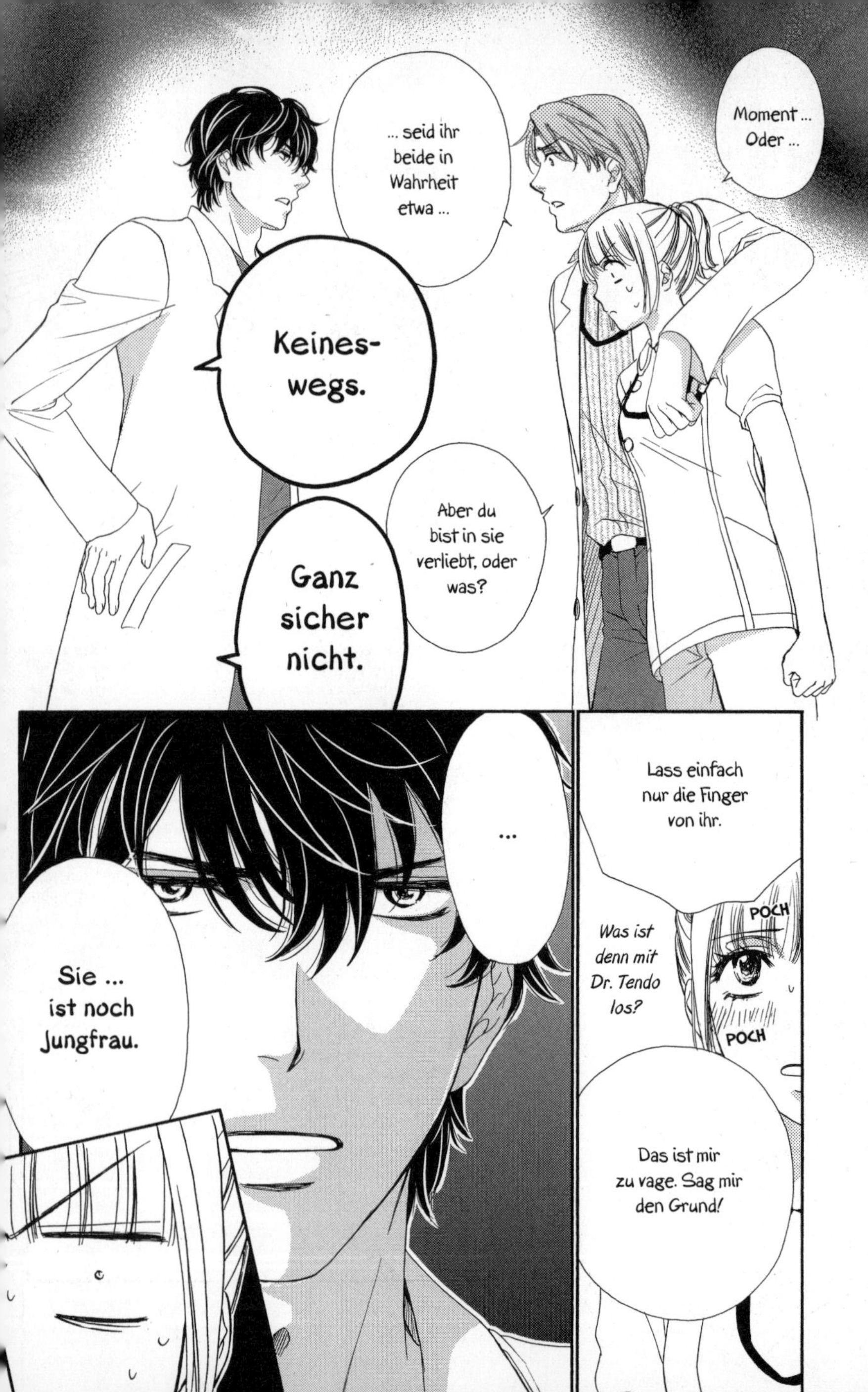
Moment ... Oder ...
... seid ihr beide in Wahrheit etwa ...
Keineswegs.
Aber du bist in sie verliebt, oder was?
Ganz sicher nicht.
Lass einfach nur die Finger von ihr.
POCH
Was ist denn mit Dr. Tendo los?
POCH
Das ist mir zu vage. Sag mir den Grund!
...
Sie ... ist noch Jungfrau.

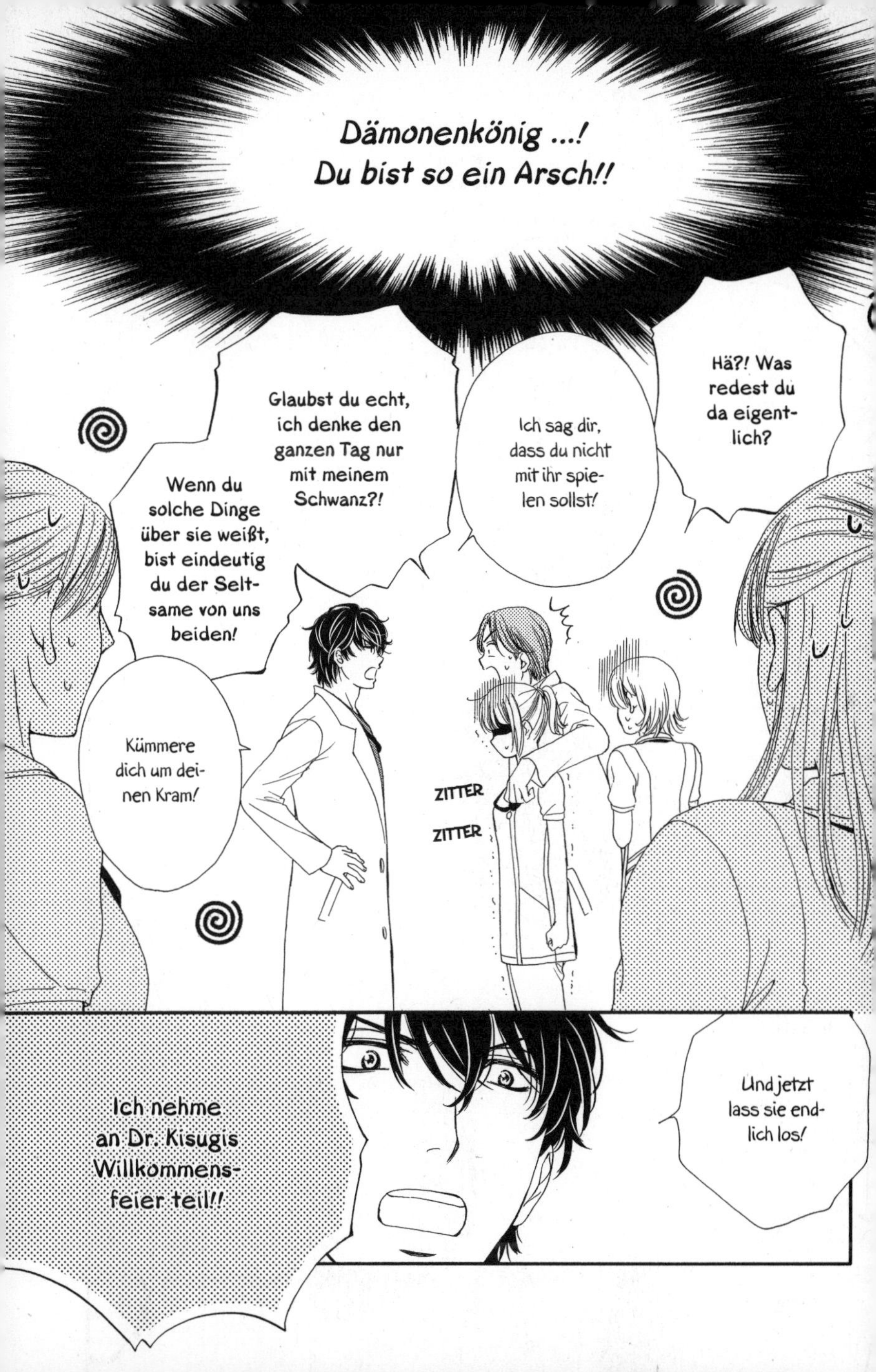
Dämonenkönig ...! Du bist so ein Arsch!!
Hä?! Was redest du da eigentlich?
Ich sag dir, dass du nicht mit ihr spielen sollst!
Glaubst du echt, ich denke den ganzen Tag nur mit meinem Schwanz?!
Wenn du solche Dinge über sie weißt, bist eindeutig du der Seltsame von uns beiden!
Kümmere dich um deinen Kram!
ZITTER
ZITTER
Und jetzt lass sie endlich los!
Ich nehme an Dr. Kisugis Willkommensfeier teil!!

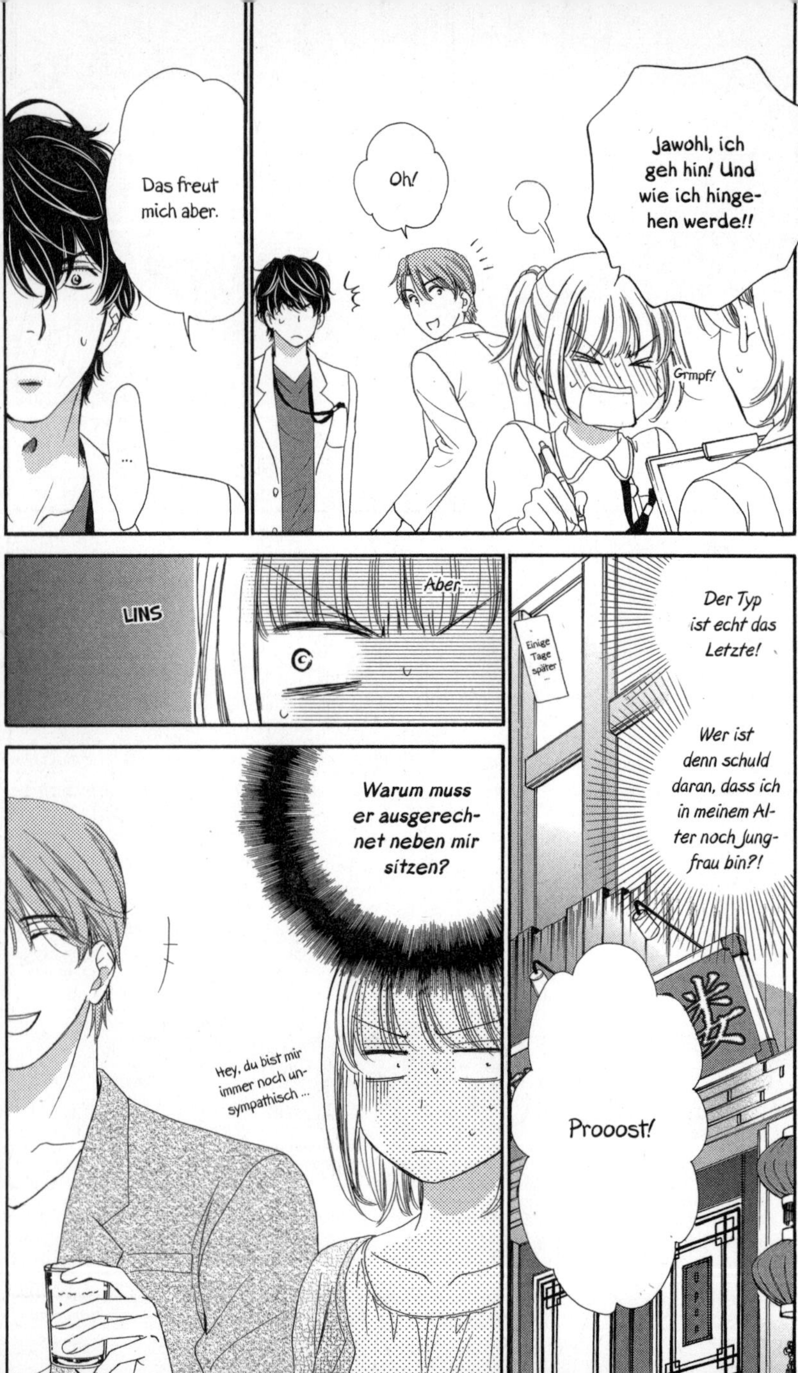

Jawohl, ich geh hin! Und wie ich hingehen werde!!

Grmpf!

Oh!

Das freut mich aber.

...

Einige Tage später ...

Der Typ ist echt das Letzte!

Wer ist denn schuld daran, dass ich in meinem Alter noch Jungfrau bin?!

Prooost!

Aber ...

LINS

Warum muss er ausgerechnet neben mir sitzen?

Hey, du bist mir immer noch unsympathisch ...

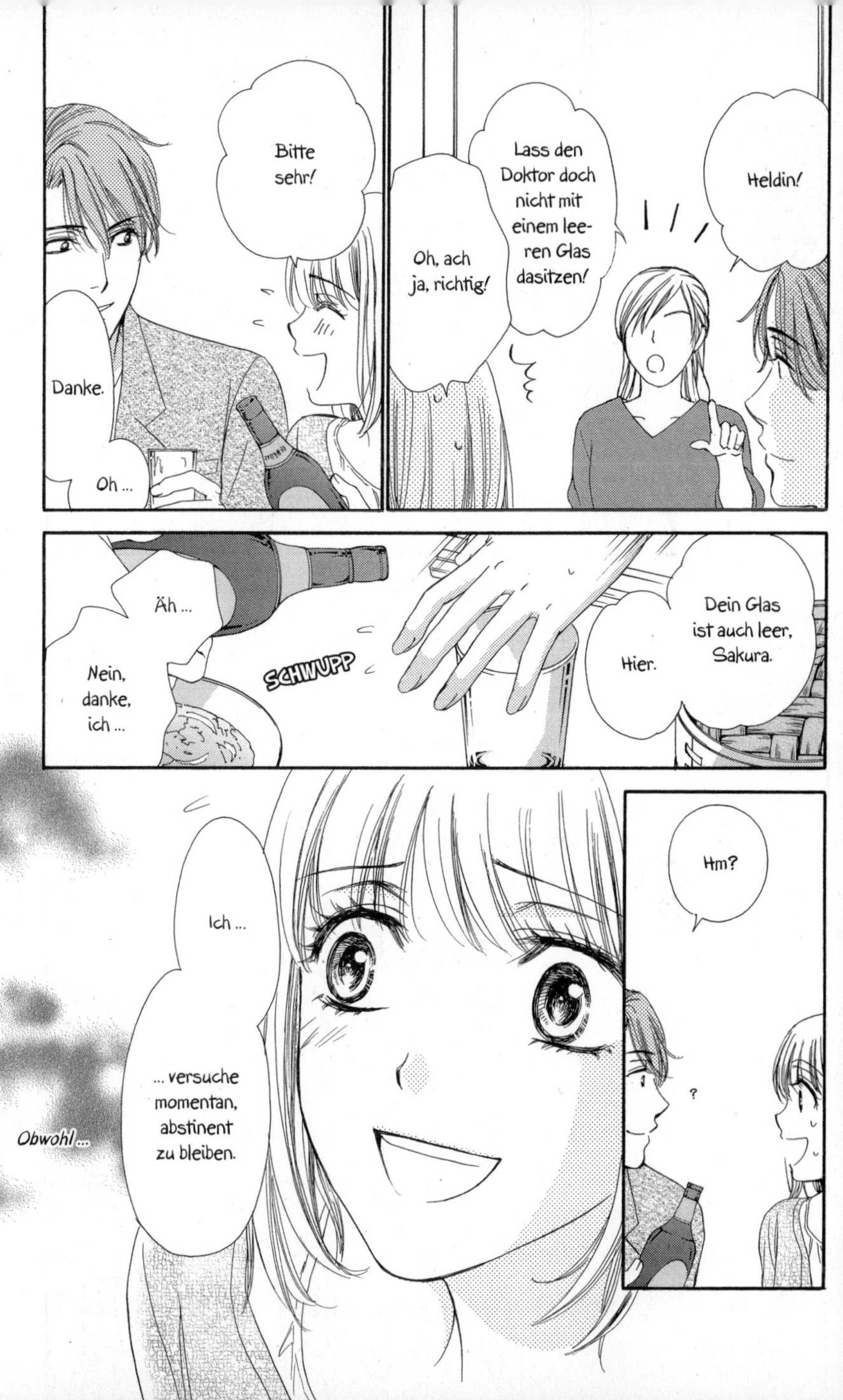
Heldin!
Lass den Doktor doch nicht mit einem leeren Glas dasitzen!
Oh, ach ja, richtig!
Bitte sehr!
Danke.
Oh ...
Dein Glas ist auch leer, Sakura.
Hier.
SCHWUPP
Äh ...
Nein, danke, ich ...
Hm?
Ich ...
... versuche momentan, abstinent zu bleiben.
Obwohl ...

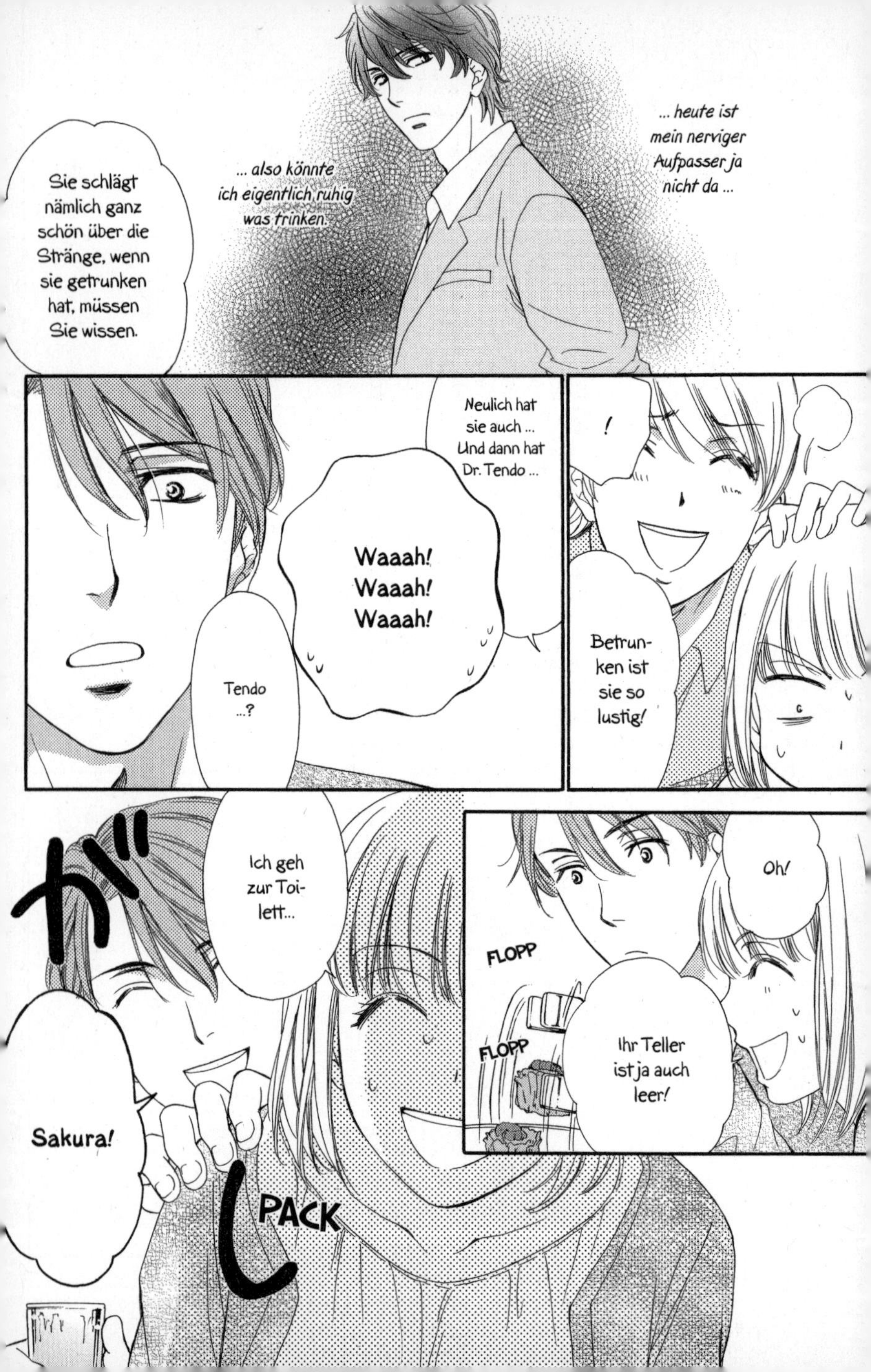
... heute ist mein nerviger Aufpasser ja nicht da ...
... also könnte ich eigentlich ruhig was trinken.
Sie schlägt nämlich ganz schön über die Stränge, wenn sie getrunken hat, müssen Sie wissen.
!
Betrunken ist sie so lustig!
Neulich hat sie auch ... Und dann hat Dr. Tendo ...
Waaah! Waaah! Waaah!
Tendo ...?
Oh!
FLOPP
FLOPP
Ihr Teller ist ja auch leer!
Ich geh zur Toilett...
PACK
Sakura!

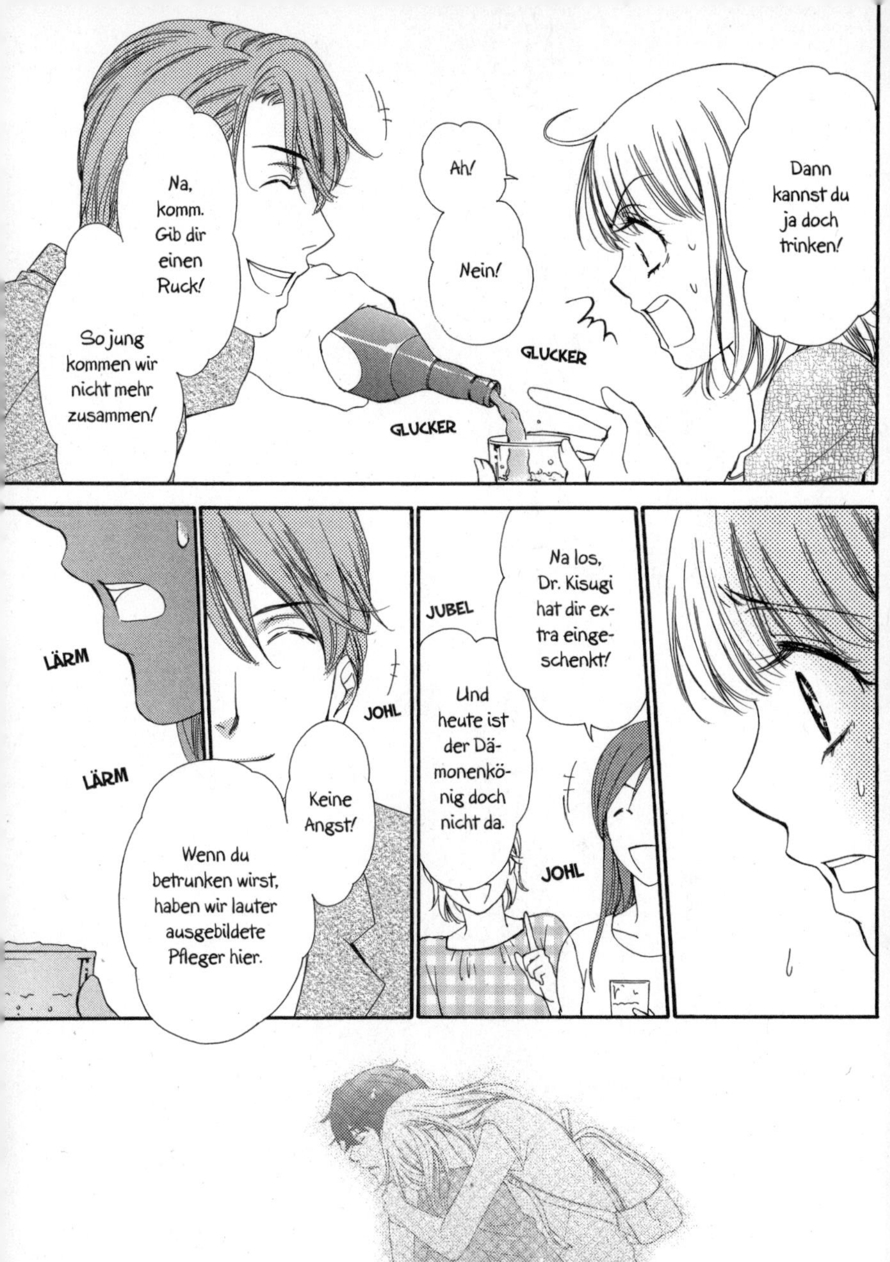
Dann kannst du ja doch trinken!
Ah!
Nein!
Na, komm. Gib dir einen Ruck!
So jung kommen wir nicht mehr zusammen!
GLUCKER
GLUCKER
Na los, Dr. Kisugi hat dir extra eingeschenkt!
JUBEL
Und heute ist der Dämonenkönig doch nicht da.
JOHL
Keine Angst!
JOHL
Wenn du betrunken wirst, haben wir lauter ausgebildete Pfleger hier.
LÄRM
LÄRM

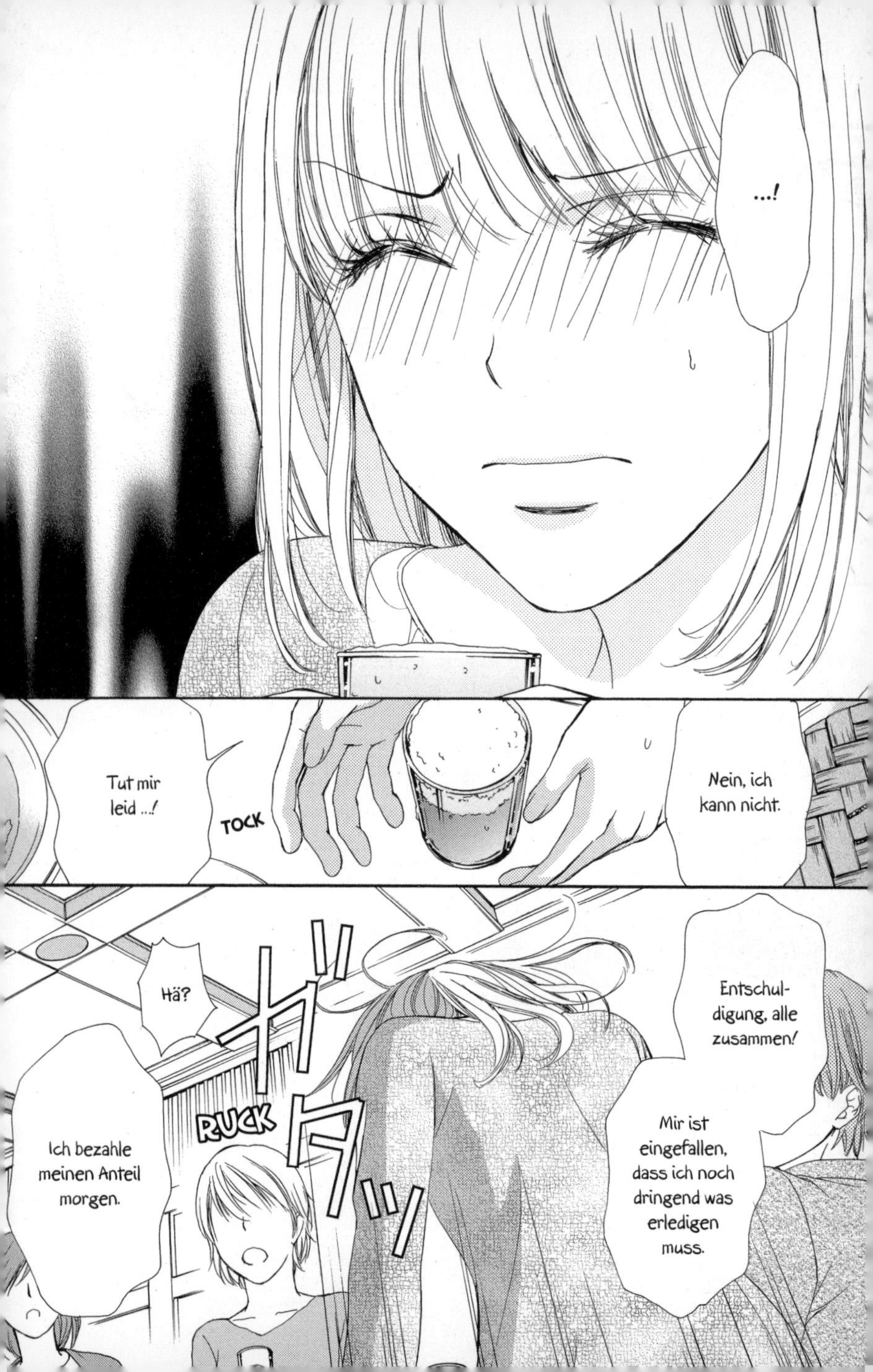
...!
Nein, ich kann nicht.
TOCK
Tut mir leid ...!
Entschul-digung, alle zusammen!
Mir ist eingefallen, dass ich noch dringend was erledigen muss.
RUCK
Hä?
Ich bezahle meinen Anteil morgen.

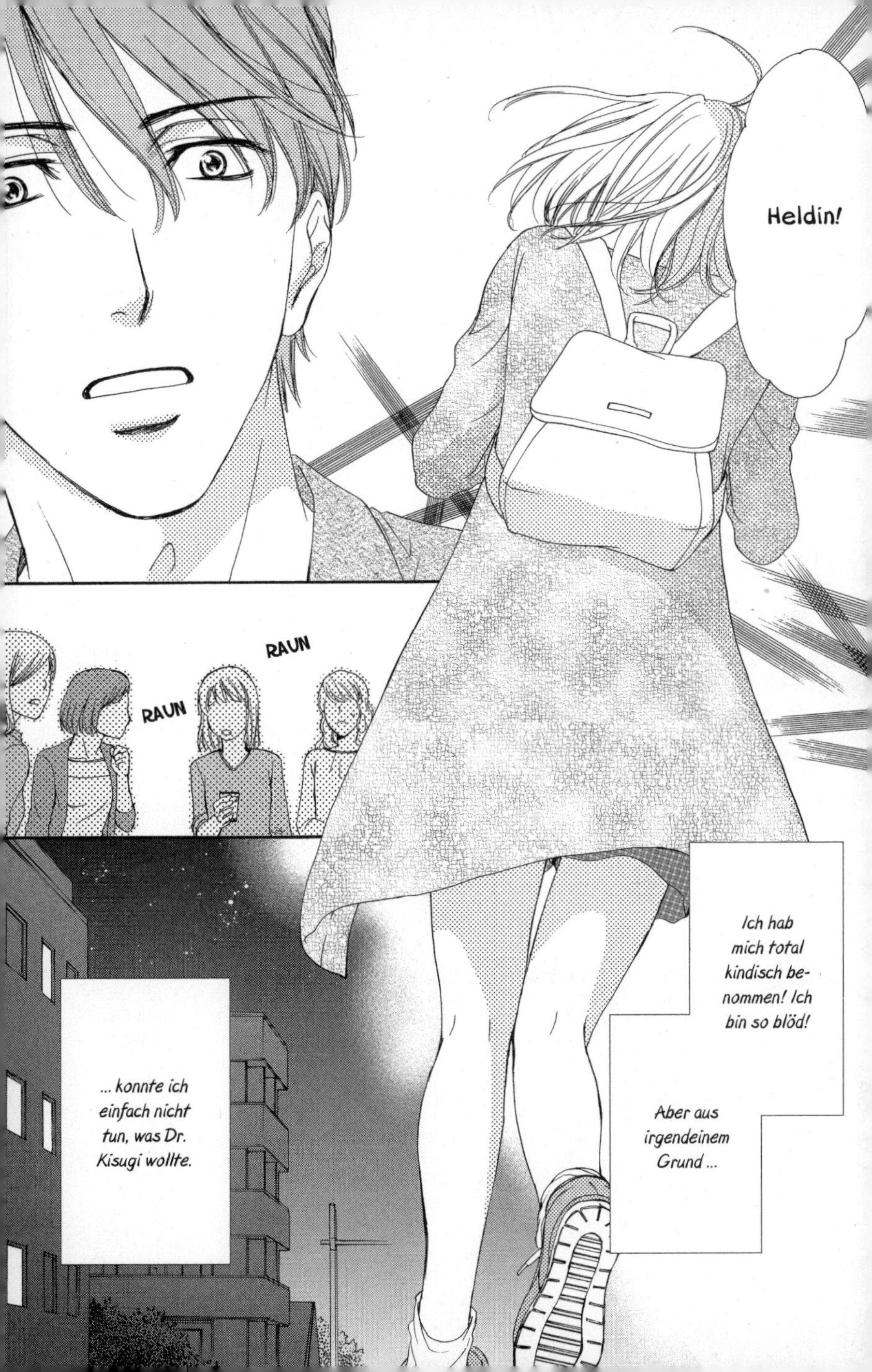
Heldin!
RAUN
RAUN
Ich hab mich total kindisch benommen! Ich bin so blöd!
Aber aus irgendeinem Grund ...
... konnte ich einfach nicht tun, was Dr. Kisugi wollte.

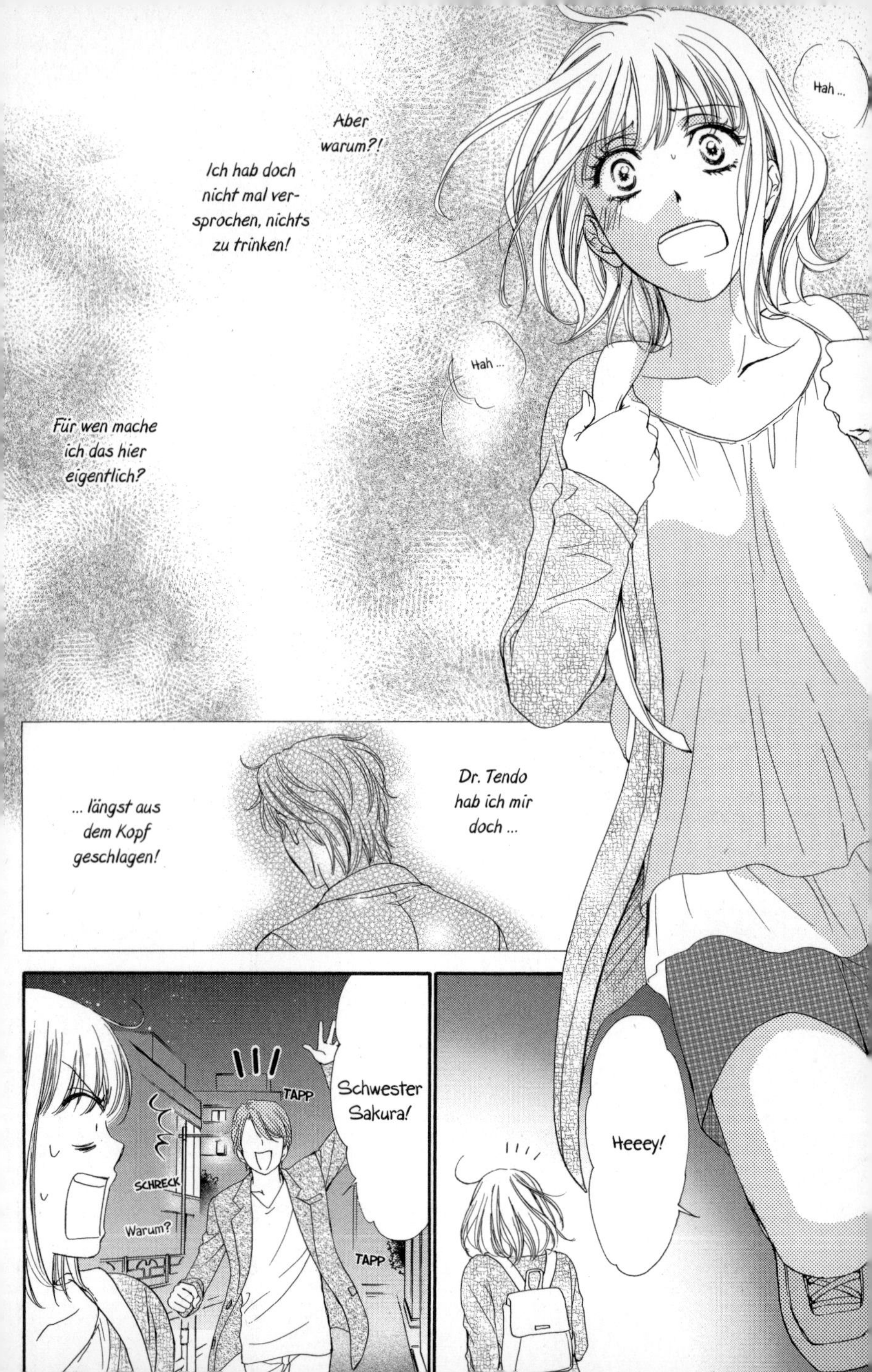
Hah ...
Aber warum?!
Ich hab doch nicht mal versprochen, nichts zu trinken!
Hah ...
Für wen mache ich das hier eigentlich?
Dr. Tendo hab ich mir doch ...
... längst aus dem Kopf geschlagen!
Heeey!
Schwester Sakura!
TAPP
TAPP
SCHRECK
Warum?

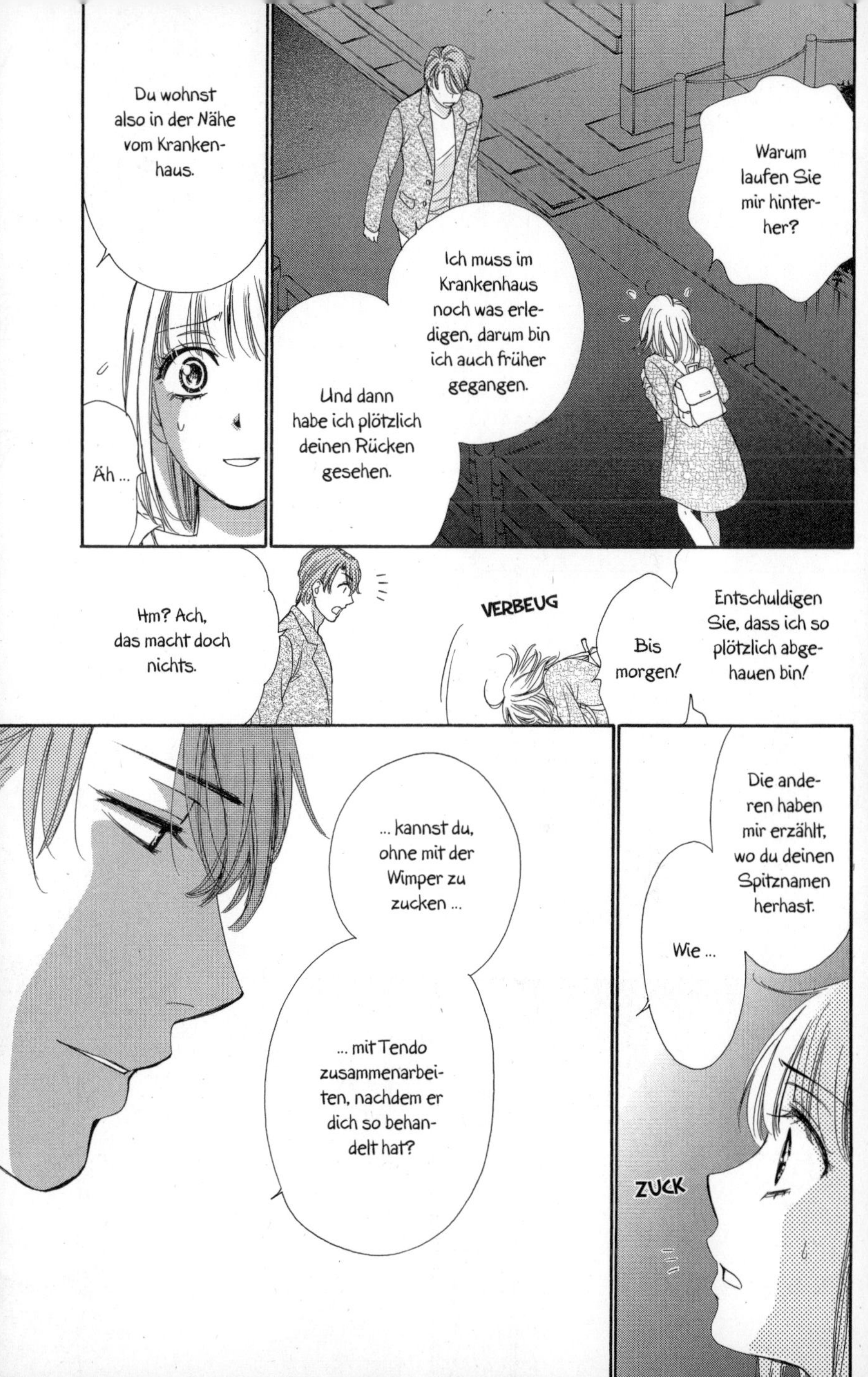
Warum laufen Sie mir hinterher?
Ich muss im Krankenhaus noch was erledigen, darum bin ich auch früher gegangen.
Und dann habe ich plötzlich deinen Rücken gesehen.
Du wohnst also in der Nähe vom Krankenhaus.
Äh ...
Entschuldigen Sie, dass ich so plötzlich abgehauen bin!
Bis morgen!
VERBEUG
Hm? Ach, das macht doch nichts.
Die anderen haben mir erzählt, wo du deinen Spitznamen herhast.
Wie ...
ZUCK
... kannst du, ohne mit der Wimper zu zucken ...
... mit Tendo zusammenarbeiten, nachdem er dich so behandelt hat?

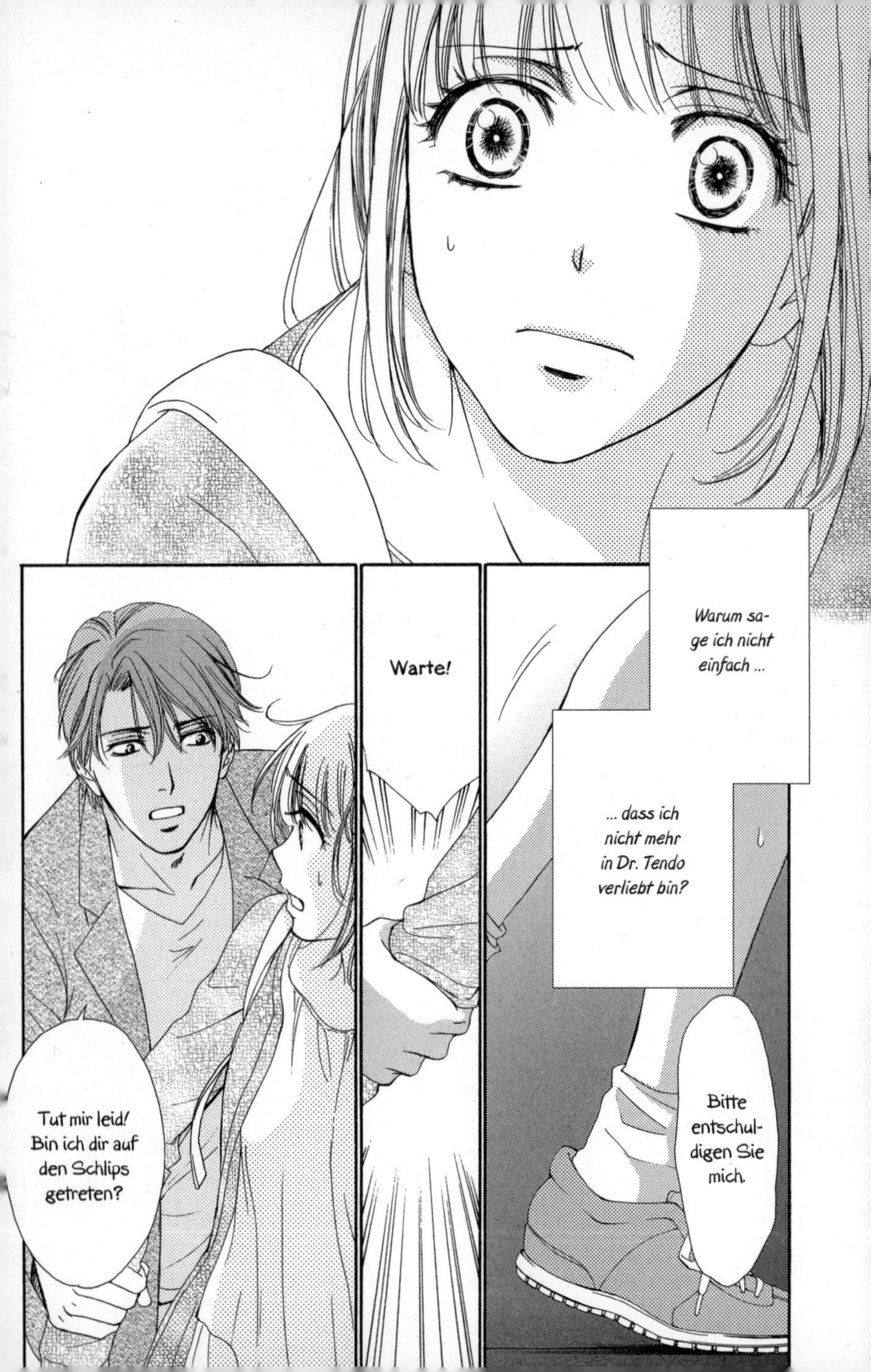

Warum sage ich nicht einfach ...
... dass ich nicht mehr in Dr. Tendo verliebt bin?
Bitte entschuldigen Sie mich.
Warte!
Tut mir leid! Bin ich dir auf den Schlips getreten?

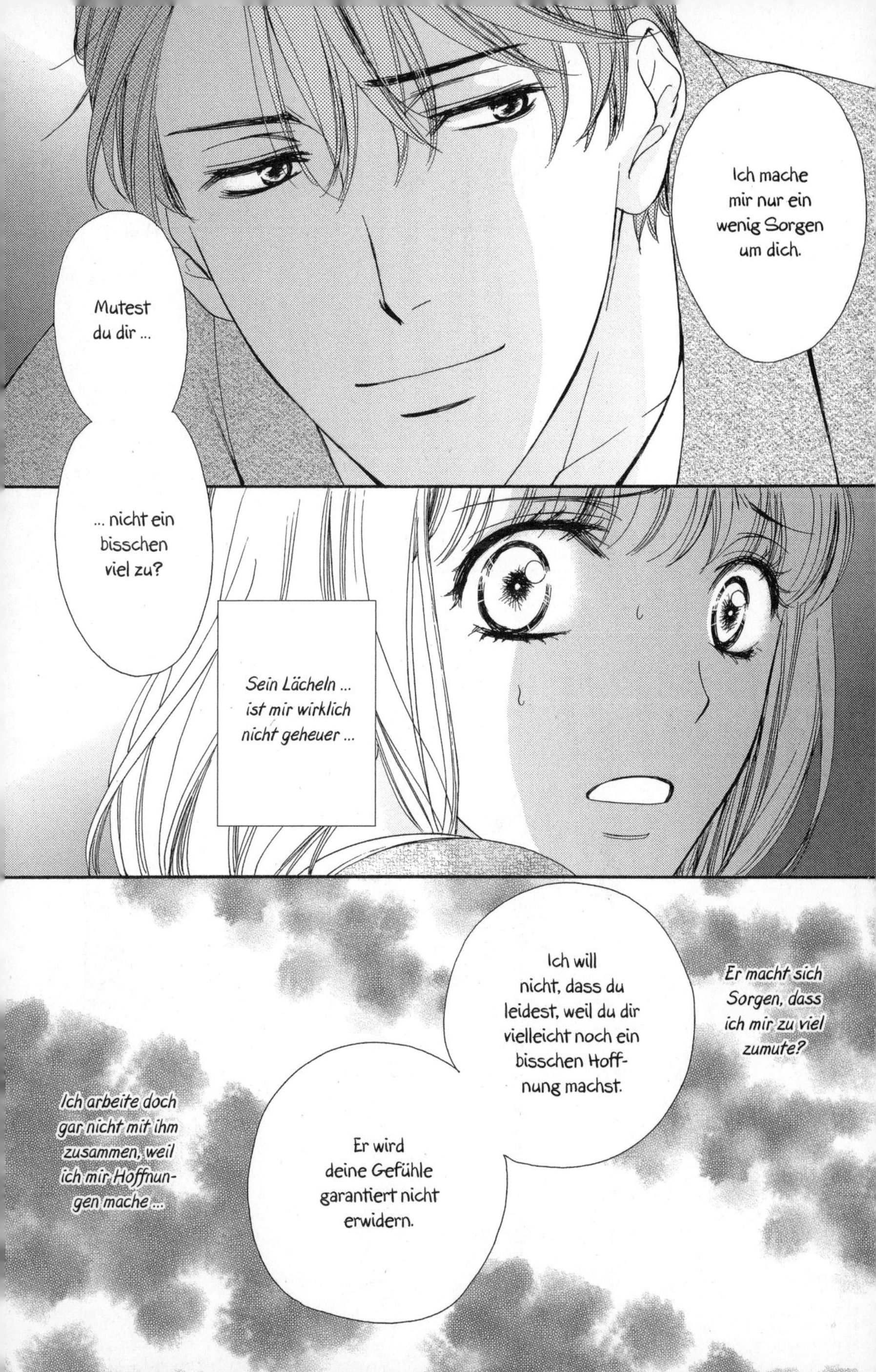
Ich mache mir nur ein wenig Sorgen um dich.
Mutest du dir ...
... nicht ein bisschen viel zu?
Sein Lächeln ... ist mir wirklich nicht geheuer ...
Er macht sich Sorgen, dass ich mir zu viel zumute?
Ich will nicht, dass du leidest, weil du dir vielleicht noch ein bisschen Hoff-nung machst.
Er wird deine Gefühle garantiert nicht erwidern.
Ich arbeite doch gar nicht mit ihm zusammen, weil ich mir Hoffnun-gen mache ...

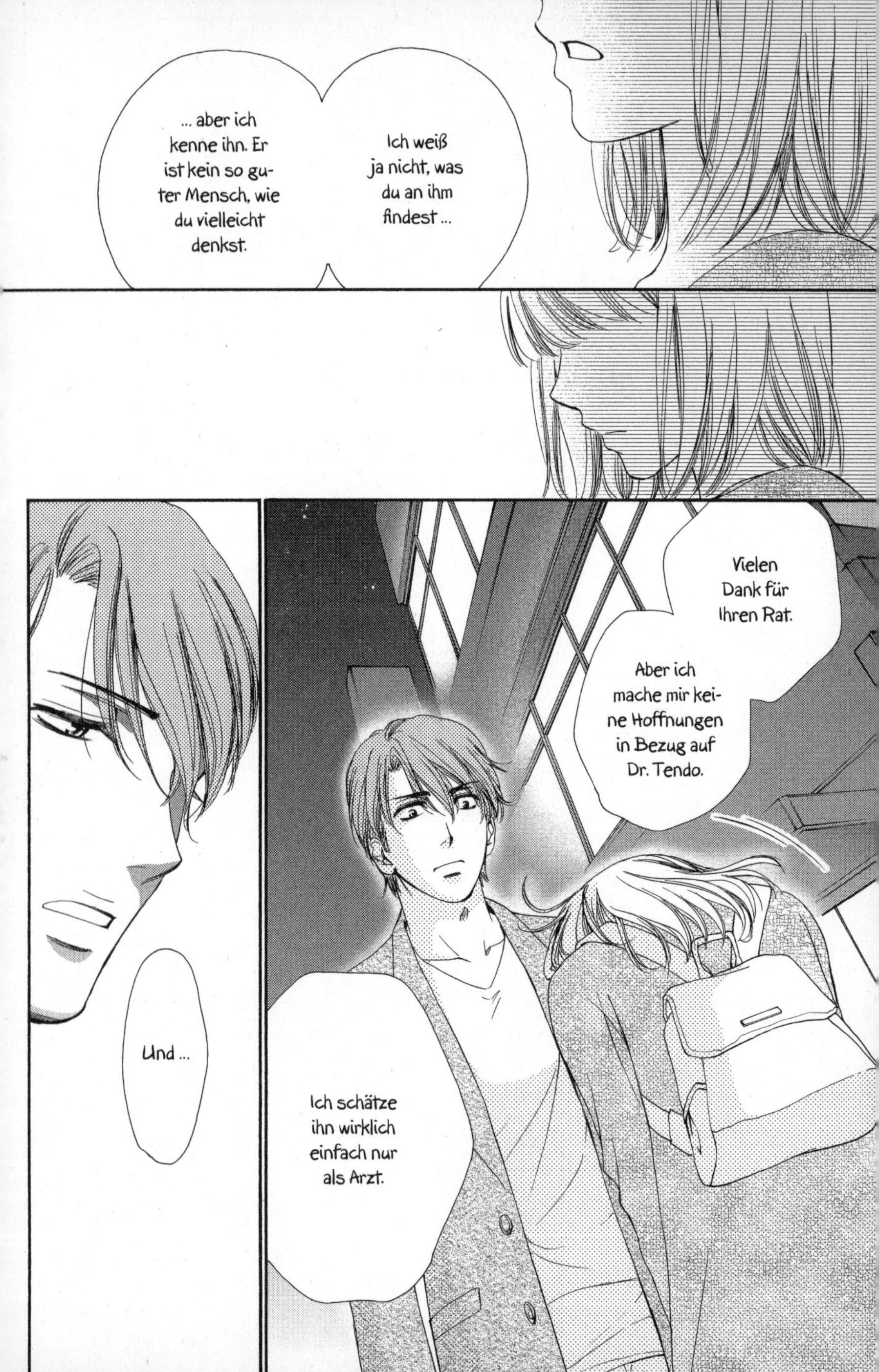
Ich weiß ja nicht, was du an ihm findest ...
... aber ich kenne ihn. Er ist kein so guter Mensch, wie du vielleicht denkst.
Vielen Dank für Ihren Rat.
Aber ich mache mir keine Hoffnungen in Bezug auf Dr. Tendo.
Ich schätze ihn wirklich einfach nur als Arzt.
Und ...

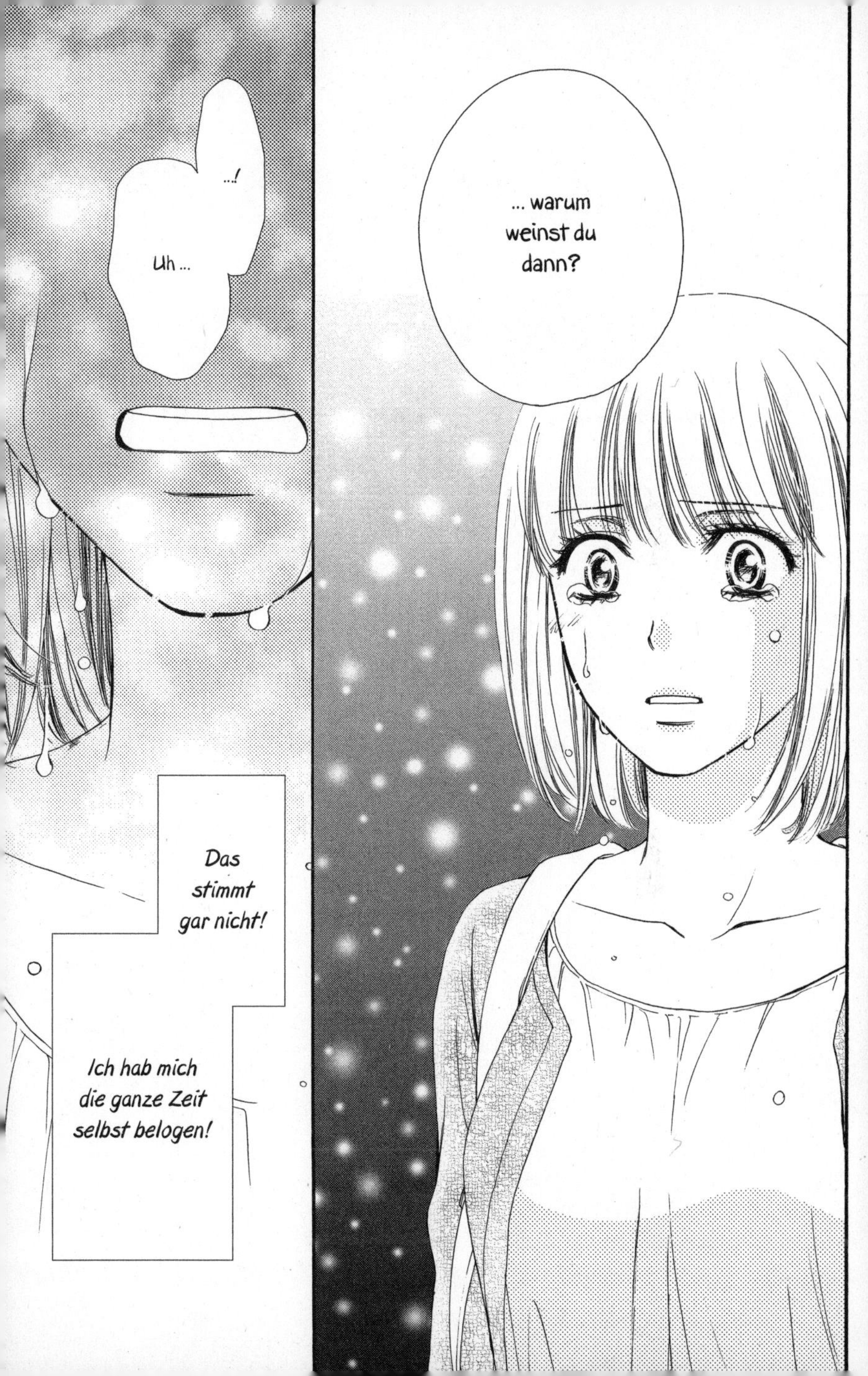
... warum weinst du dann?
...!
Uh ...
Das stimmt gar nicht!
Ich hab mich die ganze Zeit selbst belogen!

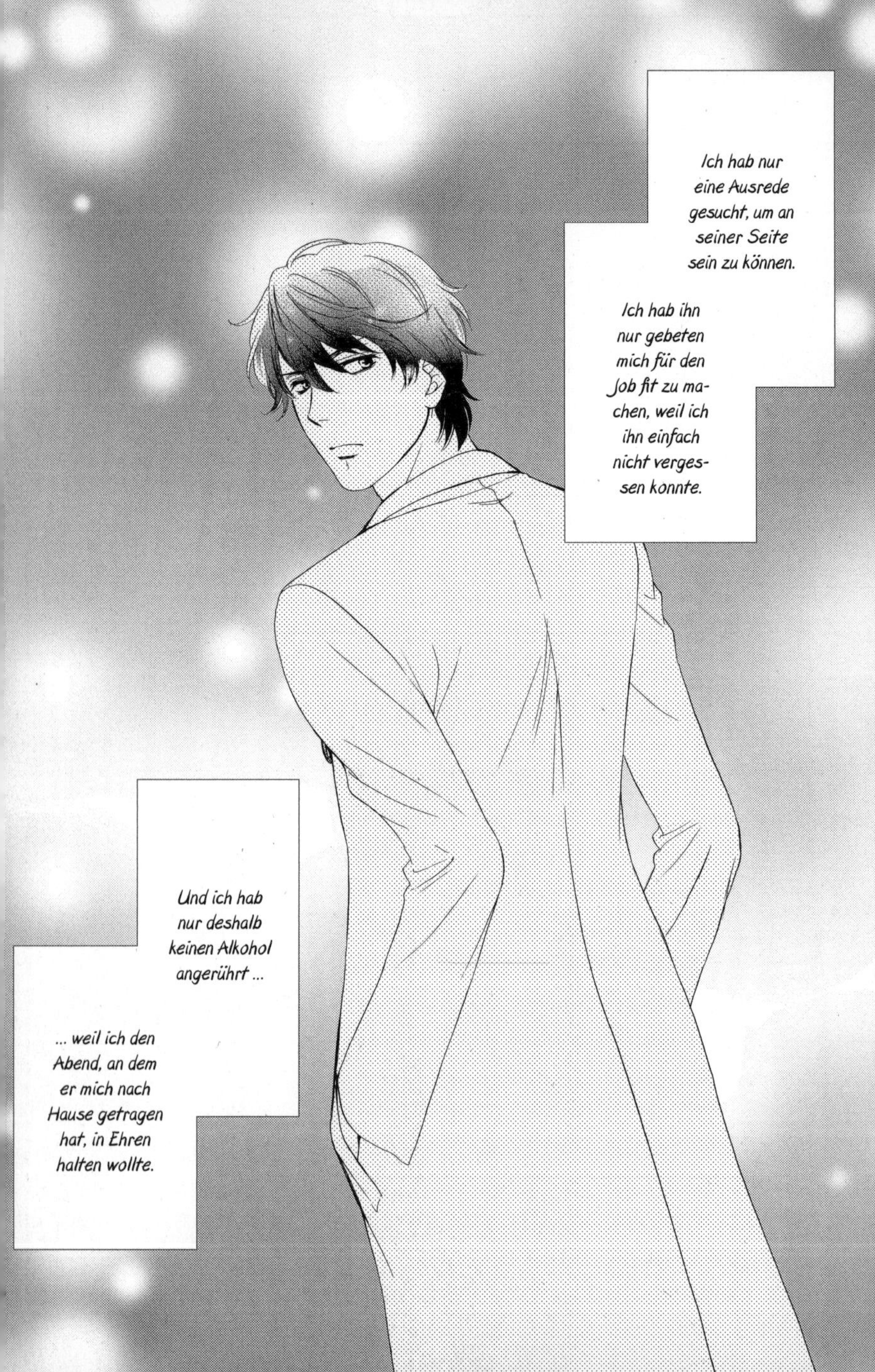
Ich hab nur eine Ausrede gesucht, um an seiner Seite sein zu können.
Ich hab ihn nur gebeten mich für den Job fit zu machen, weil ich ihn einfach nicht vergessen konnte.
Und ich hab nur deshalb keinen Alkohol angerührt ...
... weil ich den Abend, an dem er mich nach Hause getragen hat, in Ehren halten wollte.

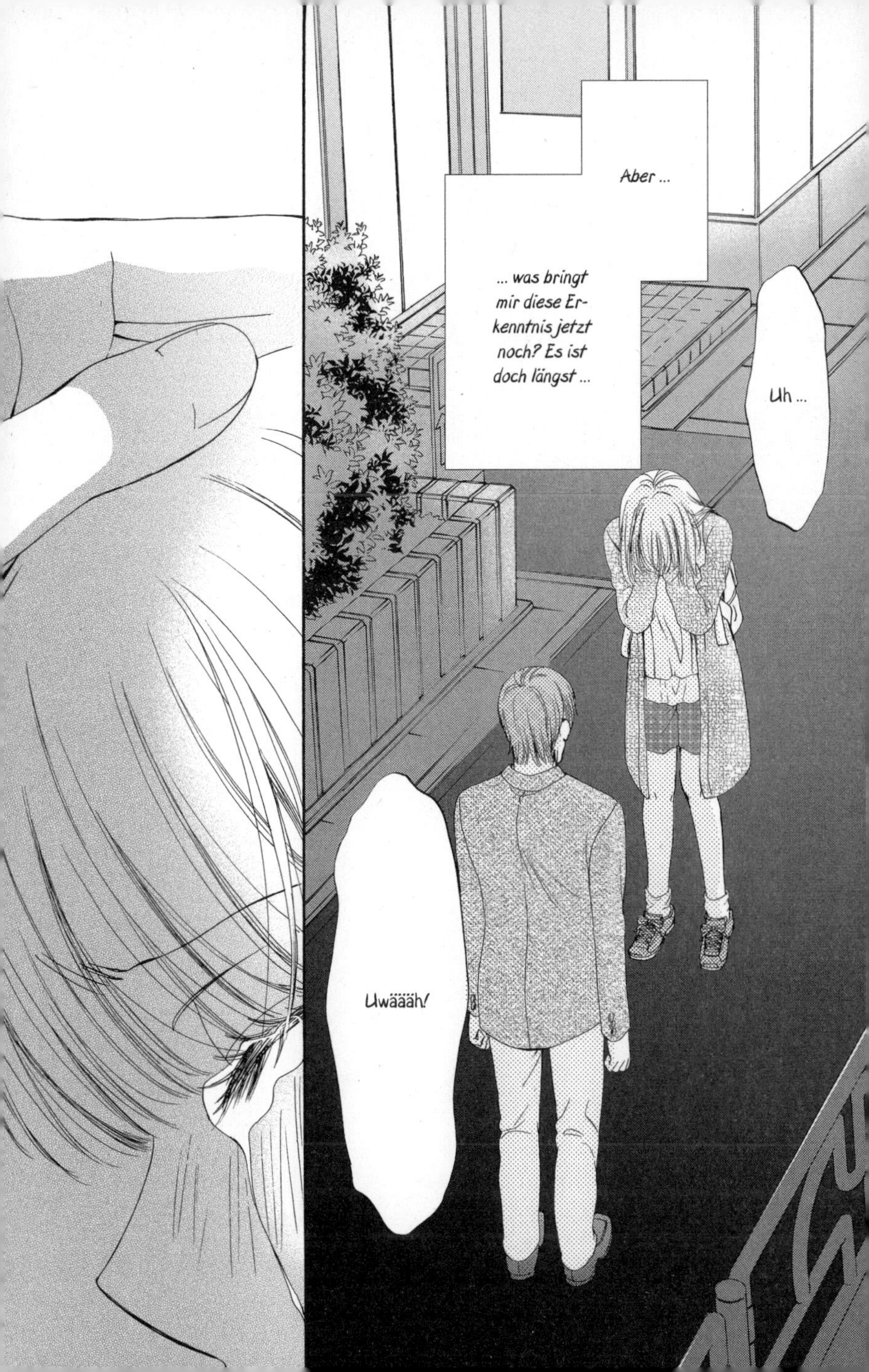
Aber ...
... was bringt mir diese Erkenntnis jetzt noch? Es ist doch längst ...
Uh ...
Uwäääh!

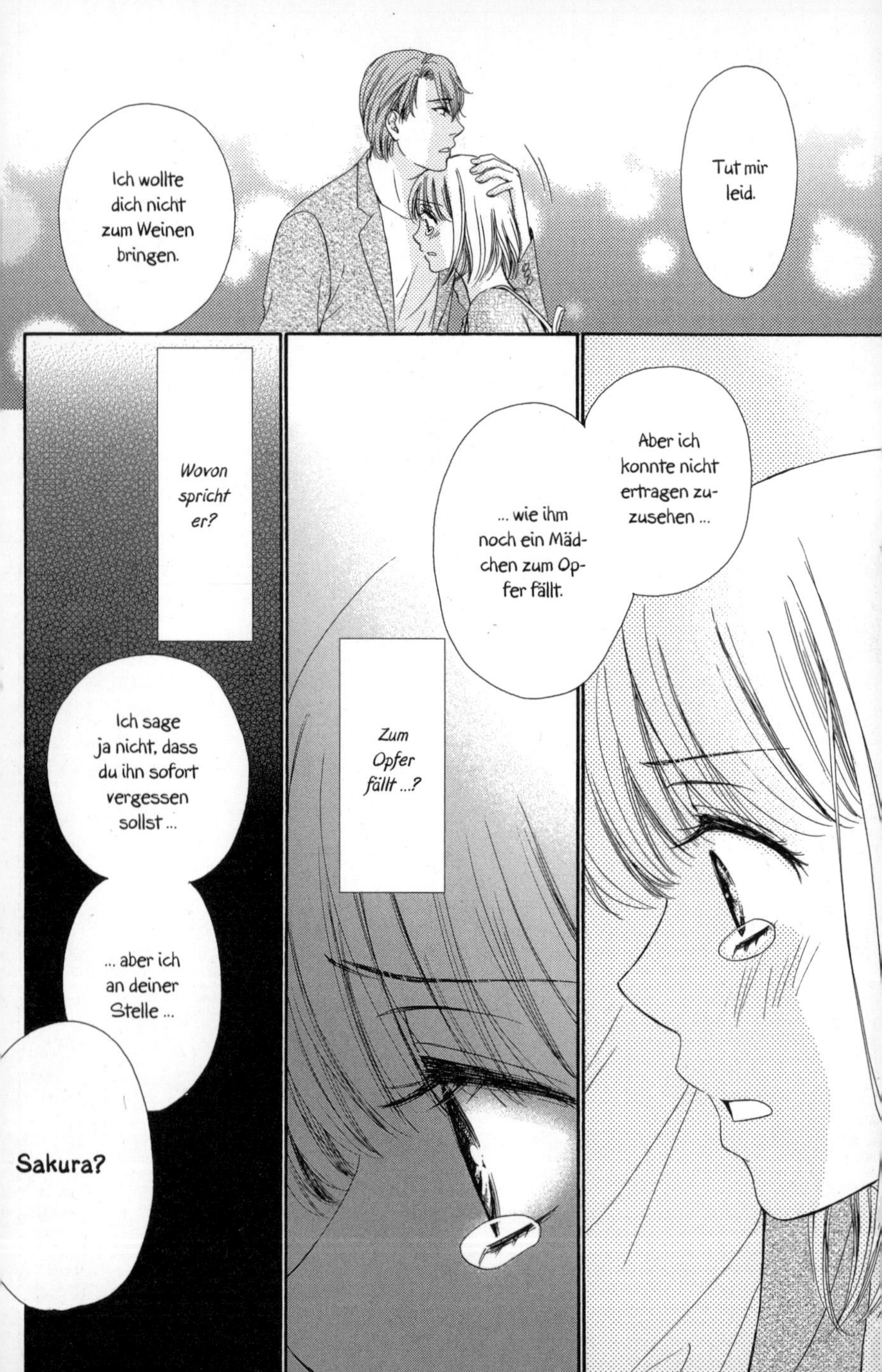

Tut mir leid.
Ich wollte dich nicht zum Weinen bringen.
Aber ich konnte nicht ertragen zuzusehen ...
... wie ihm noch ein Mädchen zum Opfer fällt.
Zum Opfer fällt ...?
Wovon spricht er?
Ich sage ja nicht, dass du ihn sofort vergessen sollst ...
... aber ich an deiner Stelle ...
Sakura?

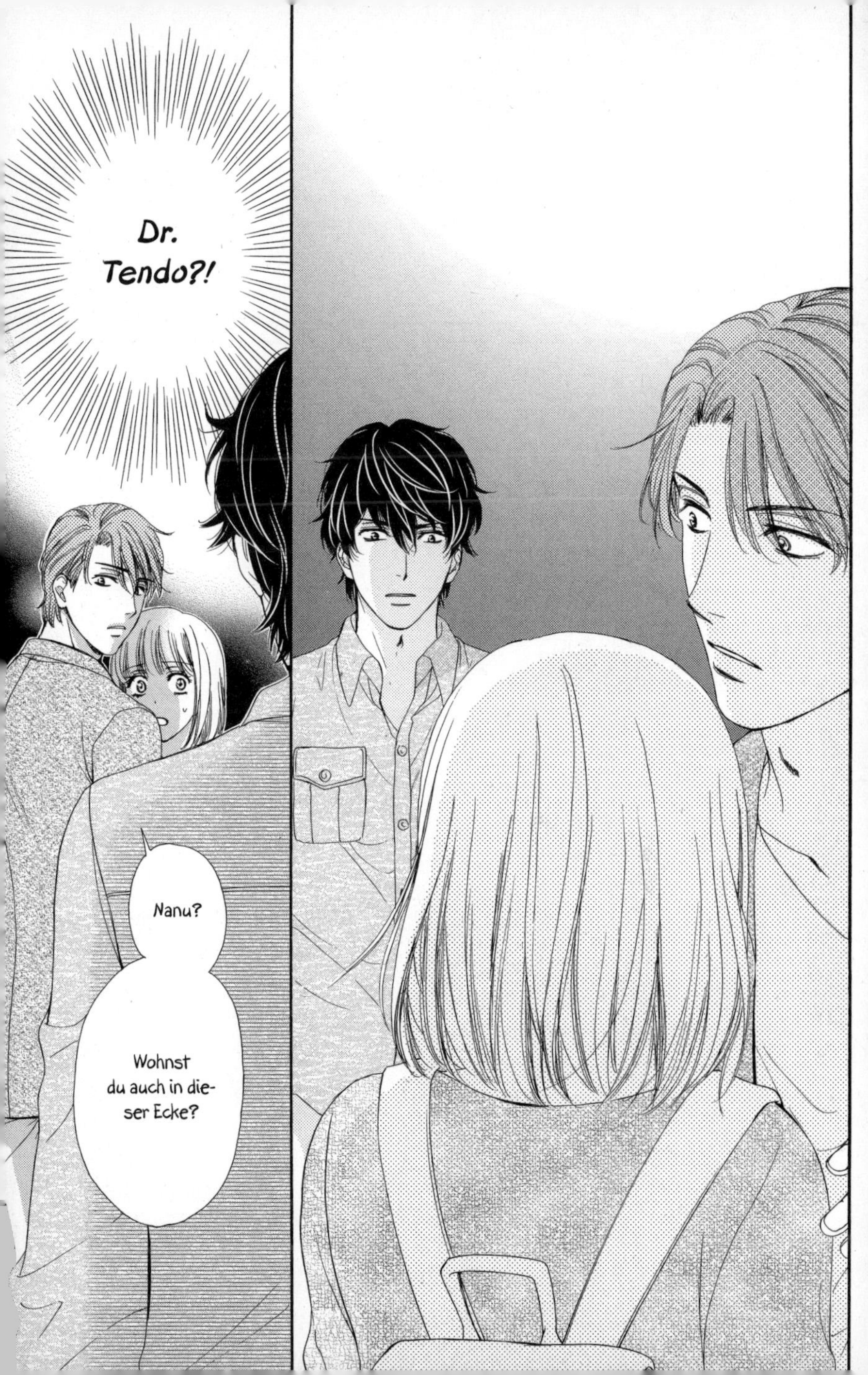
Dr. Tendo?!
Nanu?
Wohnst du auch in dieser Ecke?

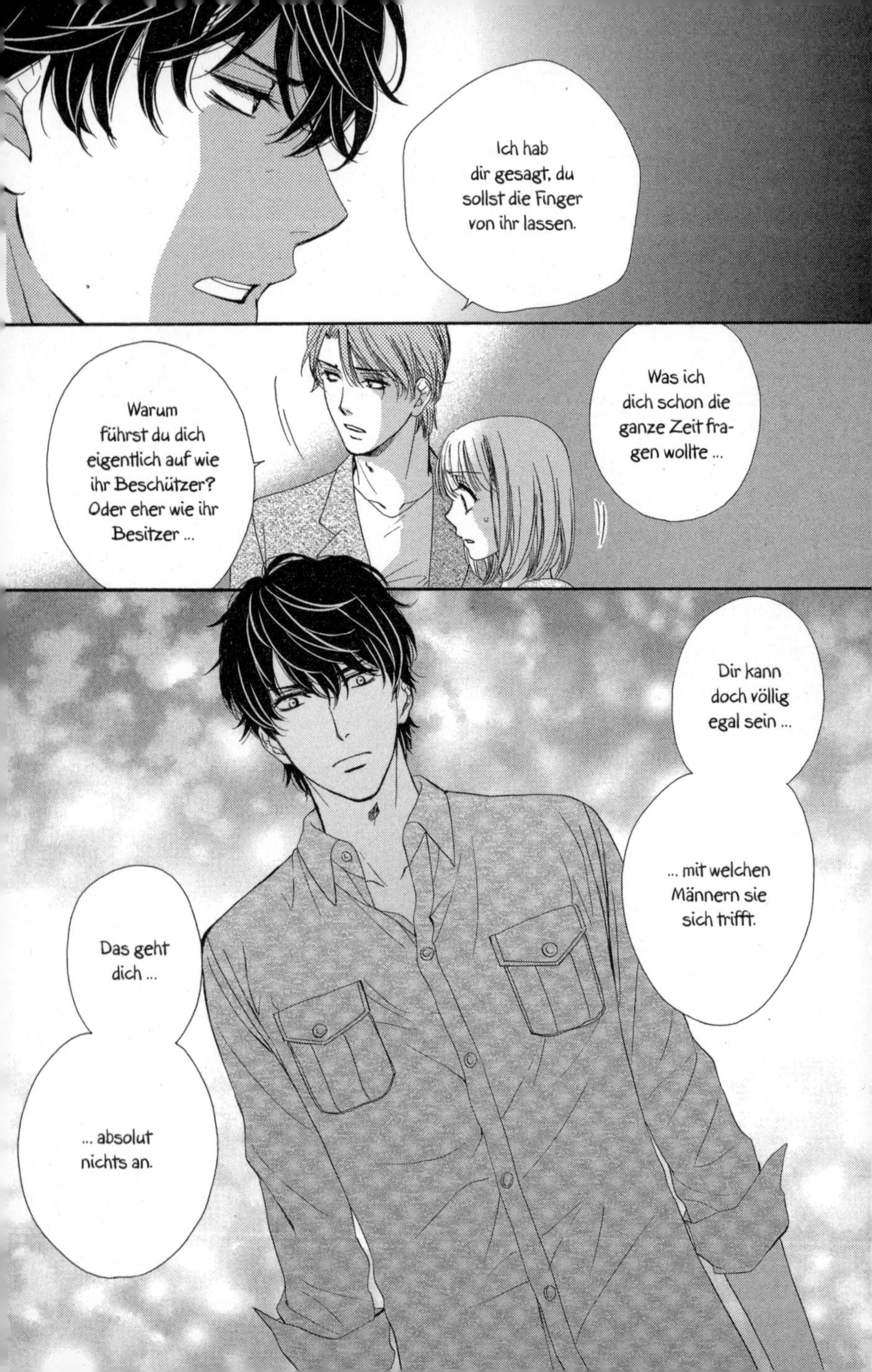
Ich hab dir gesagt, du sollst die Finger von ihr lassen.
Was ich dich schon die ganze Zeit fragen wollte ...
Warum führst du dich eigentlich auf wie ihr Beschützer? Oder eher wie ihr Besitzer ...
Dir kann doch völlig egal sein ...
... mit welchen Männern sie sich trifft.
Das geht dich ...
... absolut nichts an.

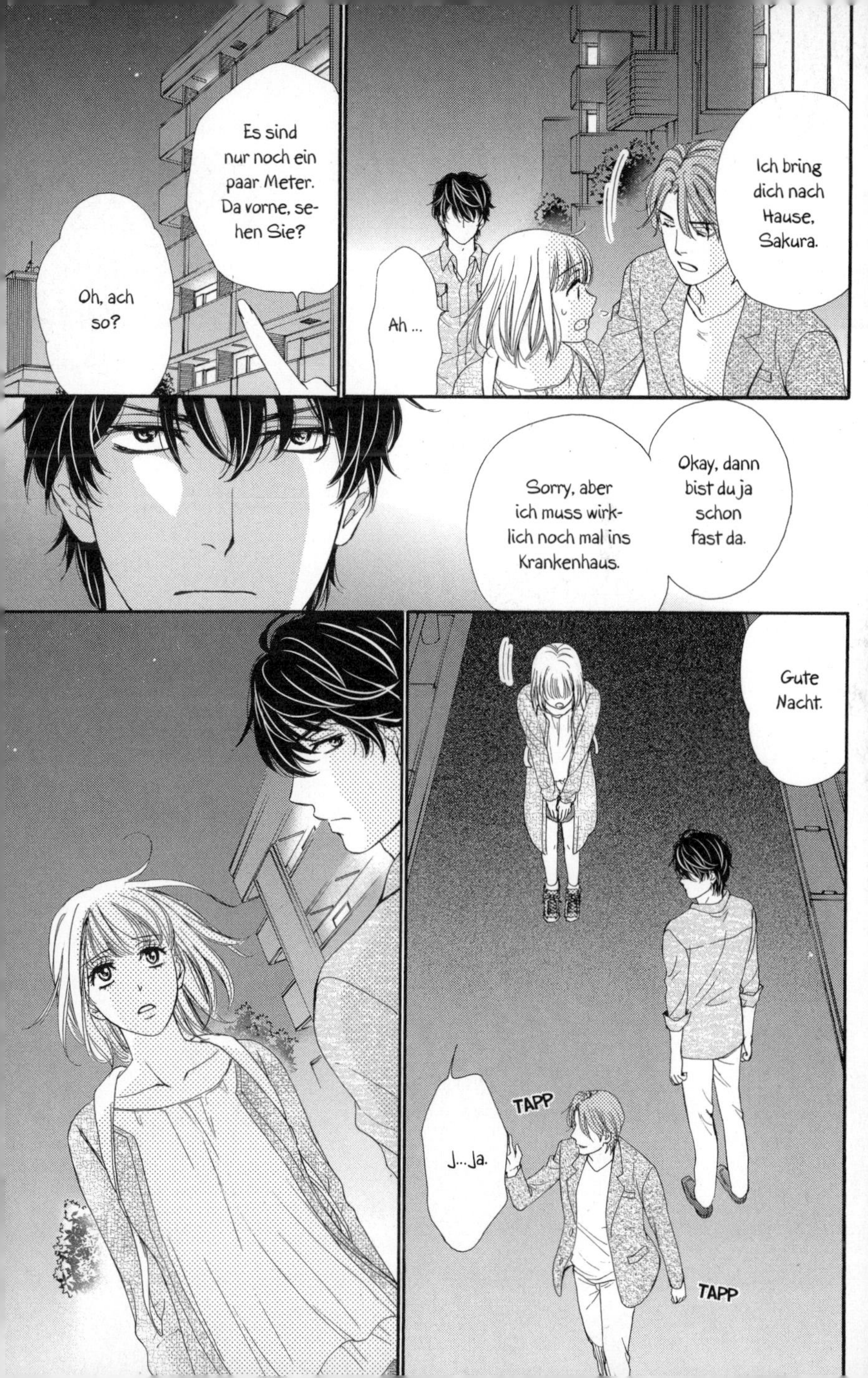

Ich bring dich nach Hause, Sakura.
Ah ...
Es sind nur noch ein paar Meter. Da vorne, sehen Sie?
Oh, ach so?
Okay, dann bist du ja schon fast da.
Sorry, aber ich muss wirklich noch mal ins Krankenhaus.
Gute Nacht.
J...Ja.
TAPP
TAPP

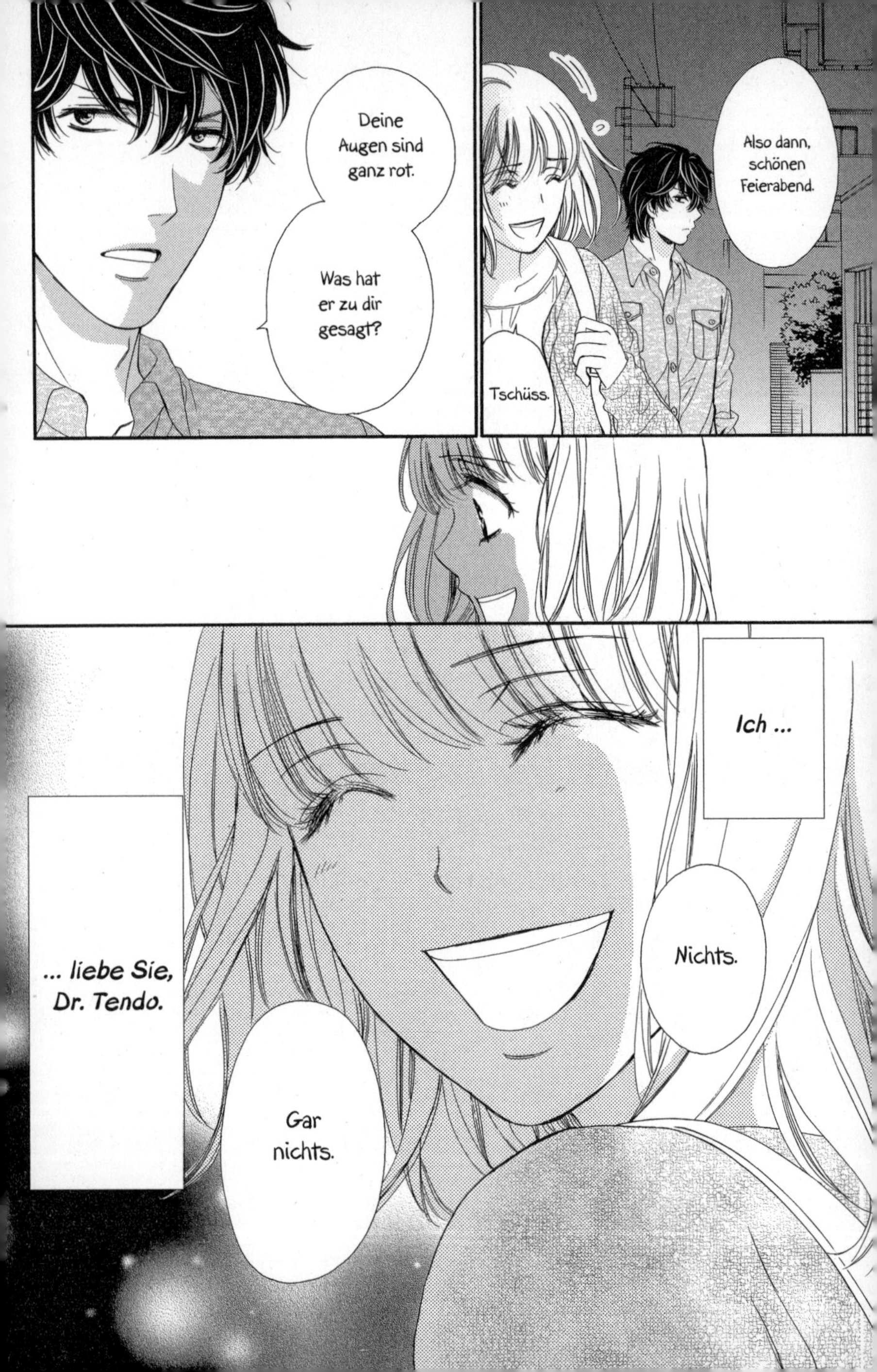
Also dann, schönen Feierabend.
Tschüss.
Deine Augen sind ganz rot.
Was hat er zu dir gesagt?
Ich ...
Nichts.
Gar nichts.
... liebe Sie, Dr. Tendo.

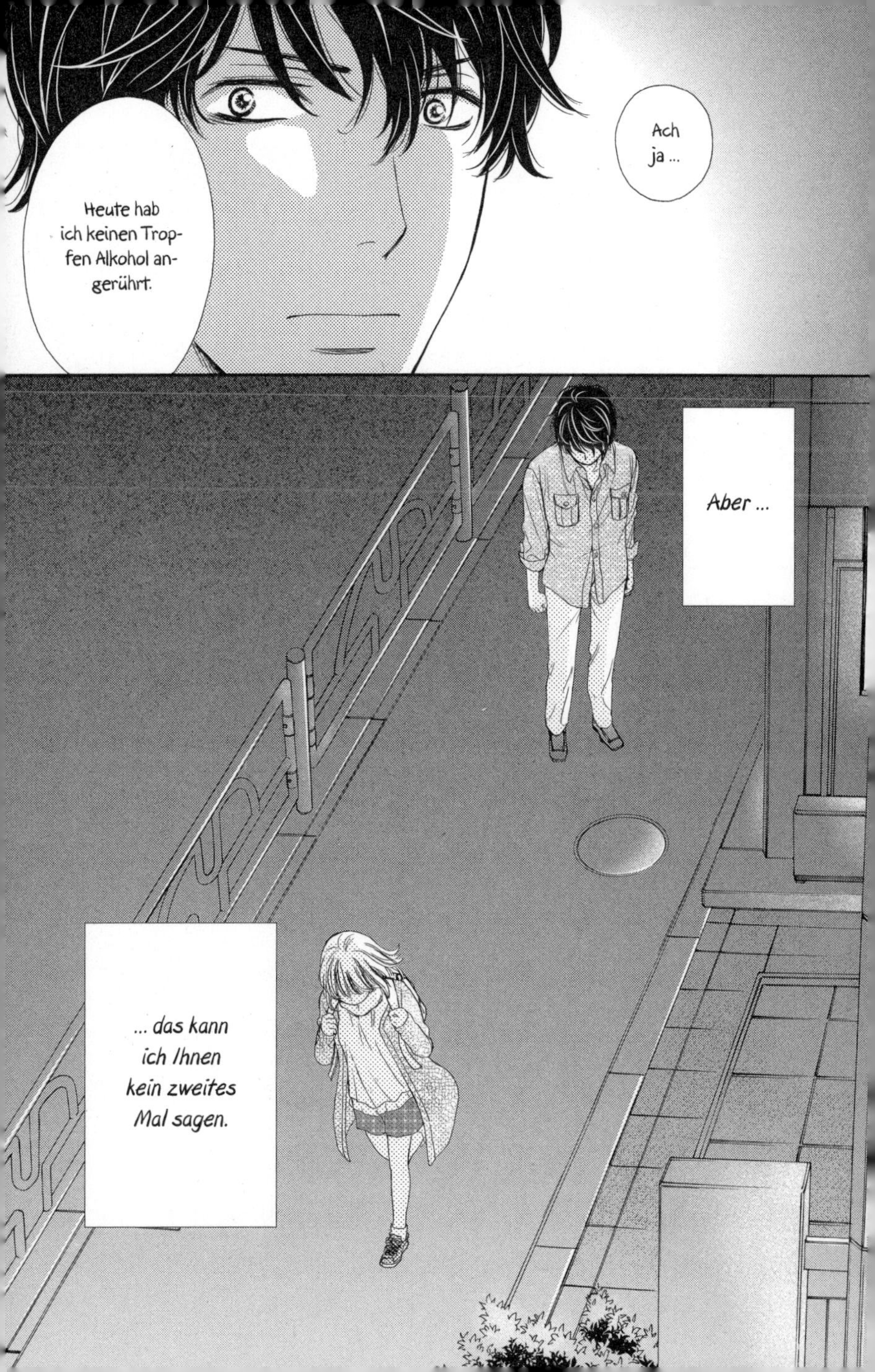
Ach ja ...
Heute hab ich keinen Tropfen Alkohol angerührt.
Aber ...
... das kann ich Ihnen kein zweites Mal sagen.

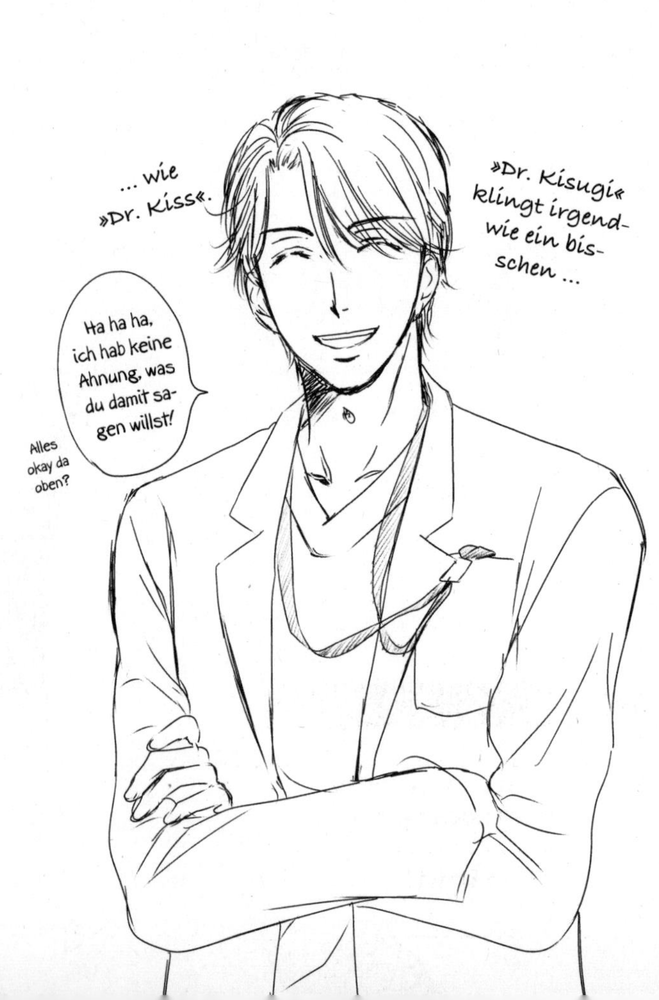
»Dr. Kisugi« klingt irgend-wie ein bis-schen …
… wie »Dr. Kiss«.
Ha ha ha, ich hab keine Ahnung, was du damit sa-gen willst!
Alles okay da oben?

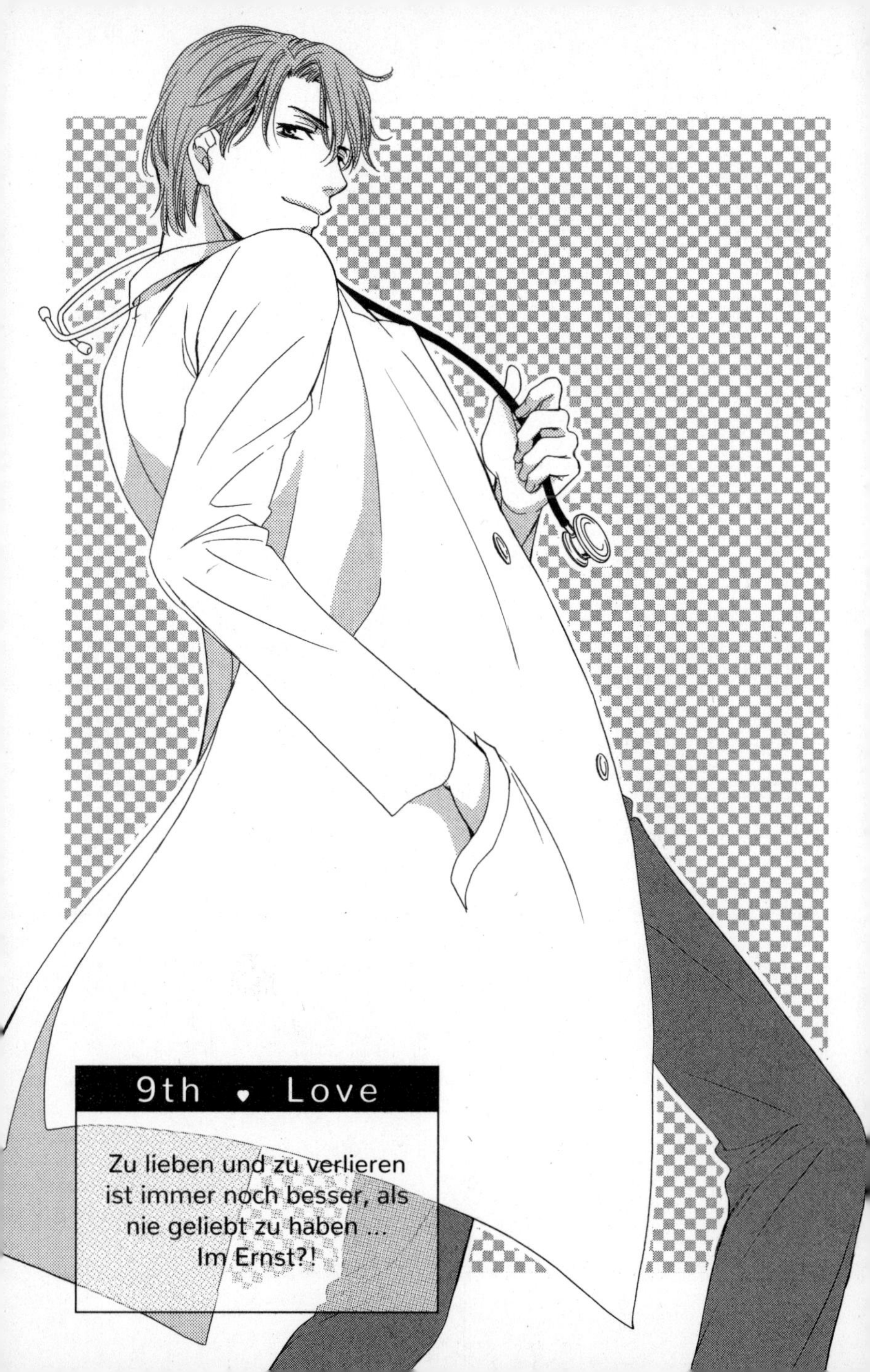
9th ♥ Love
Zu lieben und zu verlieren
ist immer noch besser, als
nie geliebt zu haben ...
Im Ernst?!

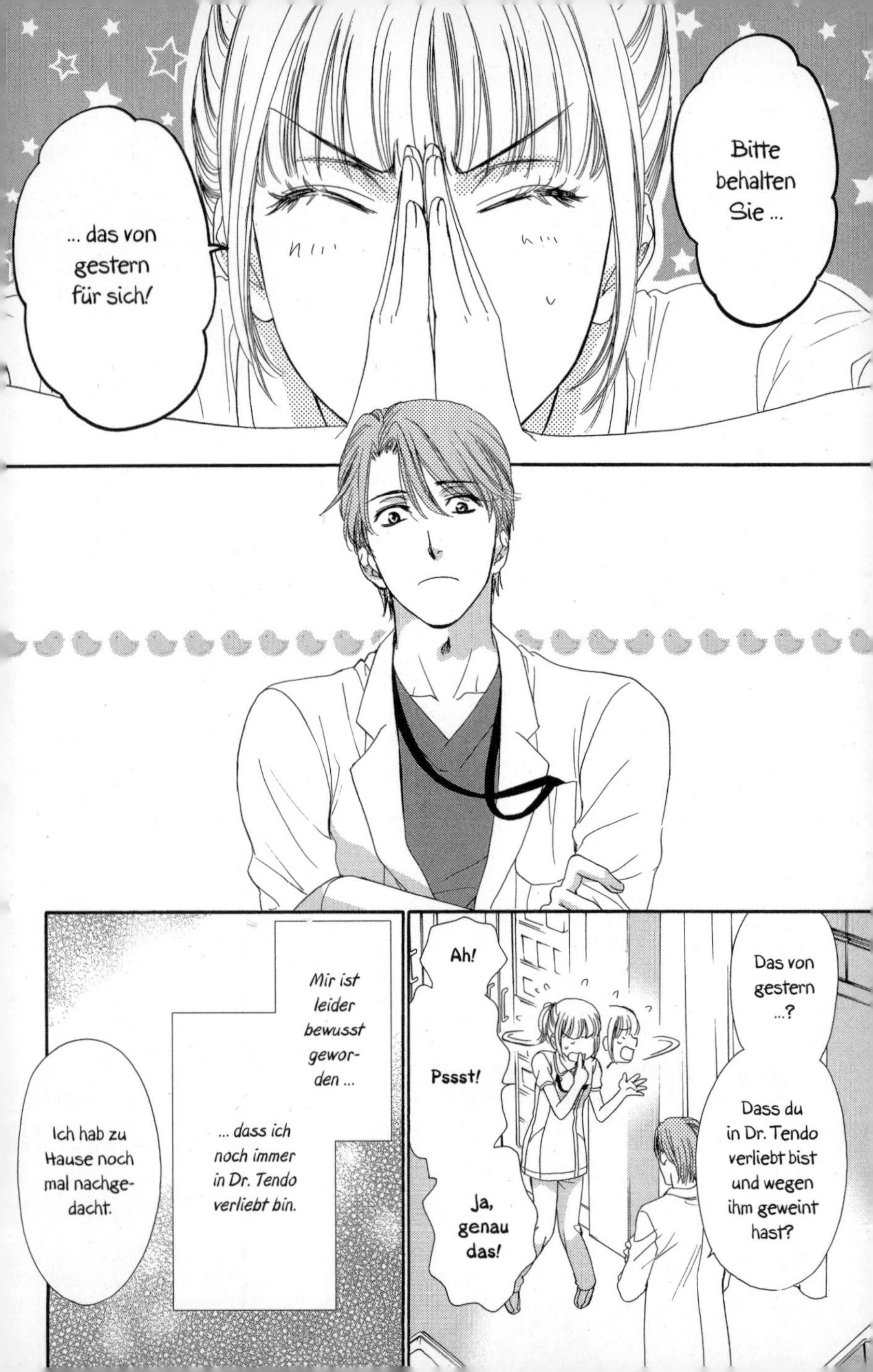
Bitte behalten Sie ...
... das von gestern für sich!
Mir ist leider bewusst geworden ...
... dass ich noch immer in Dr. Tendo verliebt bin.
Ich hab zu Hause noch mal nachgedacht.
Das von gestern ...?
Dass du in Dr. Tendo verliebt bist und wegen ihm geweint hast?
Ah!
Pssst!
Ja, genau das!

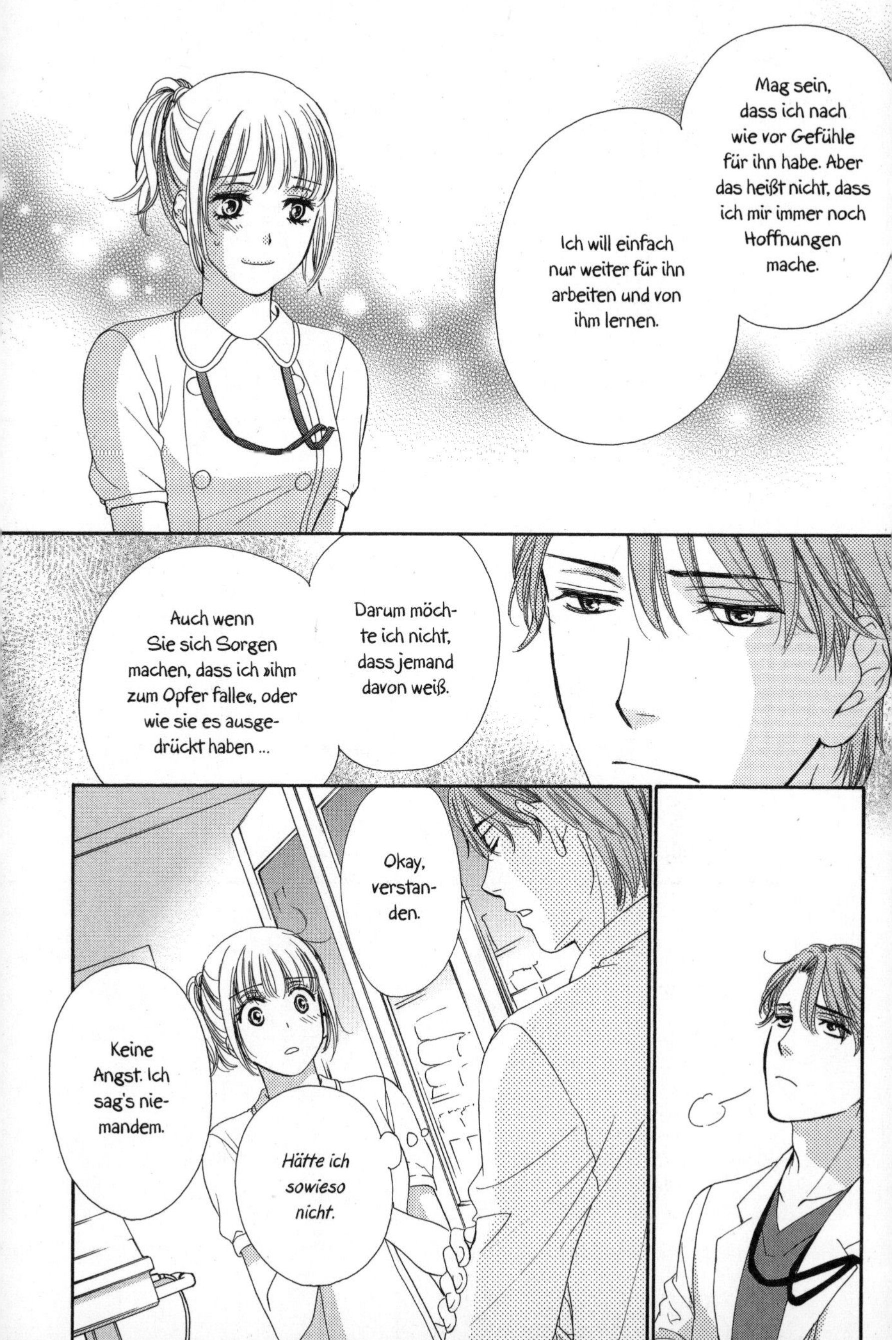
Mag sein, dass ich nach wie vor Gefühle für ihn habe. Aber das heißt nicht, dass ich mir immer noch Hoffnungen mache.
Ich will einfach nur weiter für ihn arbeiten und von ihm lernen.
Darum möchte ich nicht, dass jemand davon weiß.
Auch wenn Sie sich Sorgen machen, dass ich »ihm zum Opfer falle«, oder wie sie es ausgedrückt haben ...
Okay, verstanden.
Keine Angst. Ich sag's niemandem.
Hätte ich sowieso nicht.

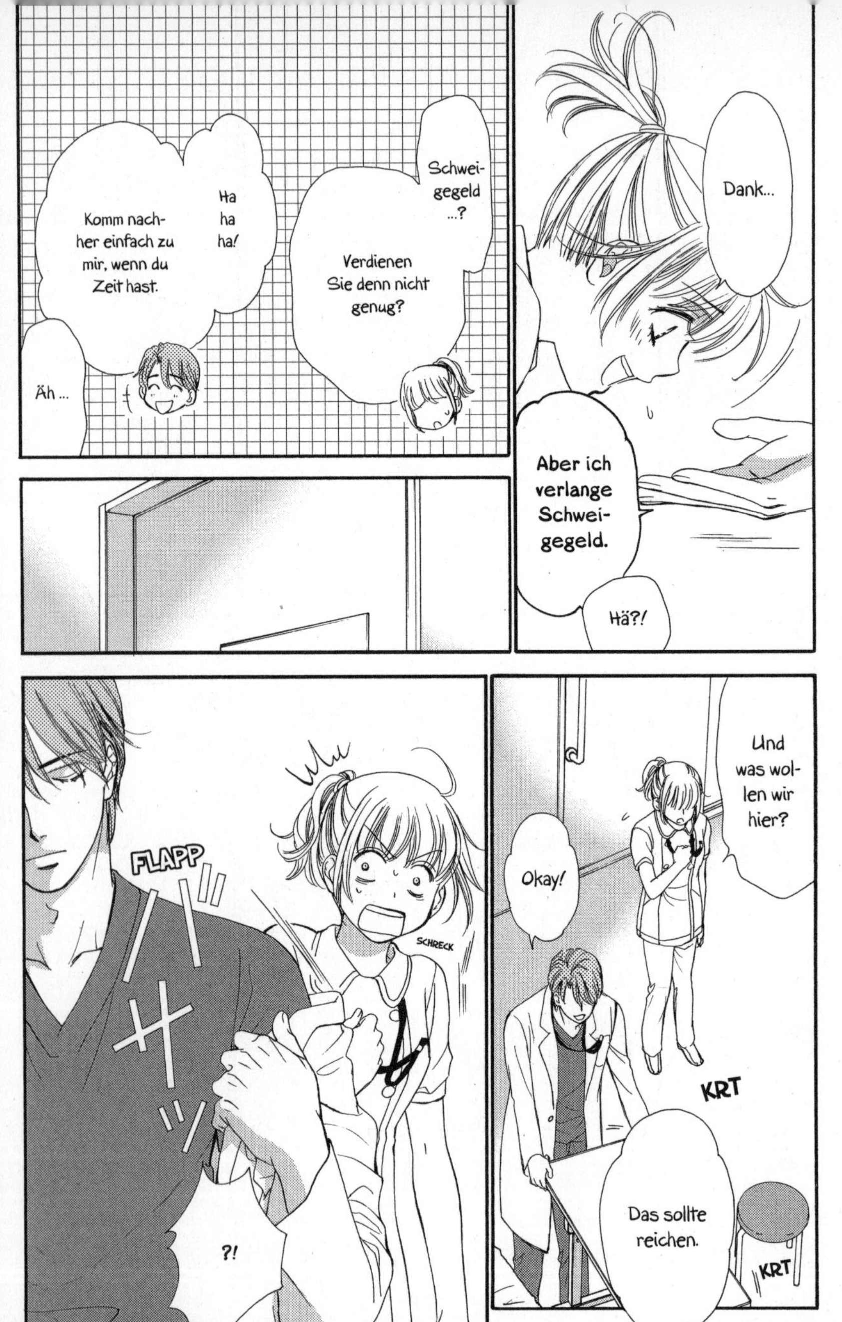
Dank...
Aber ich verlange Schweigegeld.
Hä?!
Schweigegeld ...?
Verdienen Sie denn nicht genug?
Ha ha ha!
Komm nachher einfach zu mir, wenn du Zeit hast.
Äh ...
Und was wollen wir hier?
Okay!
KRT
Das sollte reichen.
KRT
SCHRECK
FLAPP
?!

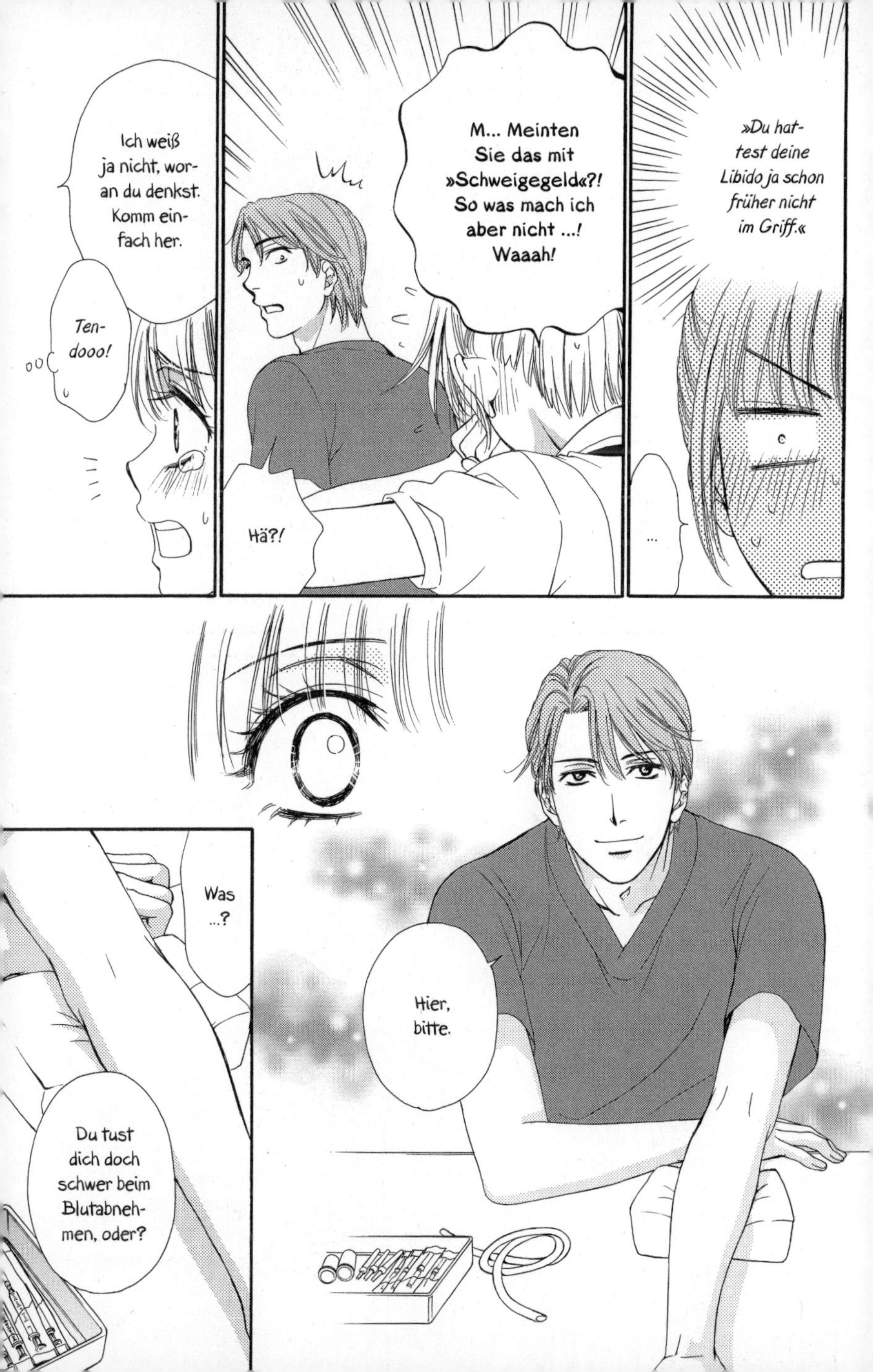
»Du hattest deine Libido ja schon früher nicht im Griff.«
...
M... Meinten Sie das mit »Schweigegeld«?! So was mach ich aber nicht ...! Waaah!
Hä?!
Ich weiß ja nicht, woran du denkst. Komm einfach her.
Tendooo!
Hier, bitte.
Was ...?
Du tust dich doch schwer beim Blutabnehmen, oder?

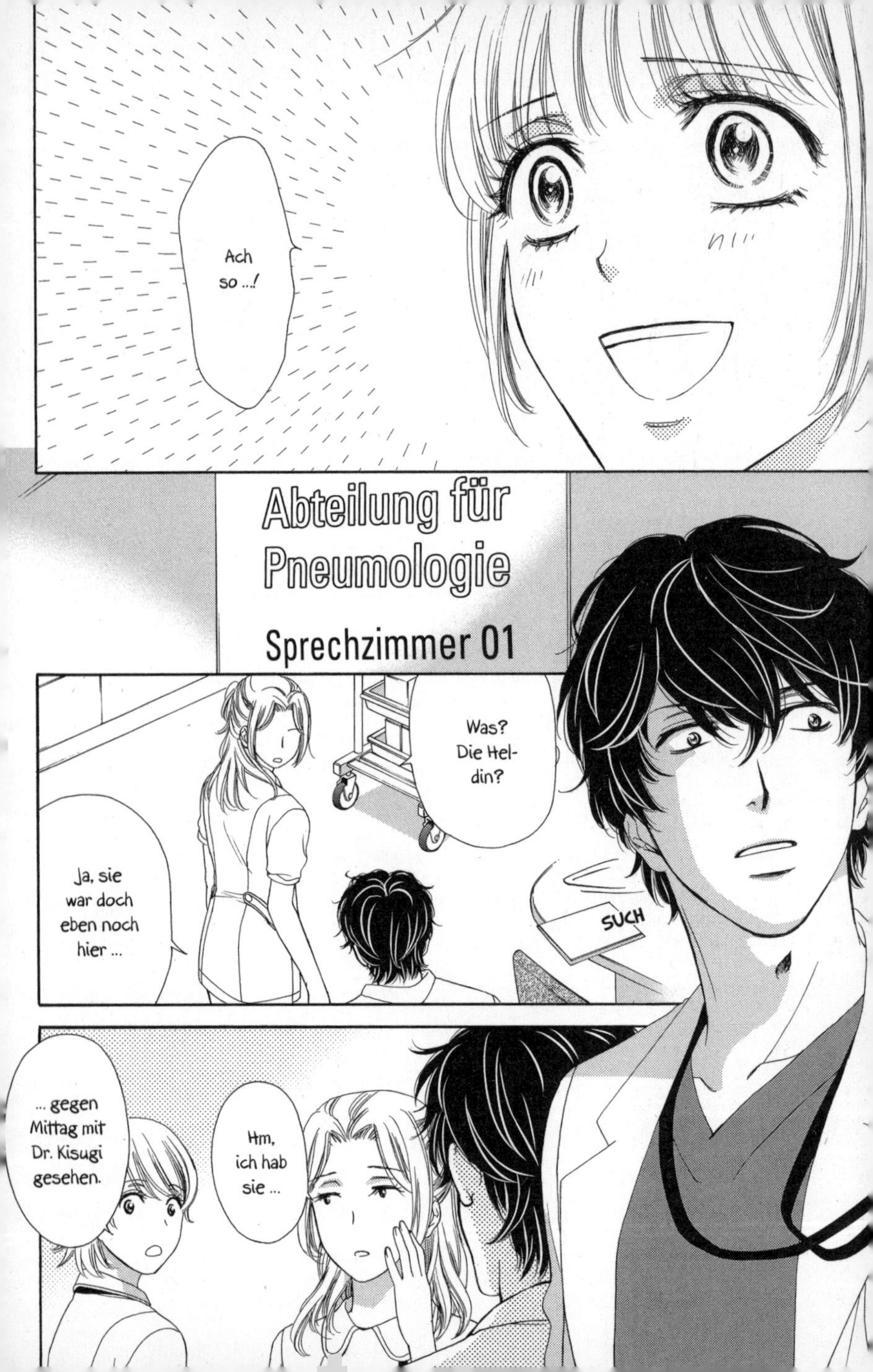
Ach so ...!
Abteilung für Pneumologie
Sprechzimmer 01
Was? Die Hel-din?
Ja, sie war doch eben noch hier ...
SUCH
Hm, ich hab sie ...
... gegen Mittag mit Dr. Kisugi gesehen.

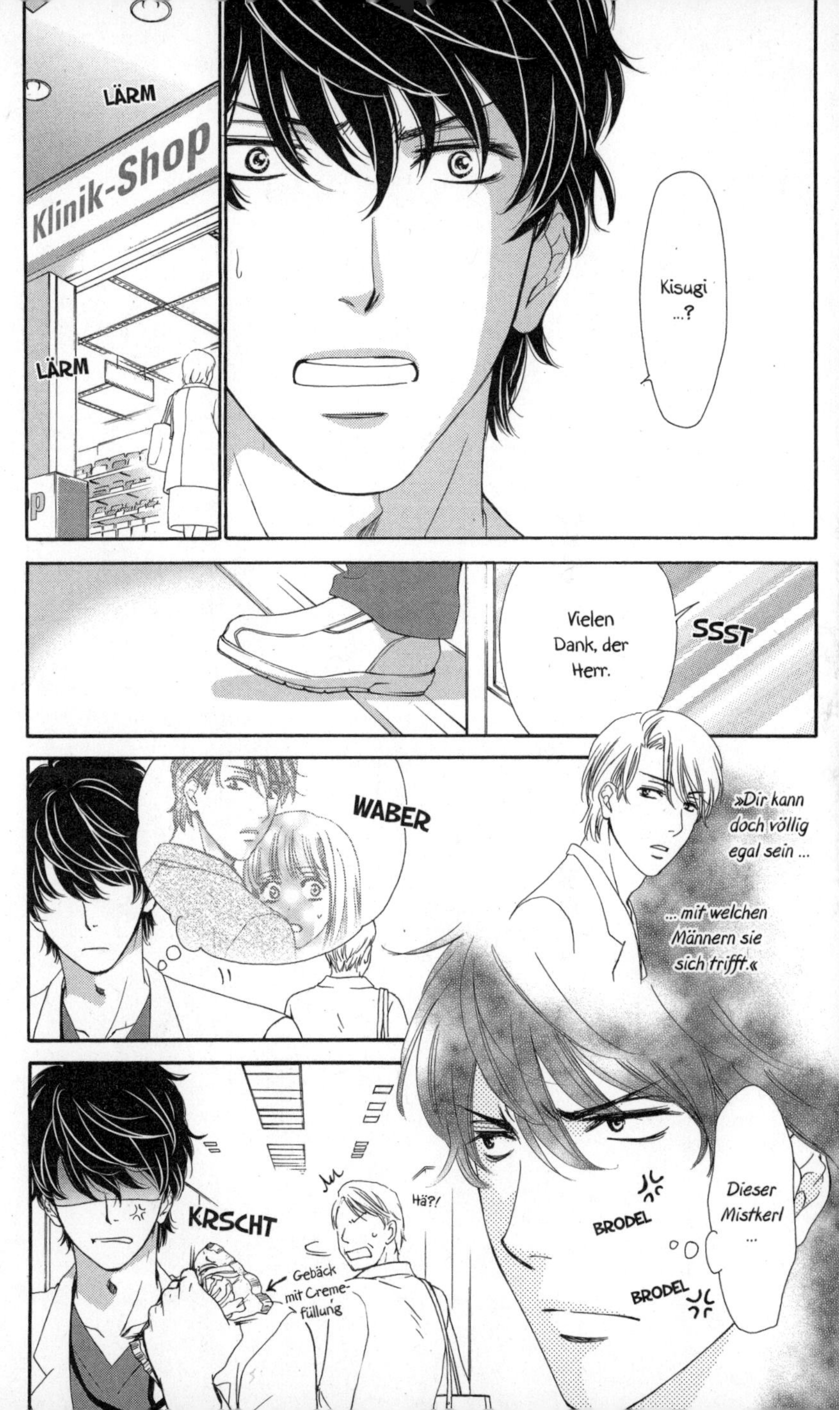
LÄRM
Klinik-Shop
LÄRM
Kisugi …?
Vielen Dank, der Herr.
SSST
WABER
»Dir kann doch völlig egal sein …
… mit welchen Männern sie sich trifft.«
Dieser Mistkerl …
BRODEL
BRODEL
Hä?!
KRSCHT
Gebäck mit Cremefüllung

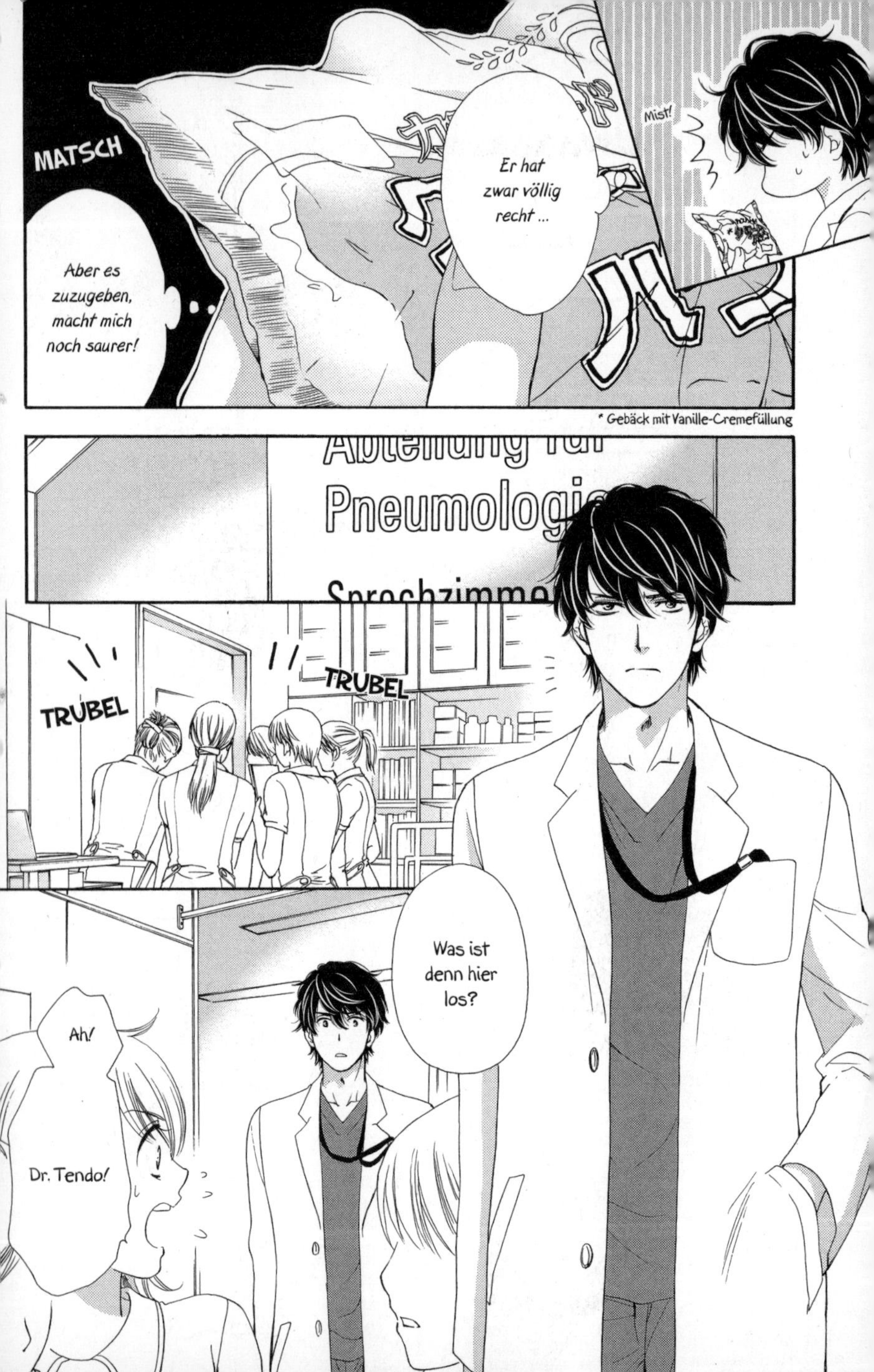

* Gebäck mit Vanille-Cremefüllung

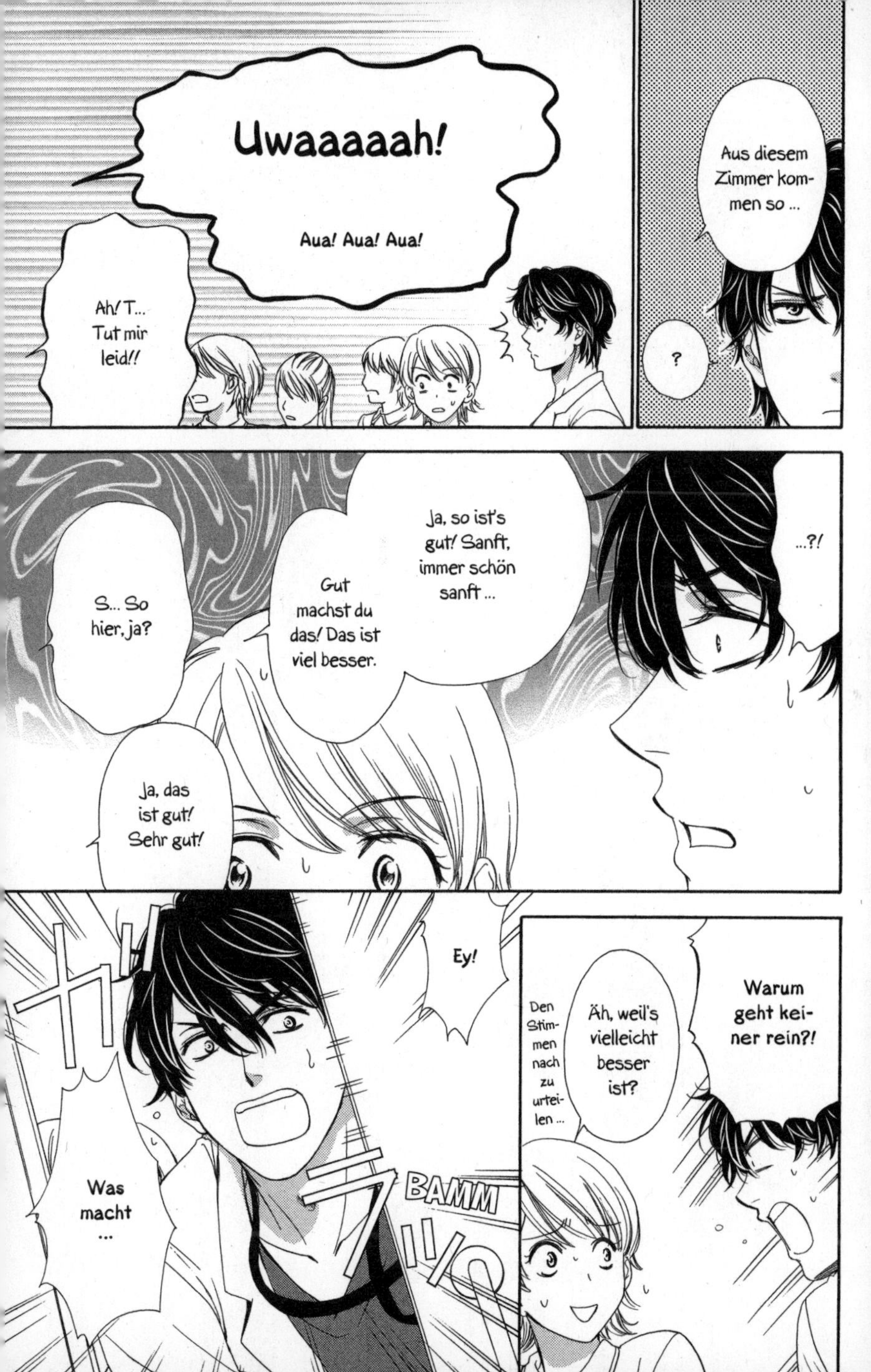
Aus diesem Zimmer kommen so ...
?
Uwaaaaah!
Aua! Aua! Aua!
Ah! T... Tut mir leid!!
...?!
Ja, so ist's gut! Sanft, immer schön sanft ...
Gut machst du das! Das ist viel besser.
S... So hier, ja?
Ja, das ist gut! Sehr gut!
Warum geht keiner rein?!
Äh, weil's vielleicht besser ist?
Den Stimmen nach zu urteilen ...
Ey!
BAMM
Was macht ...

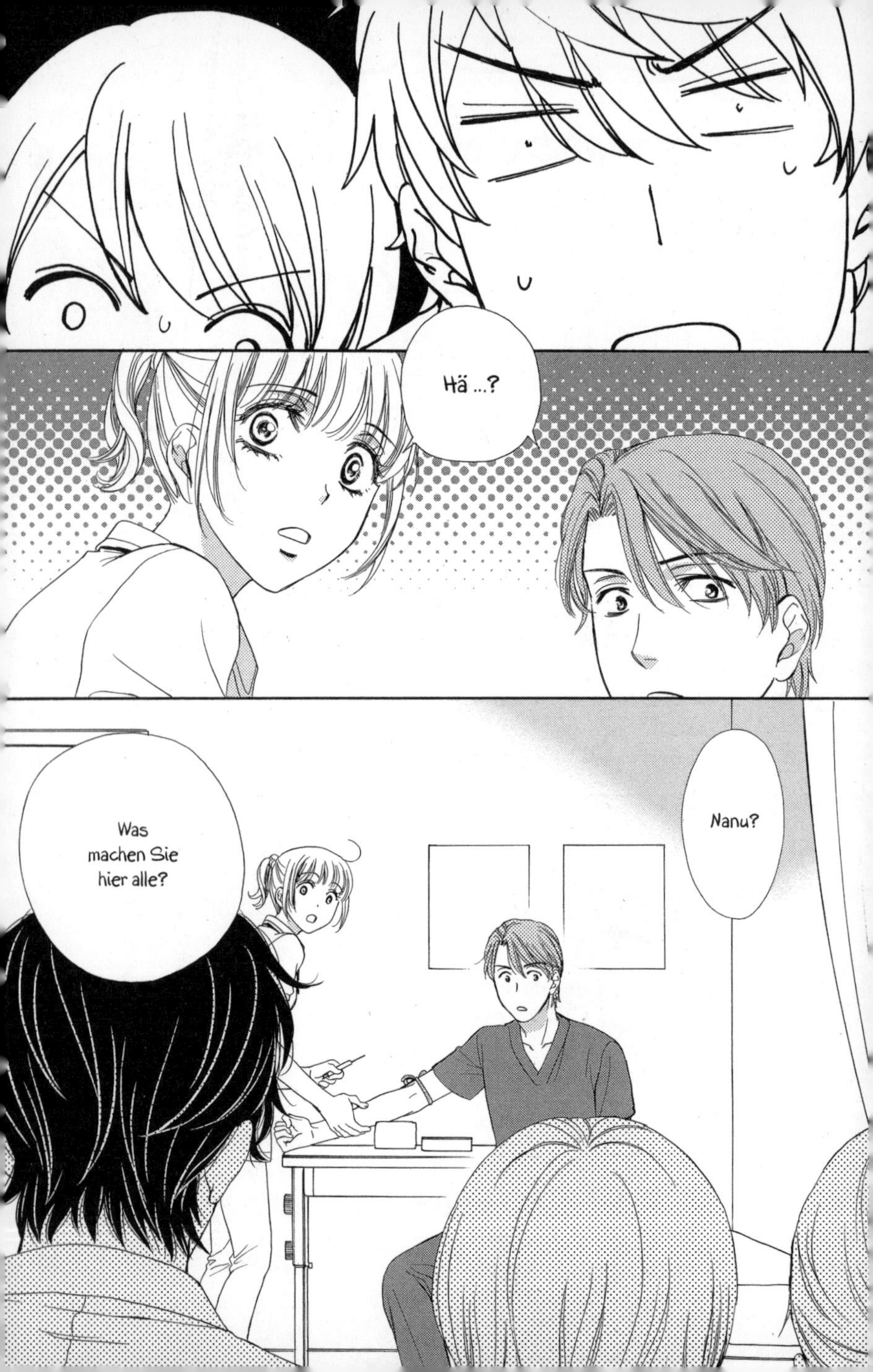
Hä ...?
Nanu?
Was machen Sie hier alle?

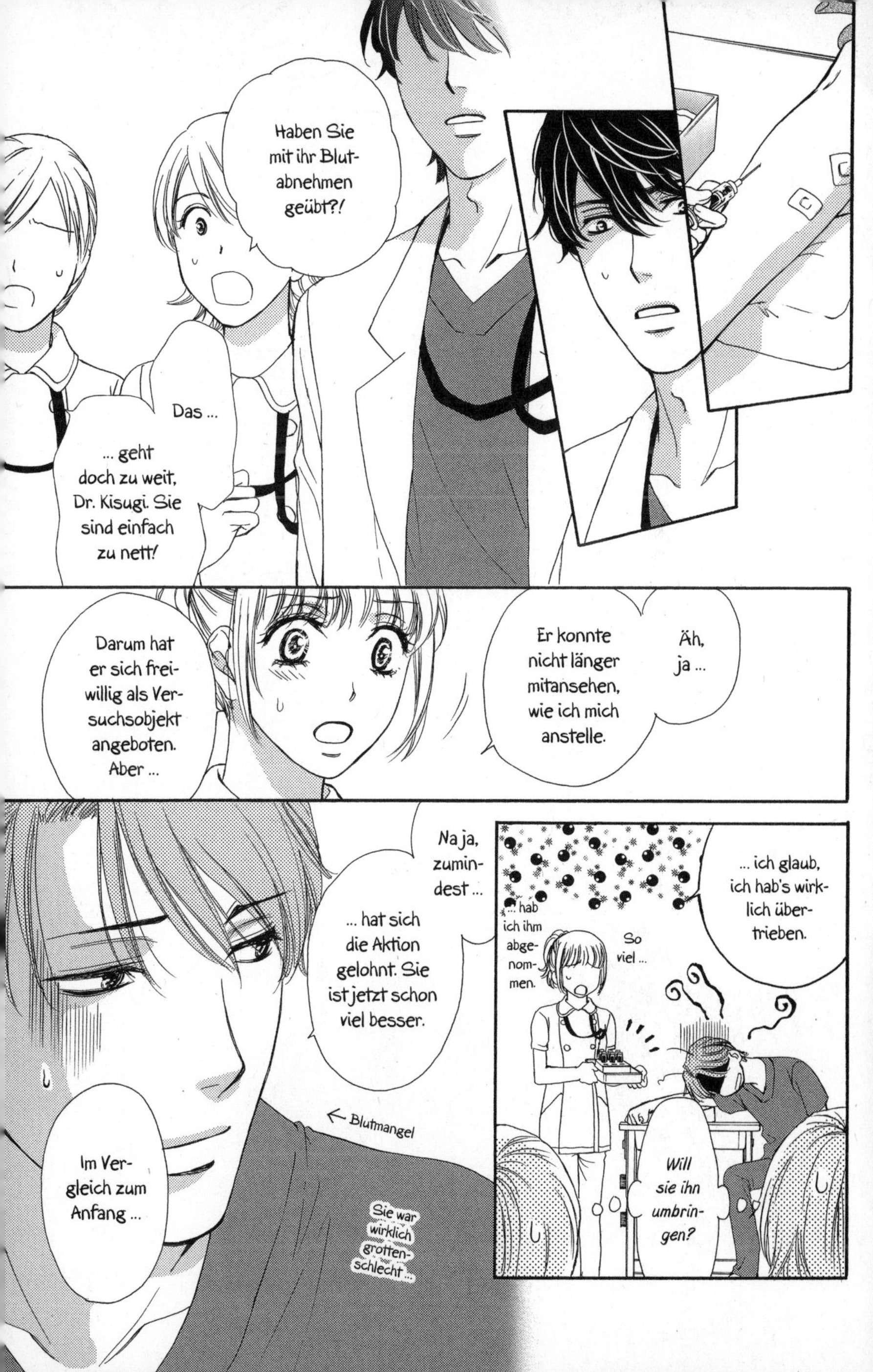
Haben Sie mit ihr Blutabnehmen geübt?!
Das ...
... geht doch zu weit, Dr. Kisugi. Sie sind einfach zu nett!
Äh, ja ...
Er konnte nicht länger mitansehen, wie ich mich anstelle.
Darum hat er sich freiwillig als Versuchsobjekt angeboten. Aber ...
... ich glaub, ich hab's wirklich übertrieben.
So viel ...
... hab ich ihm abgenommen.
Will sie ihn umbringen?
Na ja, zumindest ...
... hat sich die Aktion gelohnt. Sie ist jetzt schon viel besser.
Im Vergleich zum Anfang ...
← Blutmangel
Sie war wirklich grottenschlecht ...

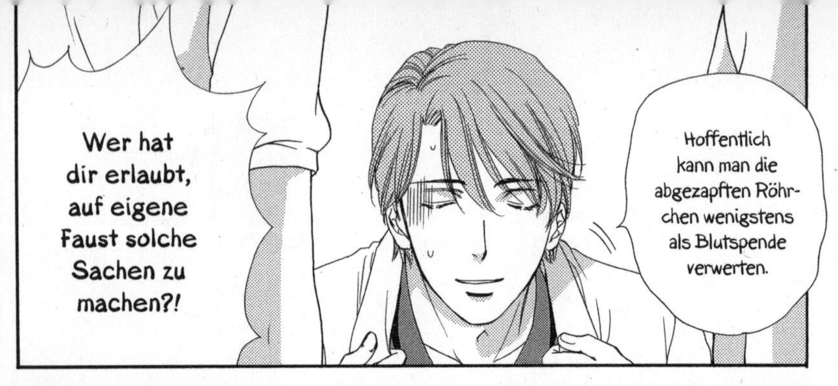
Hoffentlich kann man die abgezapften Röhrchen wenigstens als Blutspende verwerten.
Wer hat dir erlaubt, auf eigene Faust solche Sachen zu machen?!

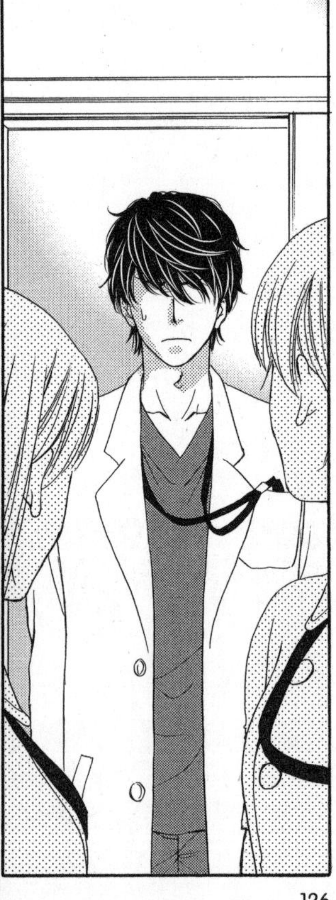

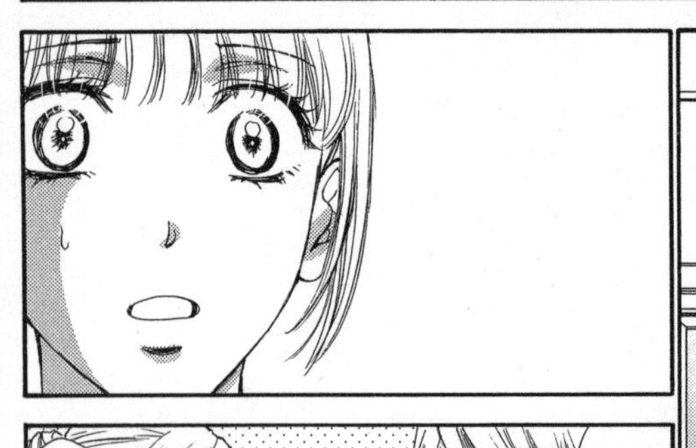

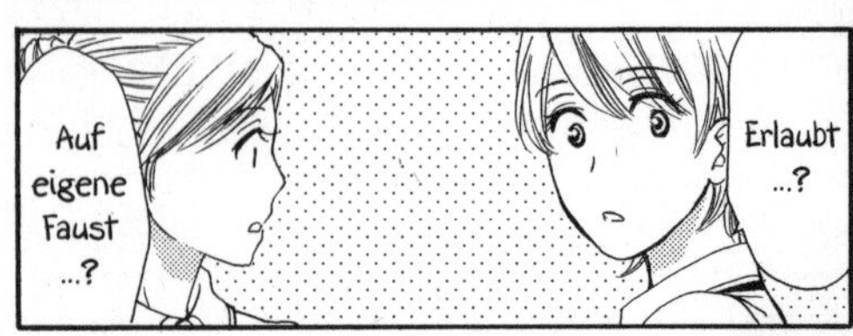
Erlaubt ...?
Auf eigene Faust ...?

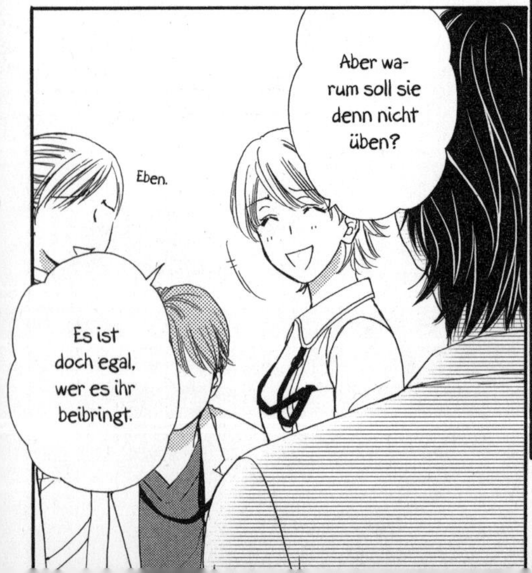
Aber warum soll sie denn nicht üben?
Eben.
Es ist doch egal, wer es ihr beibringt.

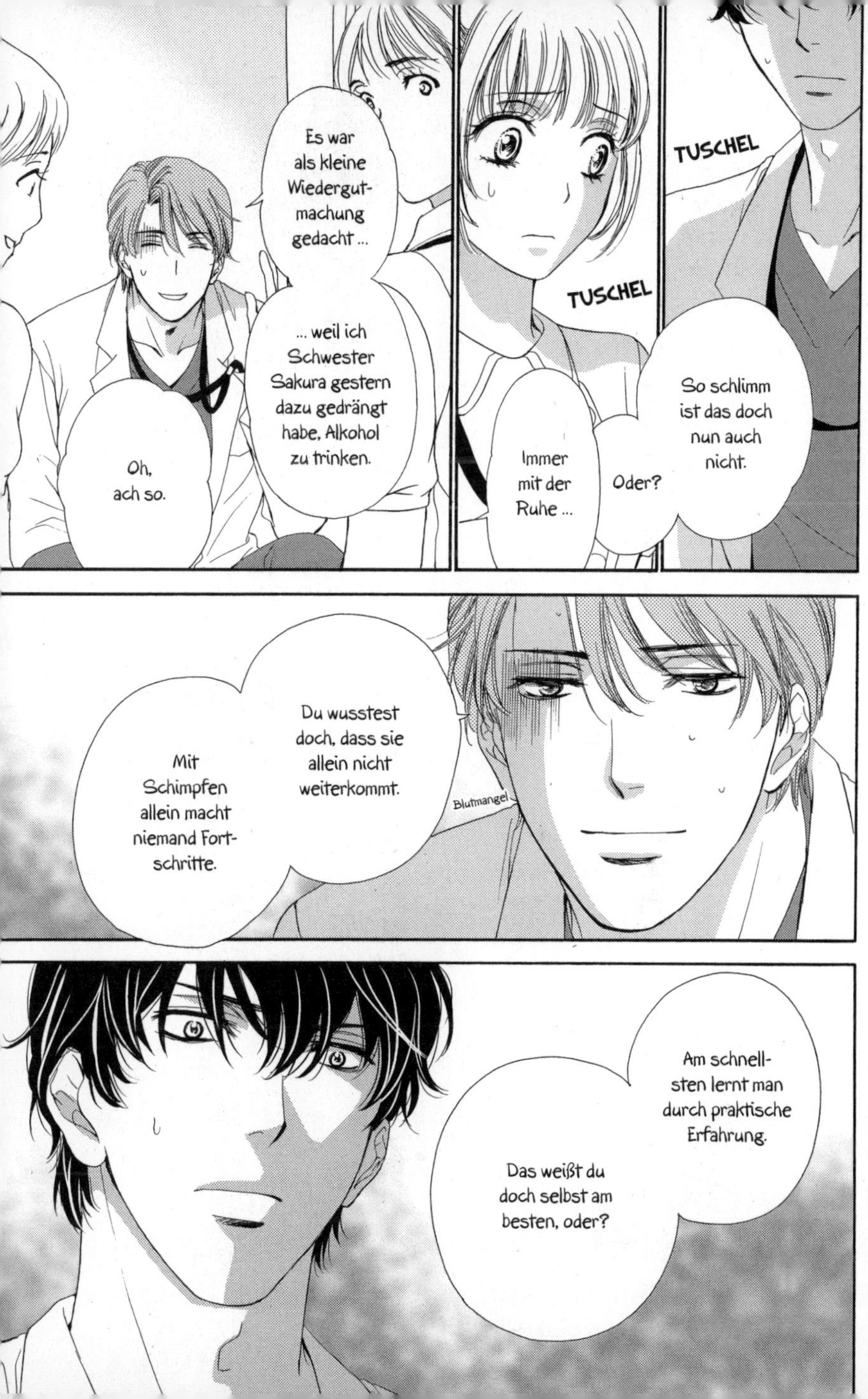

TUSCHEL
TUSCHEL
So schlimm ist das doch nun auch nicht.
Oder?
Immer mit der Ruhe …
Es war als kleine Wiedergutmachung gedacht …
… weil ich Schwester Sakura gestern dazu gedrängt habe, Alkohol zu trinken.
Oh, ach so.
Du wusstest doch, dass sie allein nicht weiterkommt.
Blutmangel
Mit Schimpfen allein macht niemand Fortschritte.

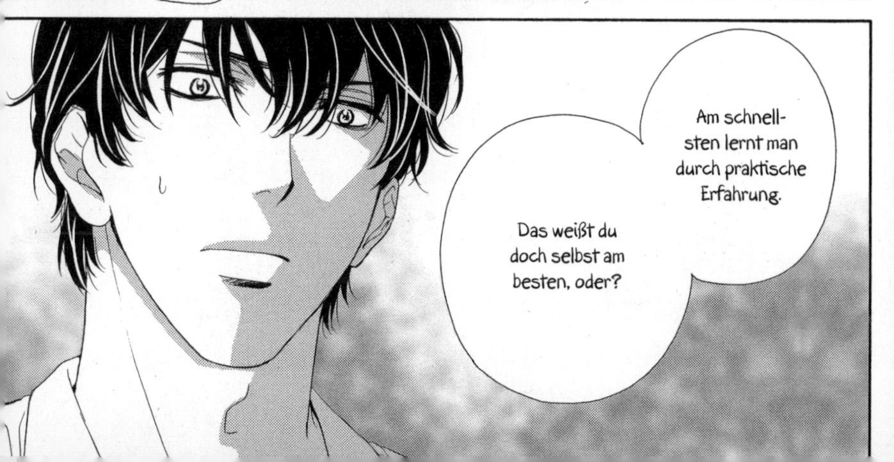

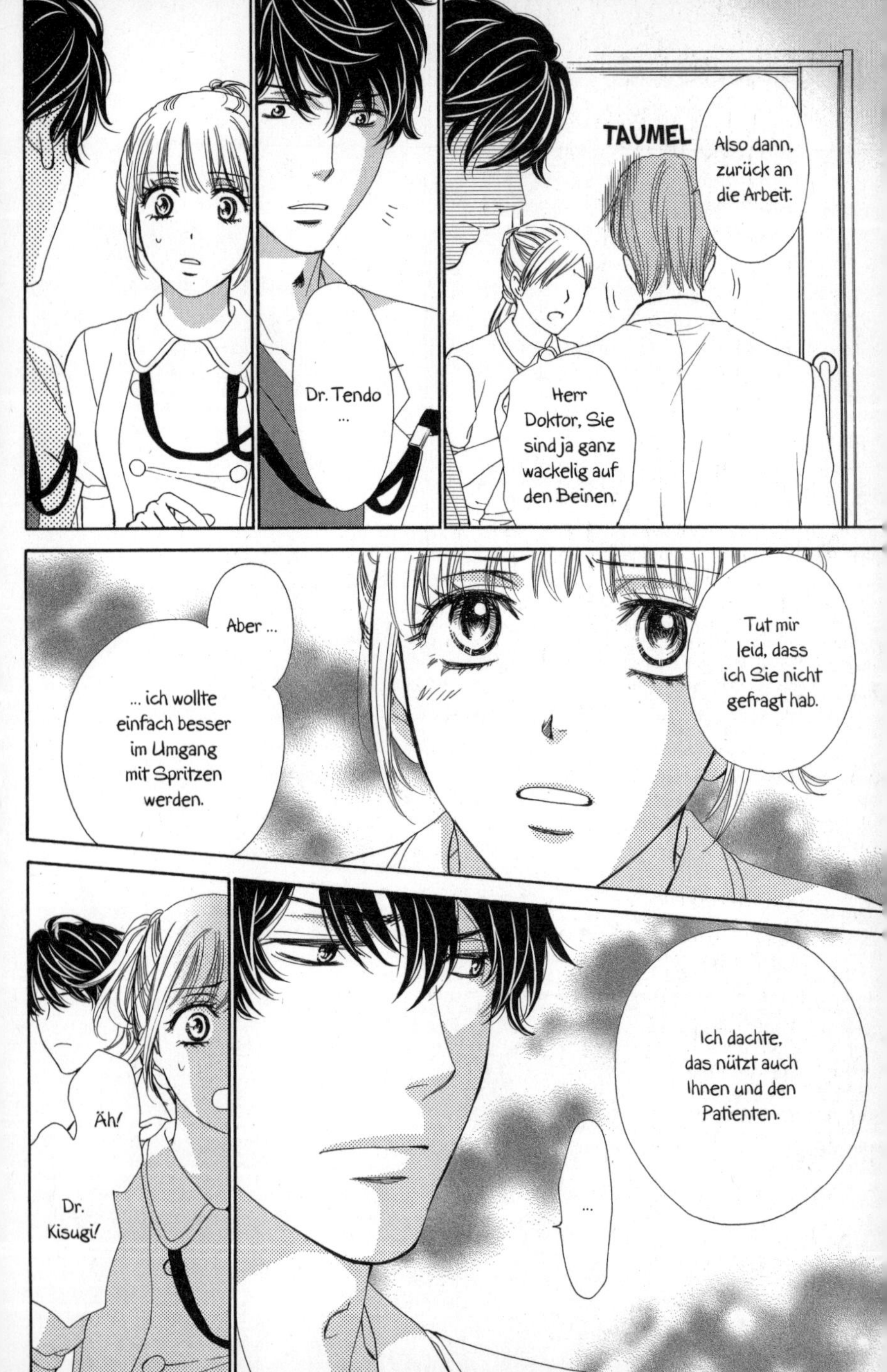
TAUMEL
Also dann, zurück an die Arbeit.
Herr Doktor, Sie sind ja ganz wackelig auf den Beinen.
Dr. Tendo ...
Tut mir leid, dass ich Sie nicht gefragt hab.
Aber ...
... ich wollte einfach besser im Umgang mit Spritzen werden.
Ich dachte, das nützt auch Ihnen und den Patienten.
...
Äh!
Dr. Kisugi!

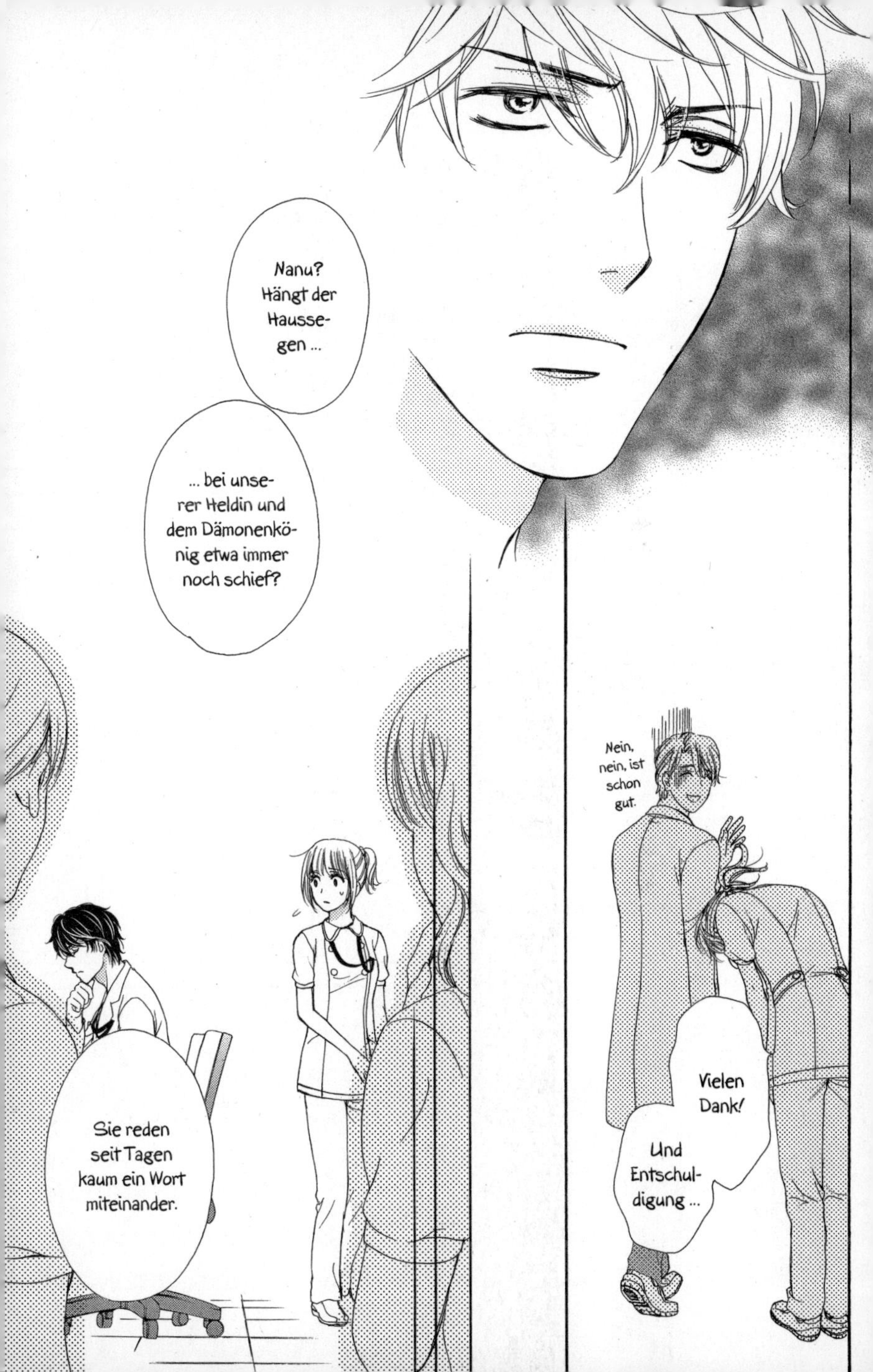
Nanu? Hängt der Haussegen ...
... bei unserer Heldin und dem Dämonenkönig etwa immer noch schief?
Nein, nein, ist schon gut.
Vielen Dank!
Und Entschuldigung ...
Sie reden seit Tagen kaum ein Wort miteinander.

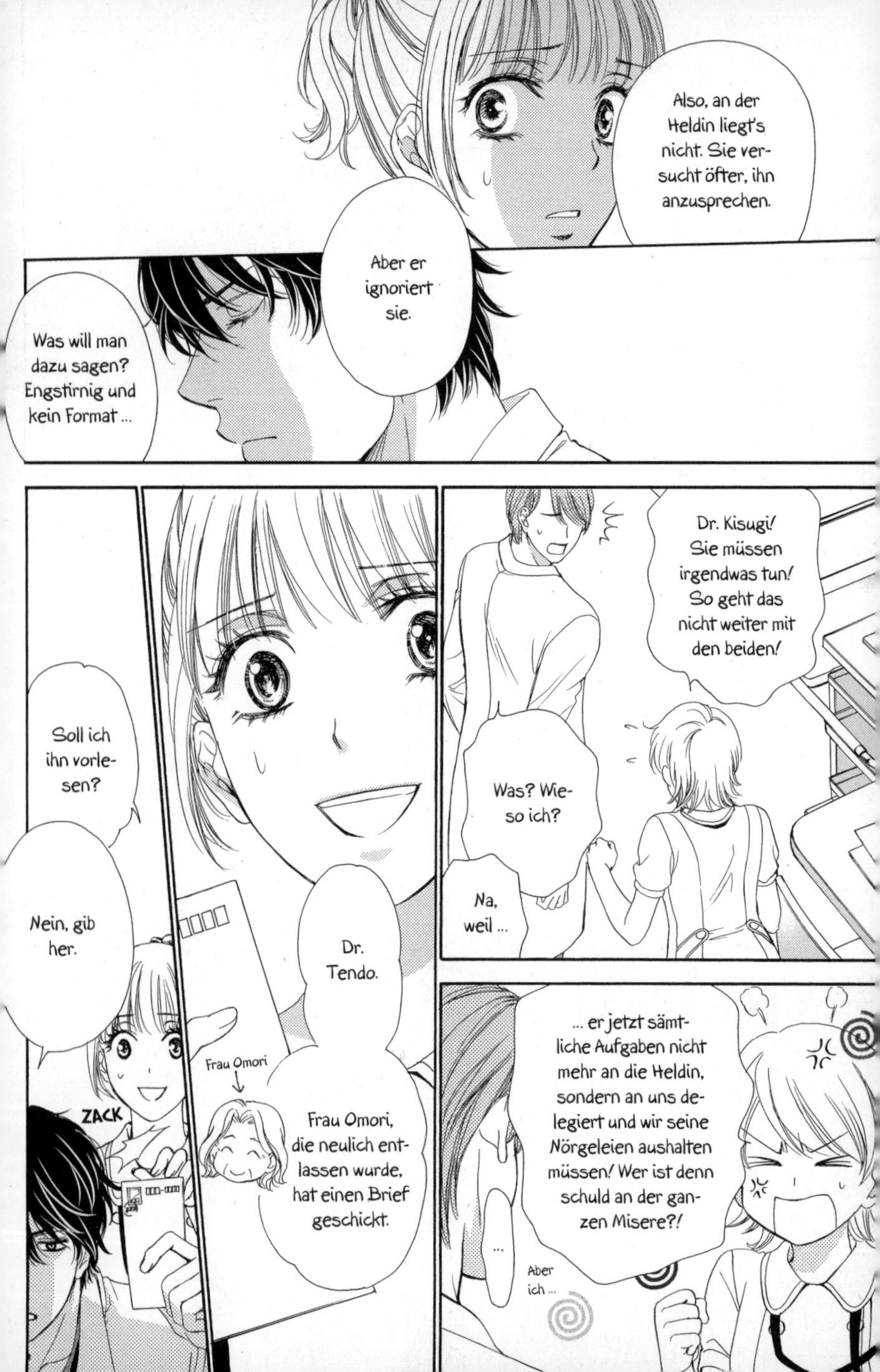
Also, an der Heldin liegt's nicht. Sie versucht öfter, ihn anzusprechen.
Aber er ignoriert sie.
Was will man dazu sagen? Engstirnig und kein Format ...
Dr. Kisugi! Sie müssen irgendwas tun! So geht das nicht weiter mit den beiden!
Was? Wieso ich?
Na, weil ...
... er jetzt sämtliche Aufgaben nicht mehr an die Heldin, sondern an uns delegiert und wir seine Nörgeleien aushalten müssen! Wer ist denn schuld an der ganzen Misere?!
...
Aber ich ...
Dr. Tendo.
Frau Omori, die neulich entlassen wurde, hat einen Brief geschickt.
Frau Omori
Soll ich ihn vorlesen?
Nein, gib her.
ZACK

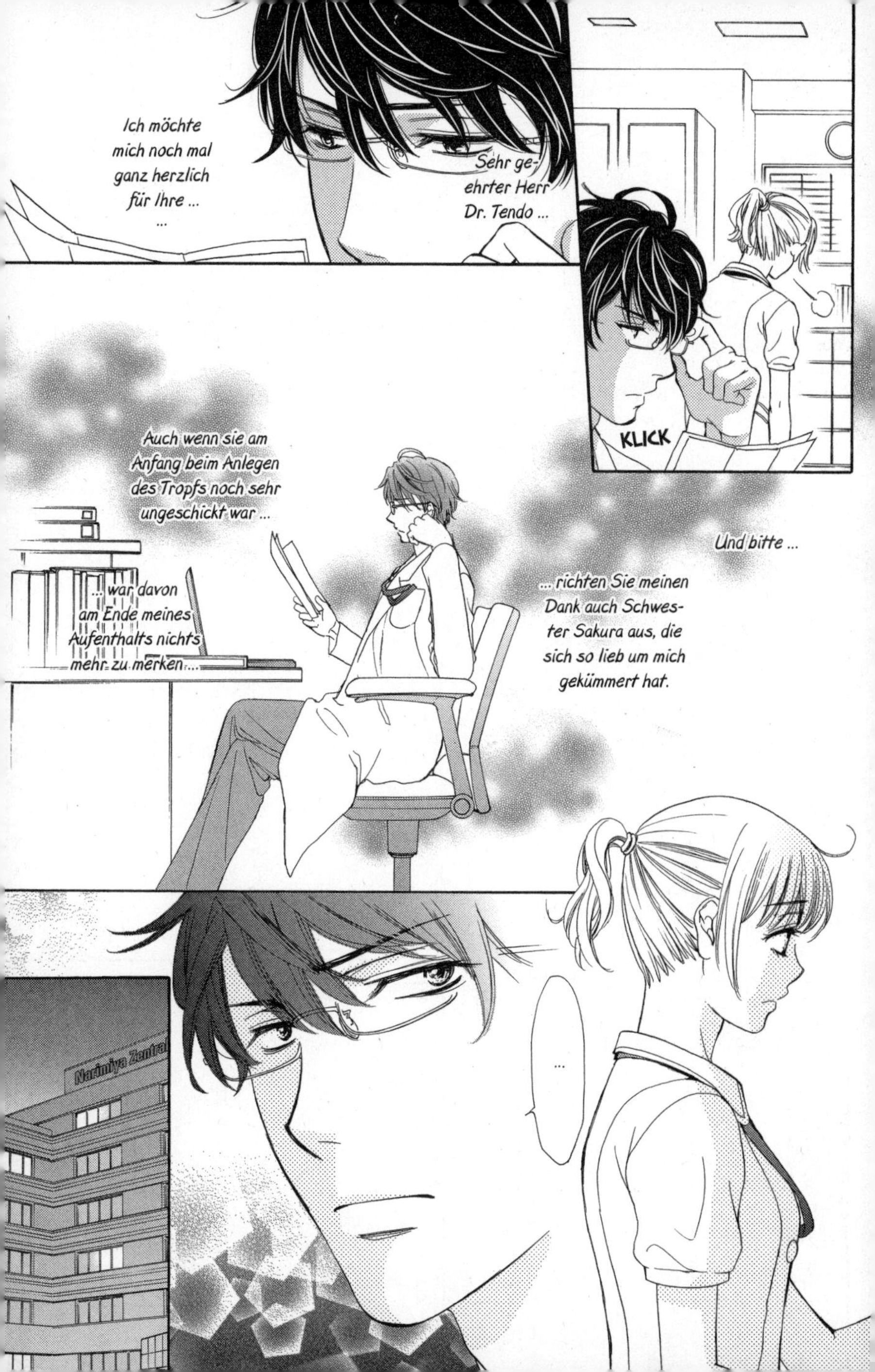

Sehr geehrter Herr Dr. Tendo ...
Ich möchte mich noch mal ganz herzlich für Ihre ... ...
KLICK
Und bitte ...
... richten Sie meinen Dank auch Schwester Sakura aus, die sich so lieb um mich gekümmert hat.
Auch wenn sie am Anfang beim Anlegen des Tropfs noch sehr ungeschickt war ...
... war davon am Ende meines Aufenthalts nichts mehr zu merken ...
...
Narimiya Zentral

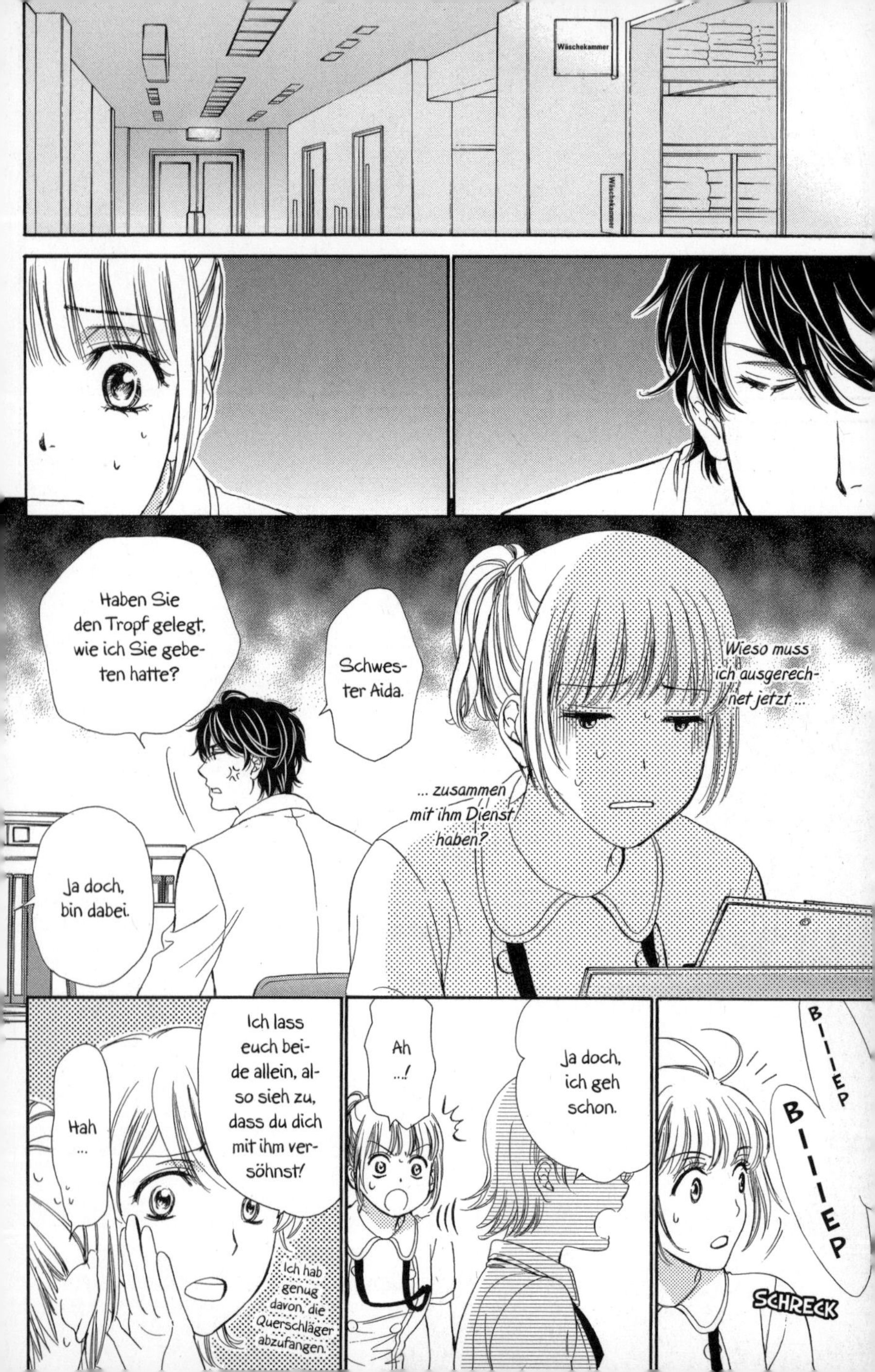
Wäschekammer
Wäschekammer
Wieso muss ich ausgerechnet jetzt ...
... zusammen mit ihm Dienst haben?
Schwester Aida.
Haben Sie den Tropf gelegt, wie ich Sie gebeten hatte?
Ja doch, bin dabei.
BIIIEP
BIIIIEP
SCHRECK
Ja doch, ich geh schon.
Ah ...!
Ich lass euch beide allein, also sieh zu, dass du dich mit ihm versöhnst!
Hah ...
Ich hab genug davon, die Querschläger abzufangen.

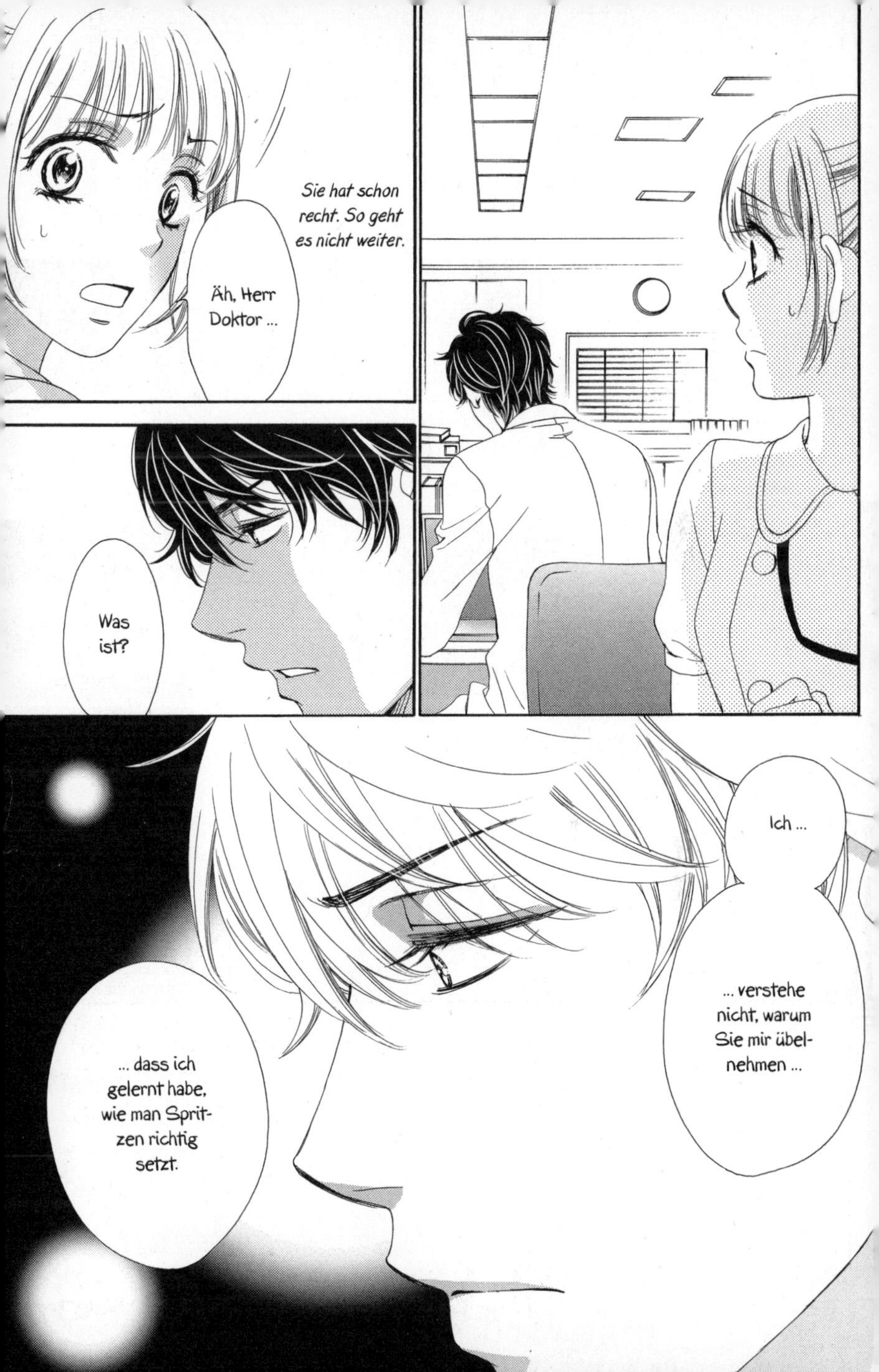
Sie hat schon recht. So geht es nicht weiter.
Äh, Herr Doktor ...
Was ist?
Ich ...
... verstehe nicht, warum Sie mir übelnehmen ...
... dass ich gelernt habe, wie man Spritzen richtig setzt.

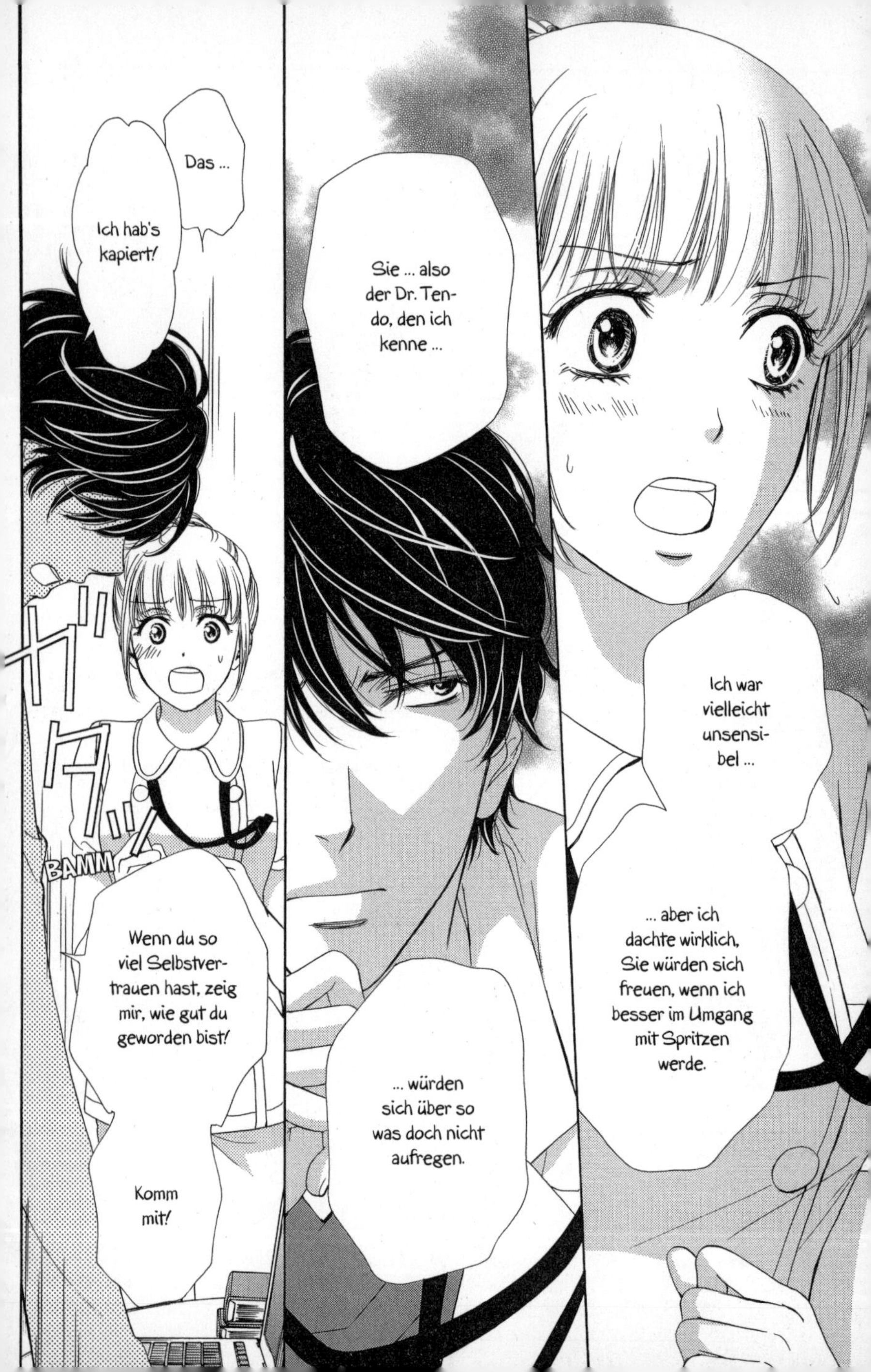
Ich war vielleicht unsensibel ...
... aber ich dachte wirklich, Sie würden sich freuen, wenn ich besser im Umgang mit Spritzen werde.
Sie ... also der Dr. Tendo, den ich kenne ...
... würden sich über so was doch nicht aufregen.
Das ...
Ich hab's kapiert!
ガタッ
BAMM
Wenn du so viel Selbstvertrauen hast, zeig mir, wie gut du geworden bist!
Komm mit!

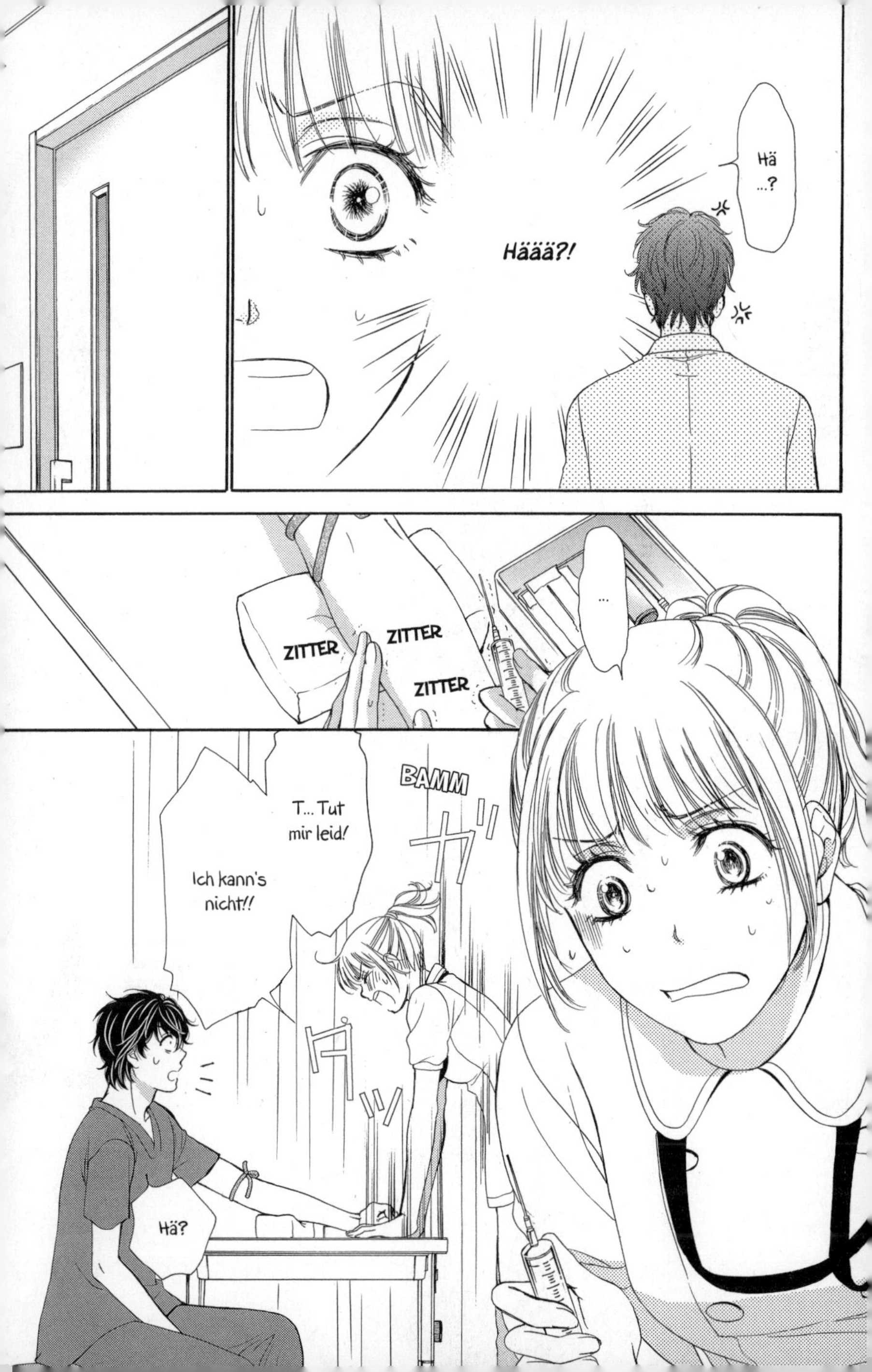
Hä ...?
Häää?!
...
ZITTER
ZITTER
ZITTER
BAMM
T... Tut mir leid!
Ich kann's nicht!!
Hä?

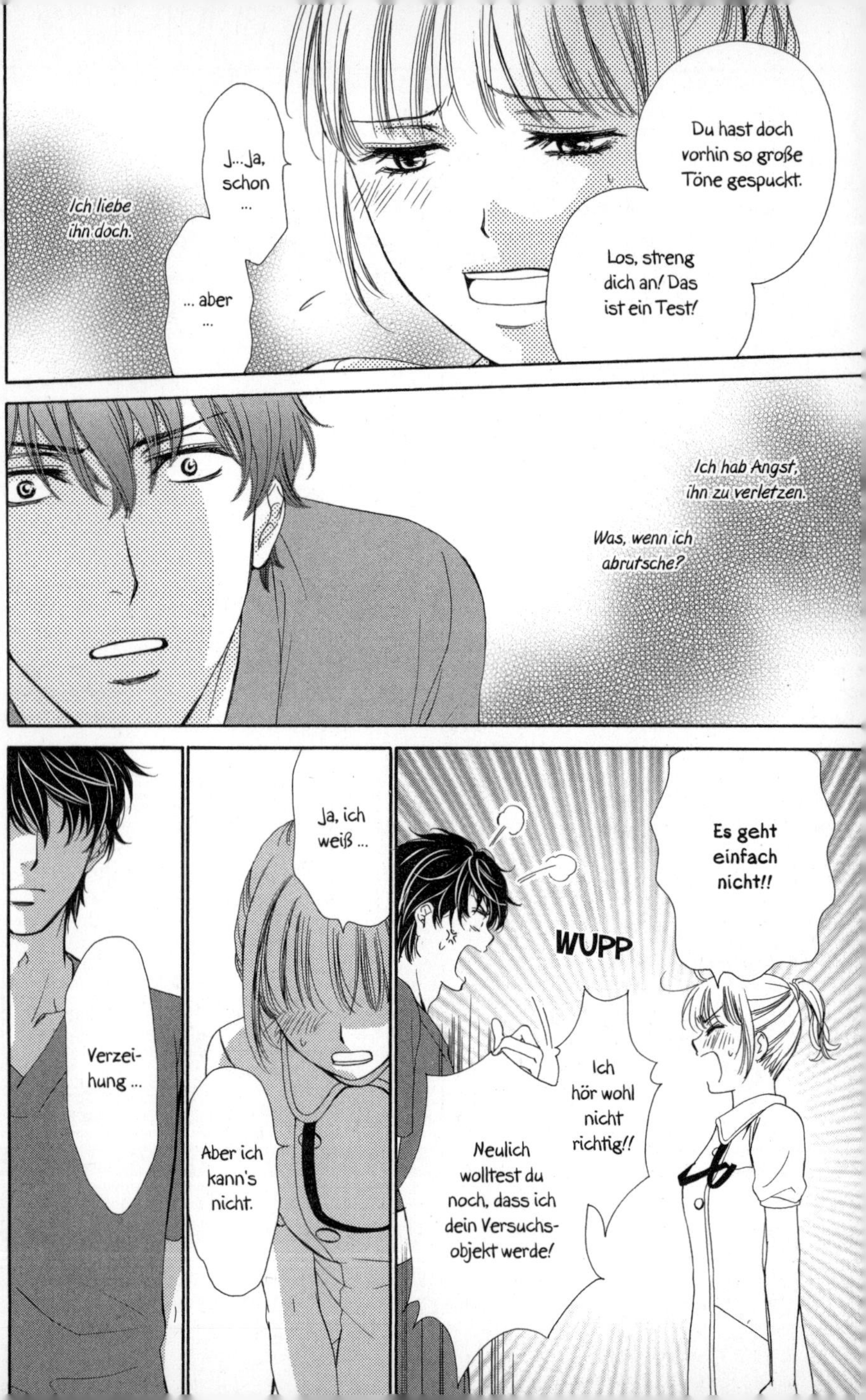

Du hast doch vorhin so große Töne gespuckt.

Los, streng dich an! Das ist ein Test!

J... Ja, schon ...

... aber ...

Ich liebe ihn doch.

Ich hab Angst, ihn zu verletzen.

Was, wenn ich abrutsche?

Es geht einfach nicht!!

WUPP

Ich hör wohl nicht richtig!!

Neulich wolltest du noch, dass ich dein Versuchsobjekt werde!

Ja, ich weiß ...

Aber ich kann's nicht.

Verzeihung ...

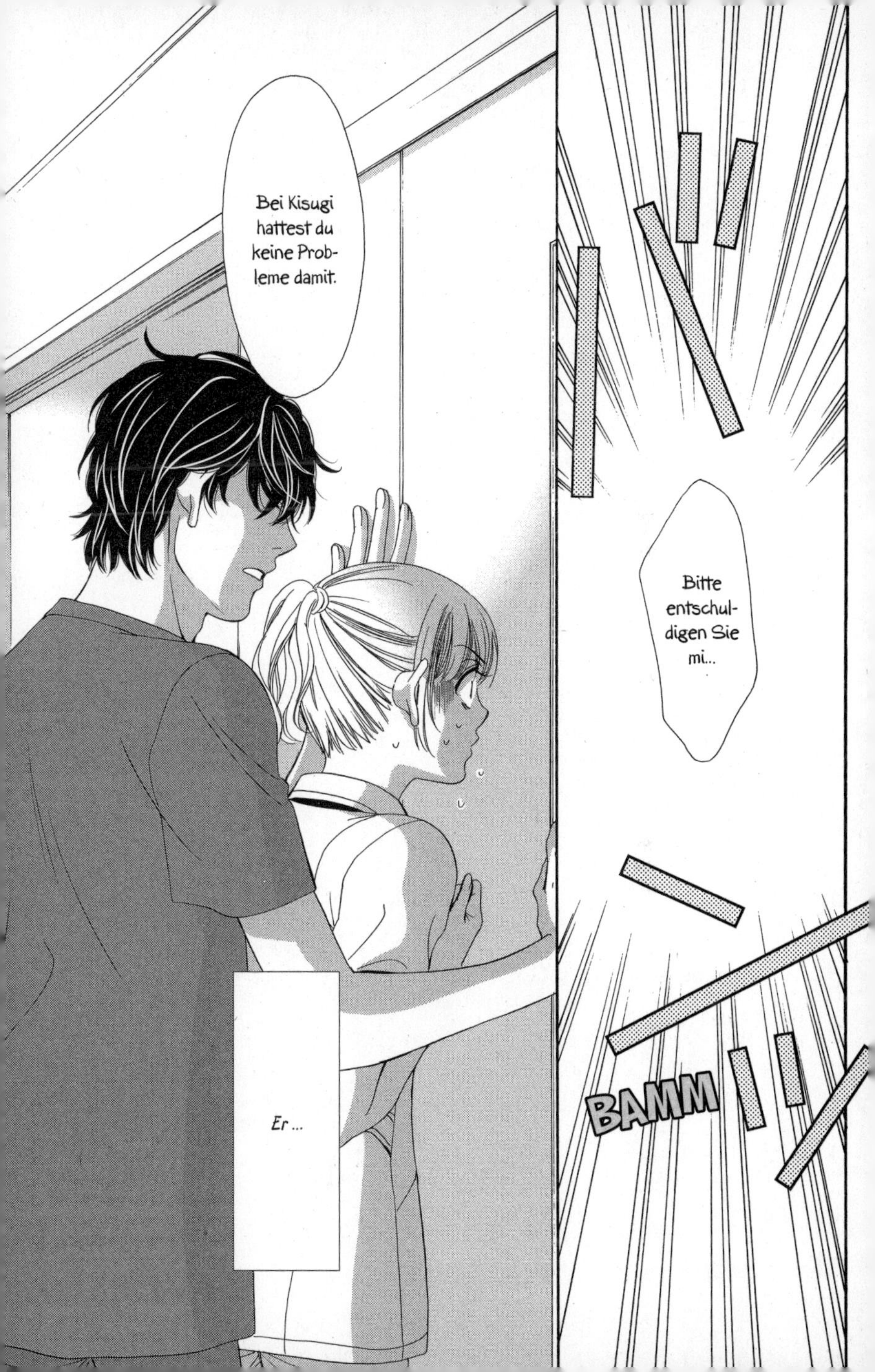
Bitte entschuldigen Sie mi...
BAMM
Bei Kisugi hattest du keine Probleme damit.
Er ...

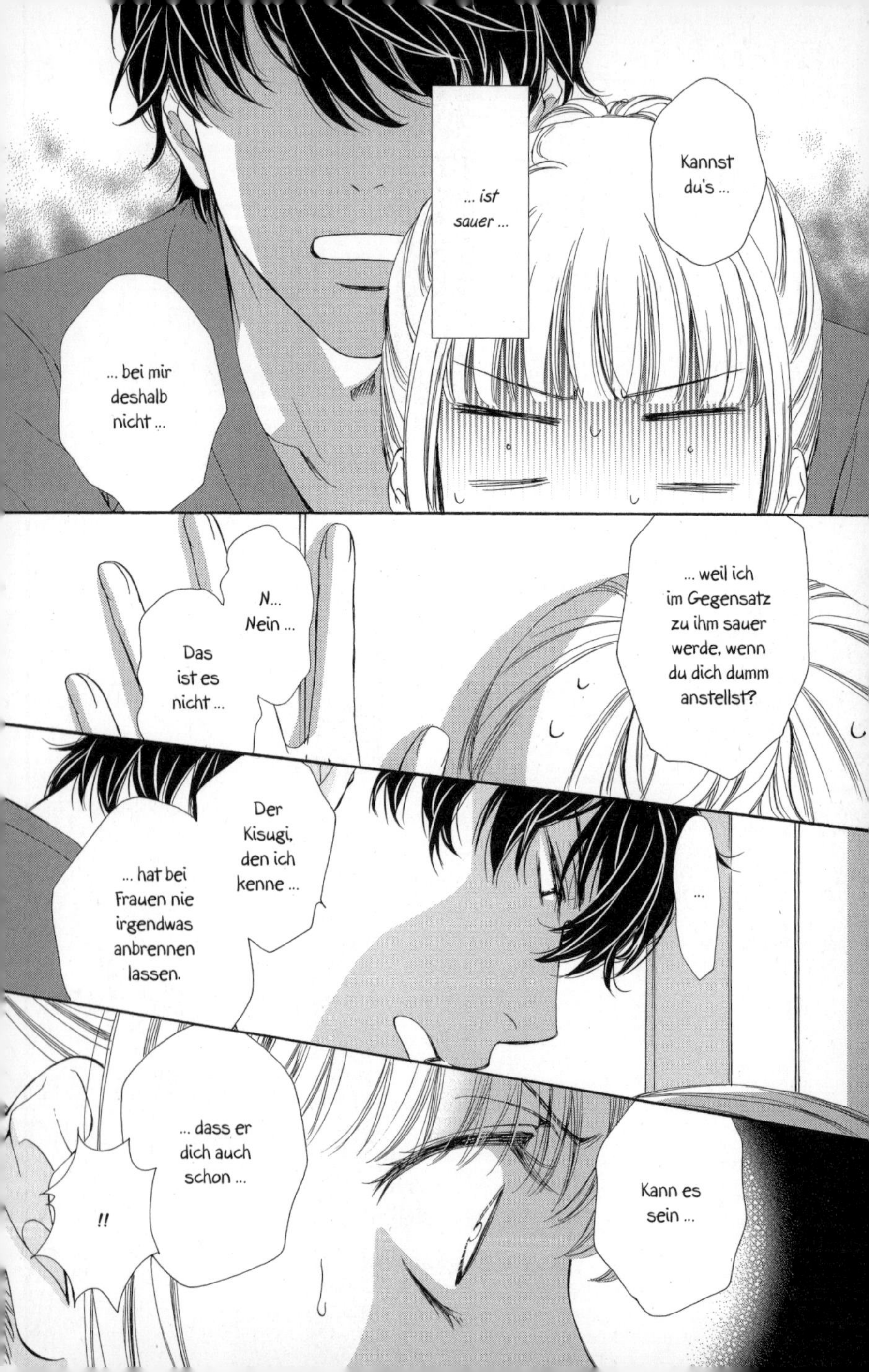
Kannst du's ...
... ist sauer ...
... bei mir deshalb nicht ...
... weil ich im Gegensatz zu ihm sauer werde, wenn du dich dumm anstellst?
N... Nein ...
Das ist es nicht ...
...
Der Kisugi, den ich kenne ...
... hat bei Frauen nie irgendwas anbrennen lassen.
Kann es sein ...
... dass er dich auch schon ...
!!

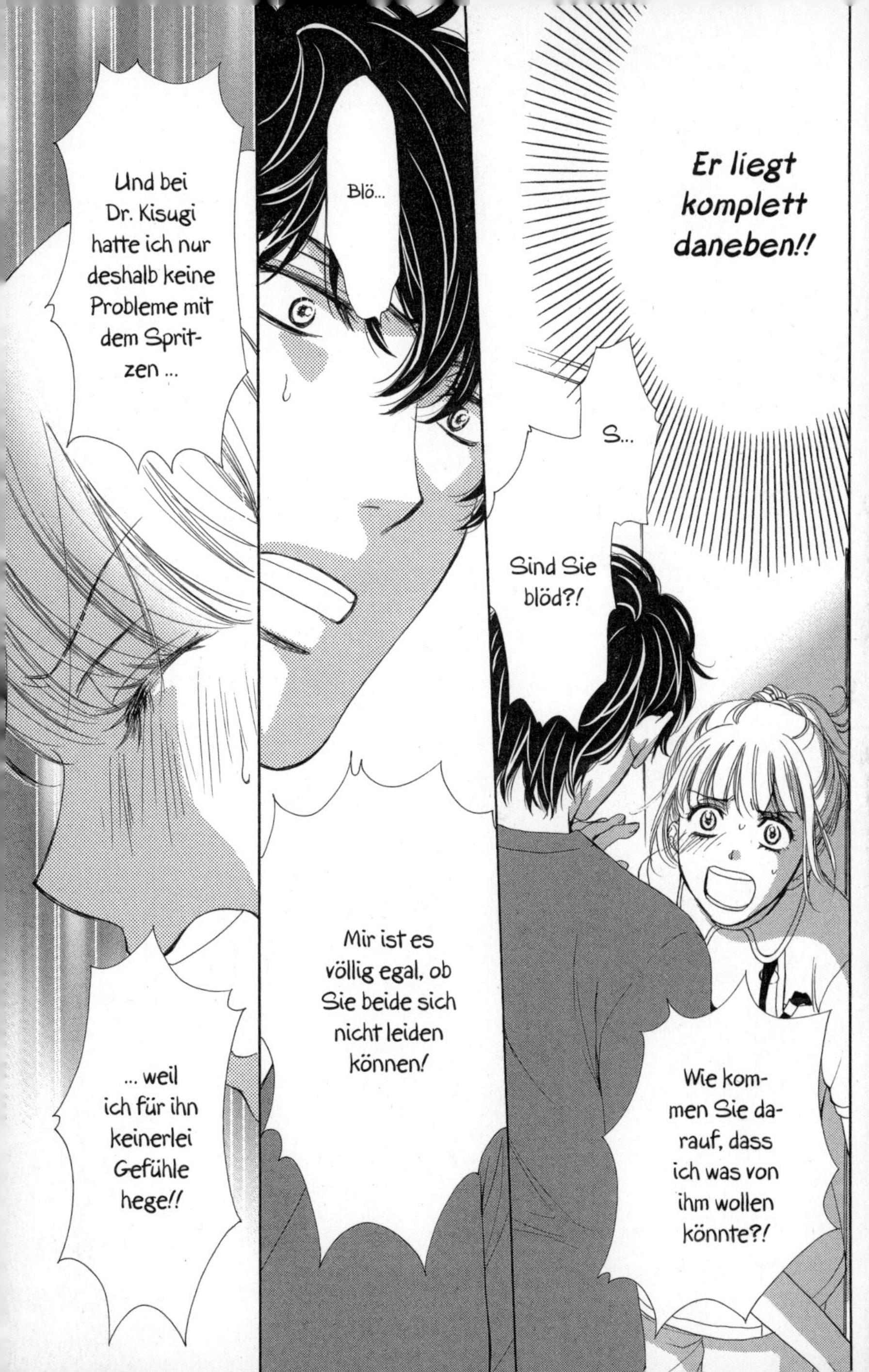
Er liegt komplett daneben!!
S...
Sind Sie blöd?!
Wie kommen Sie darauf, dass ich was von ihm wollen könnte?!
Blö...
Mir ist es völlig egal, ob Sie beide sich nicht leiden können!
Und bei Dr. Kisugi hatte ich nur deshalb keine Probleme mit dem Spritzen ...
... weil ich für ihn keinerlei Gefühle hege!!

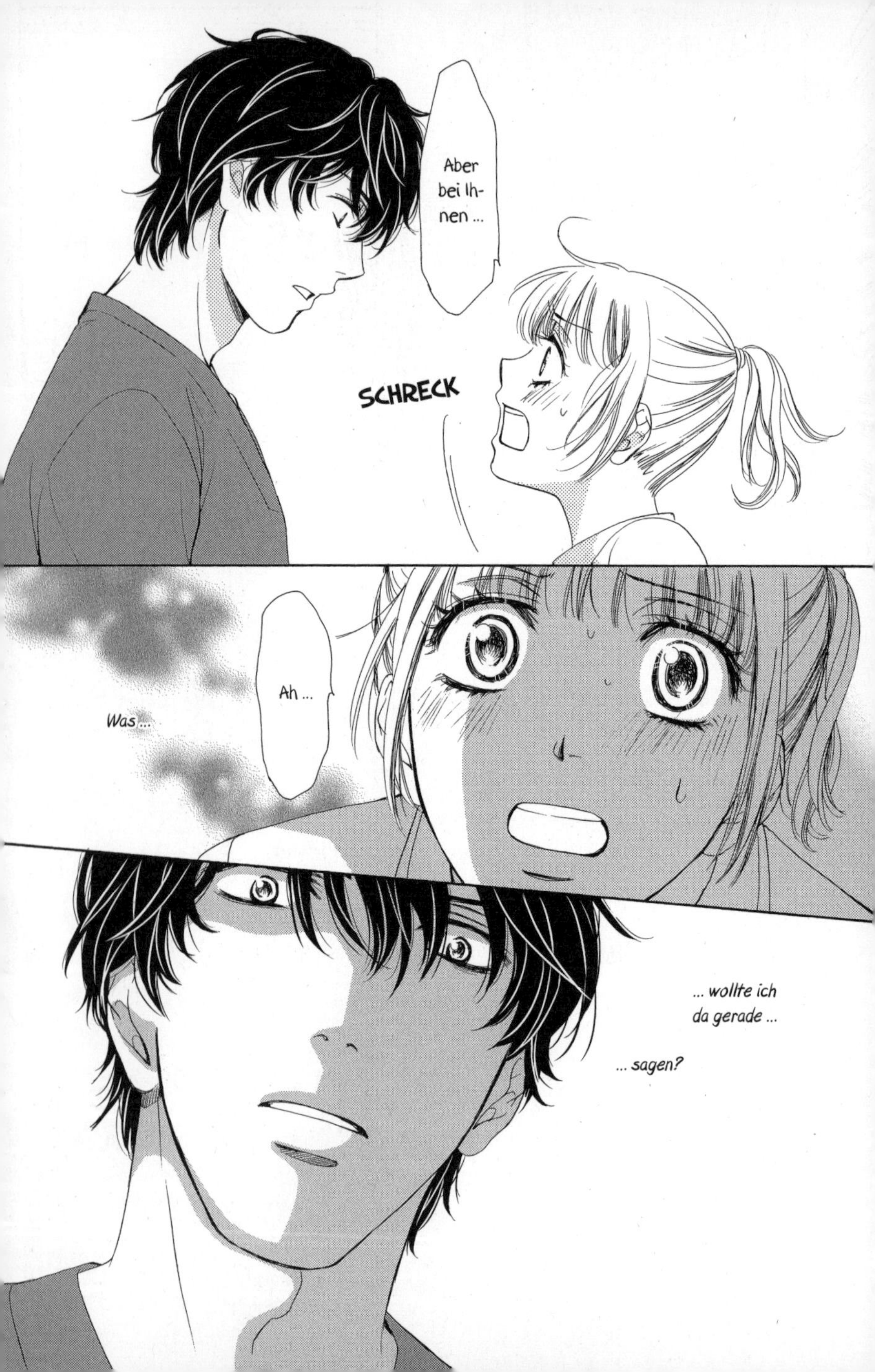
Aber bei Ihnen ...
SCHRECK
Ah ...
Was ...
... wollte ich da gerade ...
... sagen?

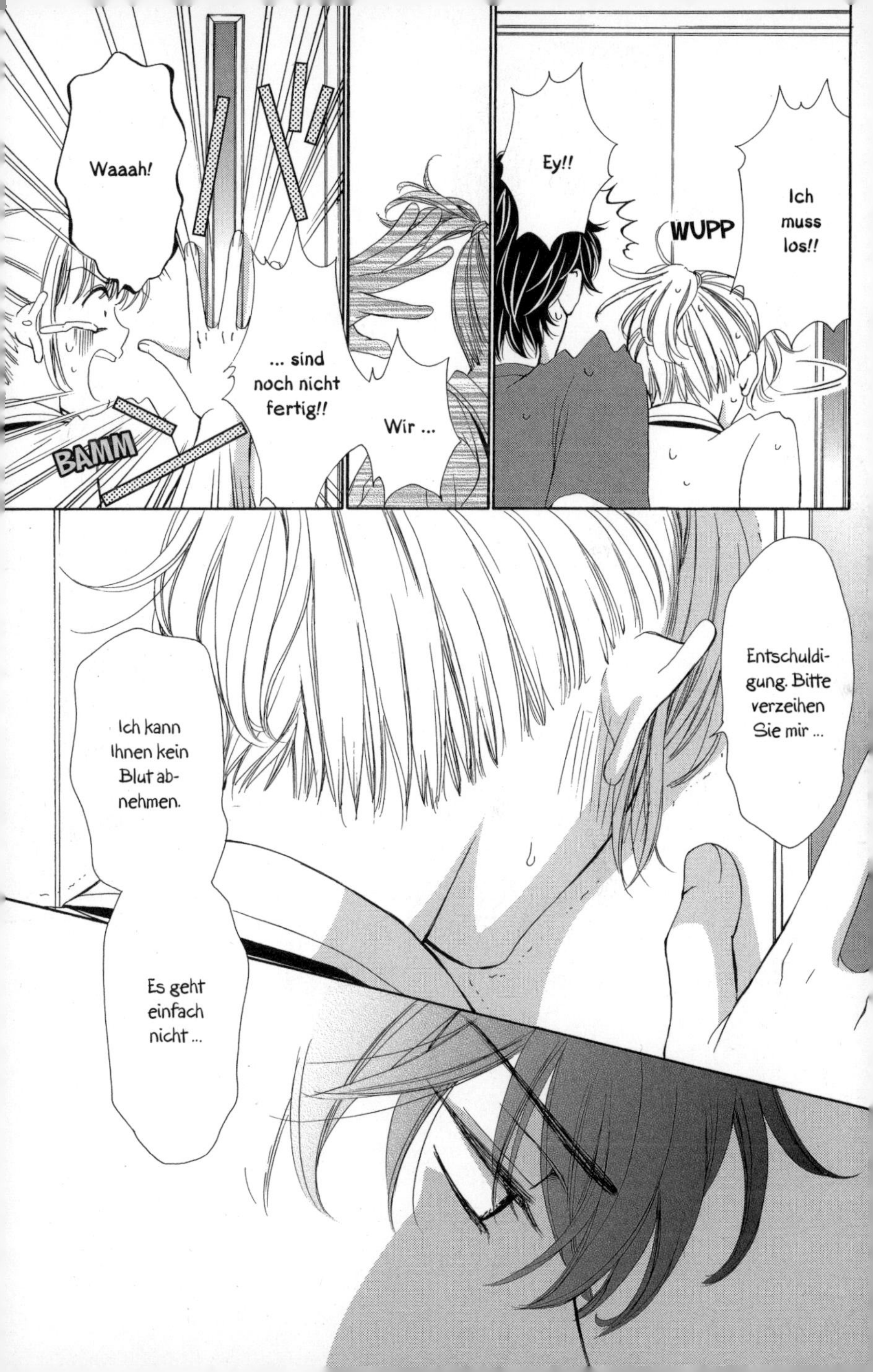
Ich muss los!!
WUPP
Ey!!
Wir ...
... sind noch nicht fertig!!
BAMM
Waaah!
Entschuldigung. Bitte verzeihen Sie mir ...
Ich kann Ihnen kein Blut abnehmen.
Es geht einfach nicht ...

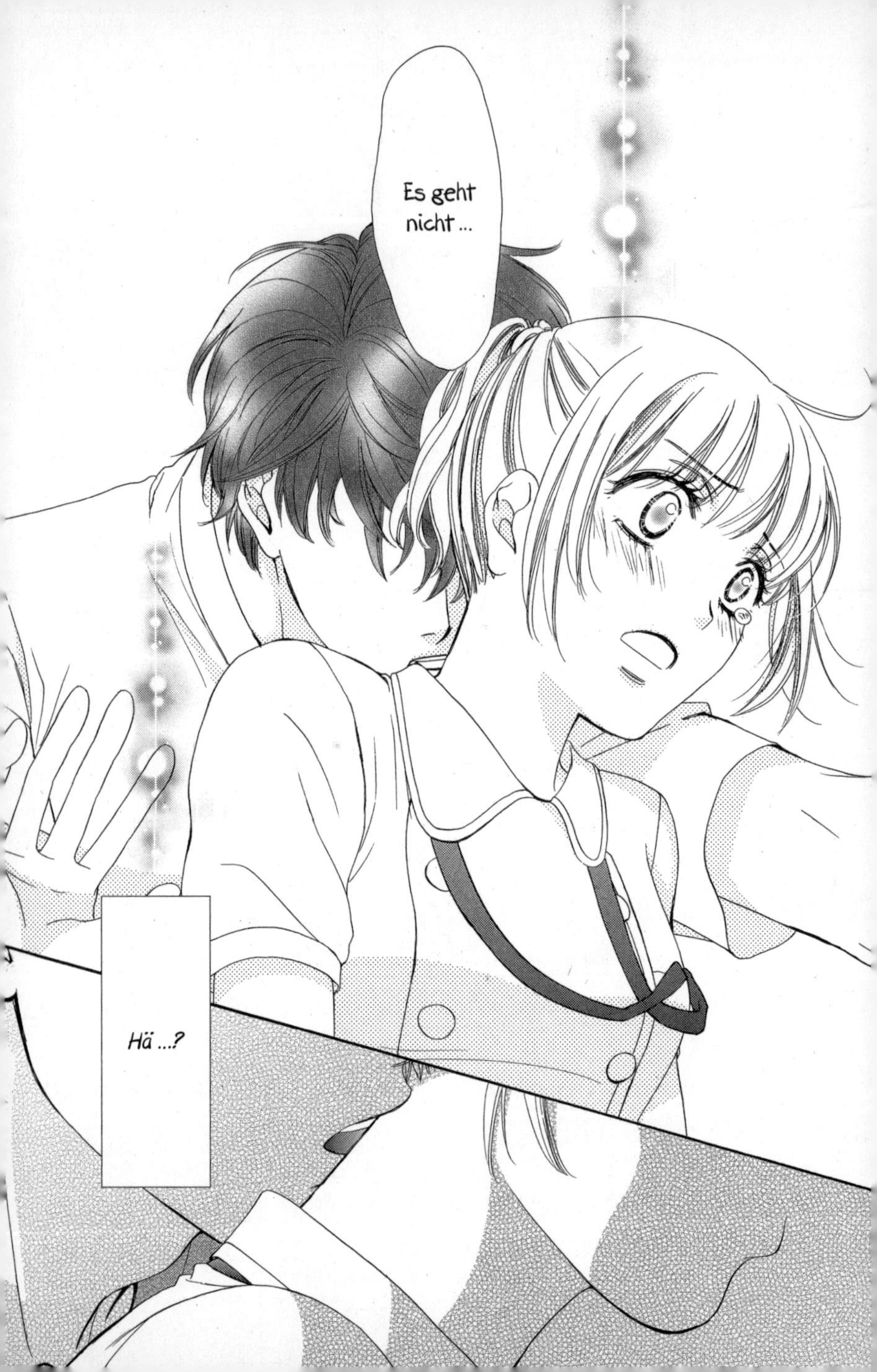
Es geht nicht ...
Hä ...?

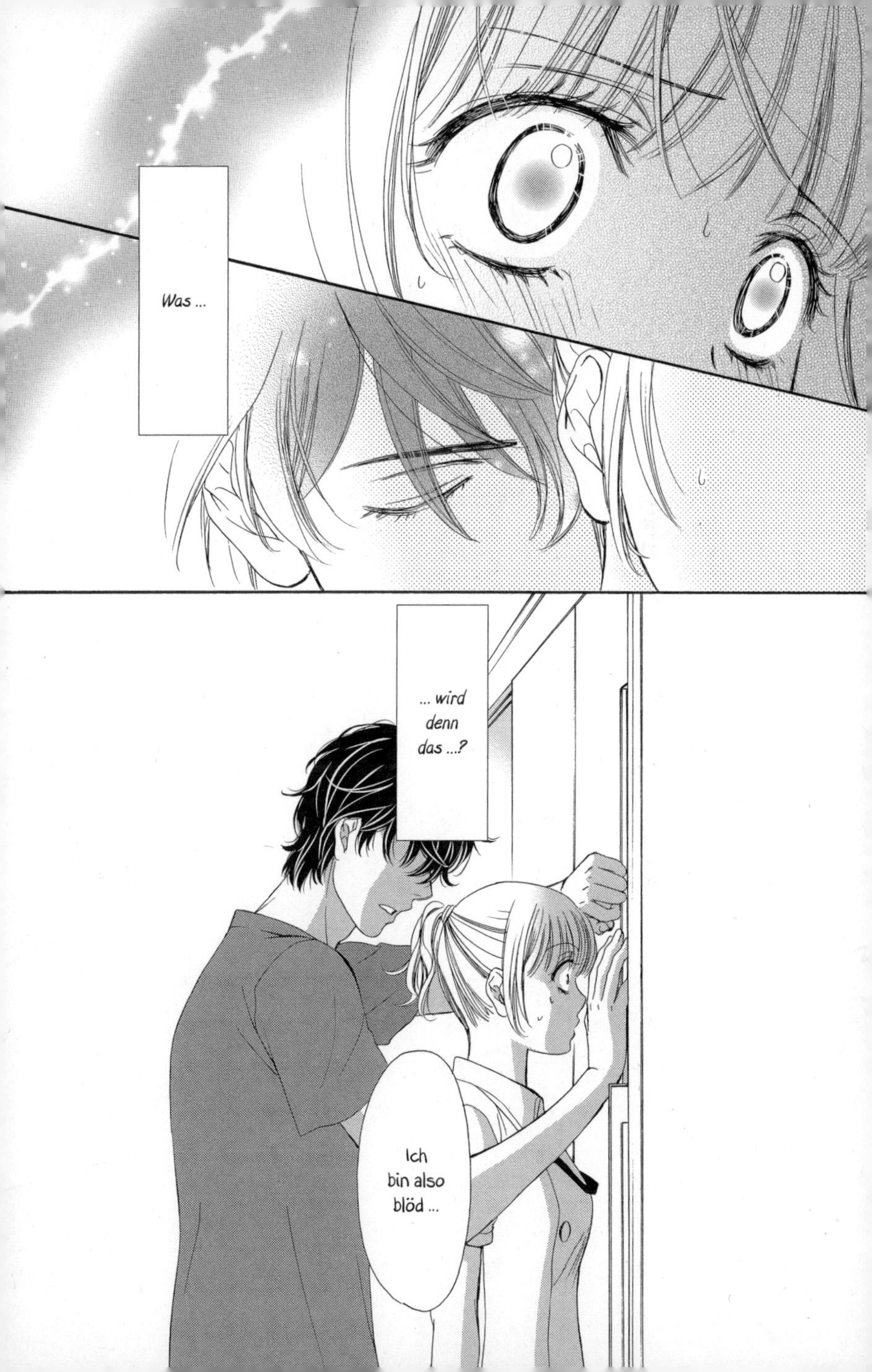
Was ...
... wird denn das ...?
Ich bin also blöd ...

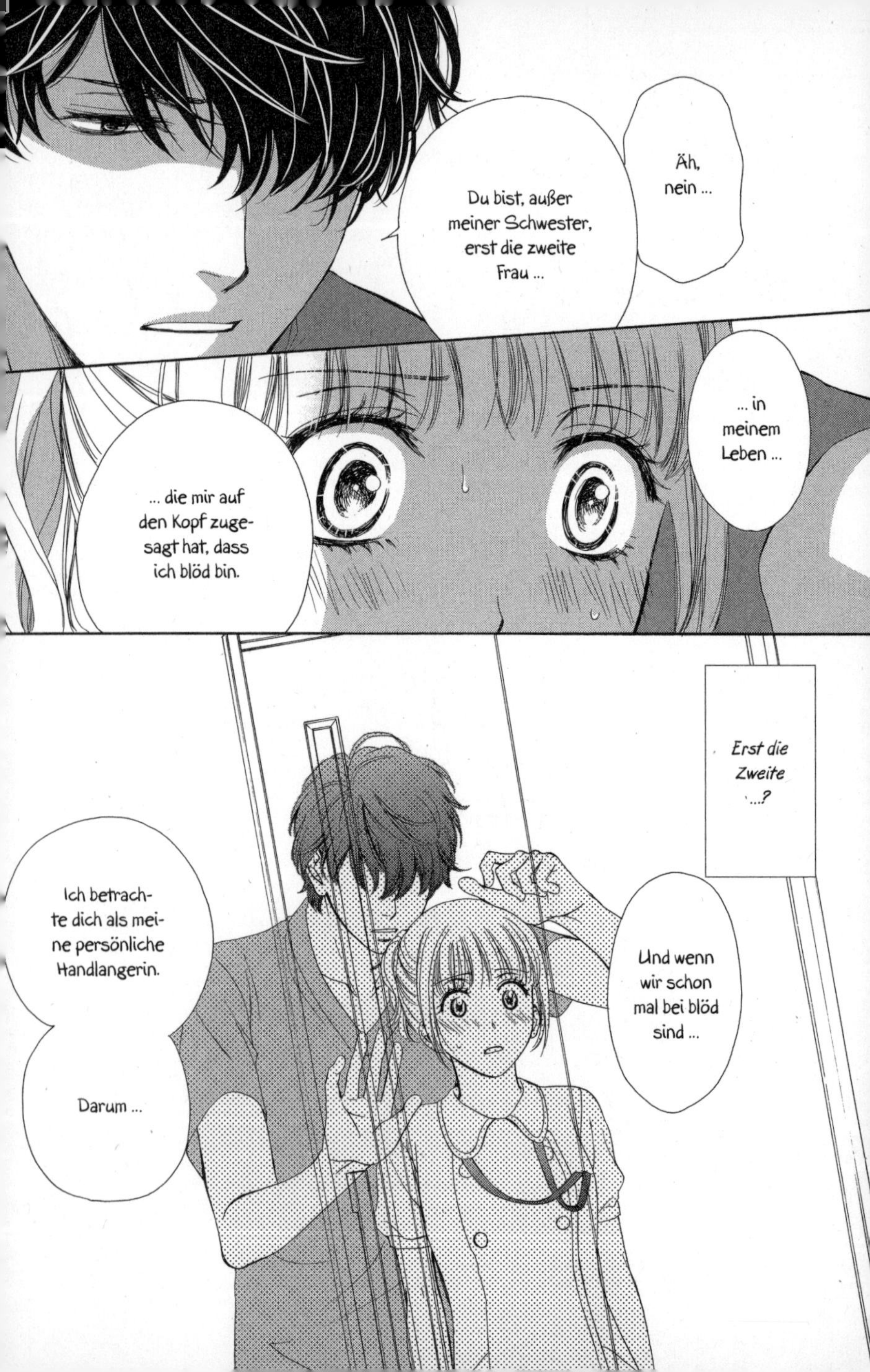
Äh, nein ...
Du bist, außer meiner Schwester, erst die zweite Frau ...
... in meinem Leben ...
... die mir auf den Kopf zugesagt hat, dass ich blöd bin.
Erst die Zweite ...?
Und wenn wir schon mal bei blöd sind ...
Ich betrachte dich als meine persönliche Handlangerin.
Darum ...

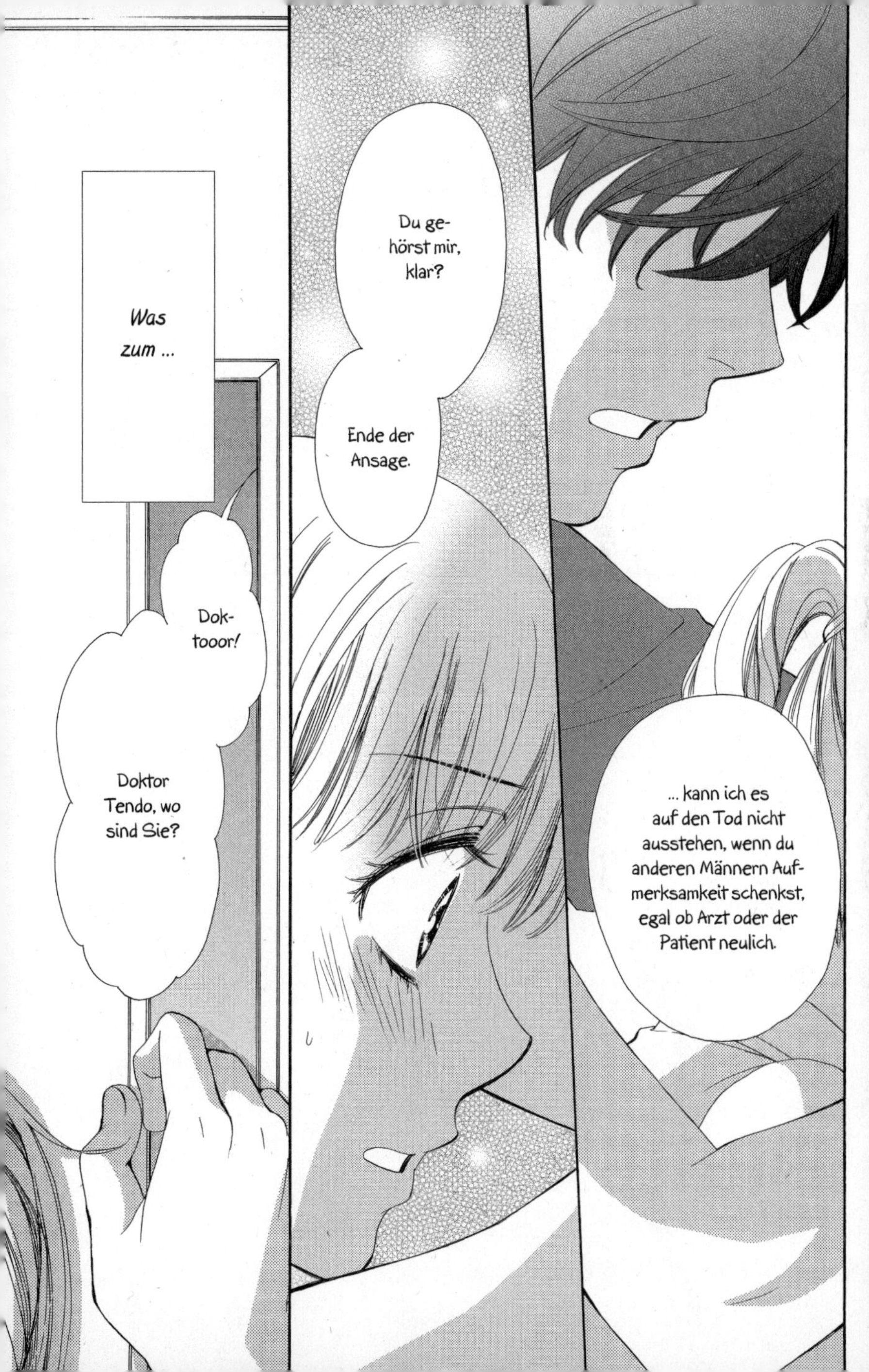
... kann ich es auf den Tod nicht ausstehen, wenn du anderen Männern Aufmerksamkeit schenkst, egal ob Arzt oder der Patient neulich.
Du gehörst mir, klar?
Ende der Ansage.
Was zum ...
Doktooor!
Doktor Tendo, wo sind Sie?

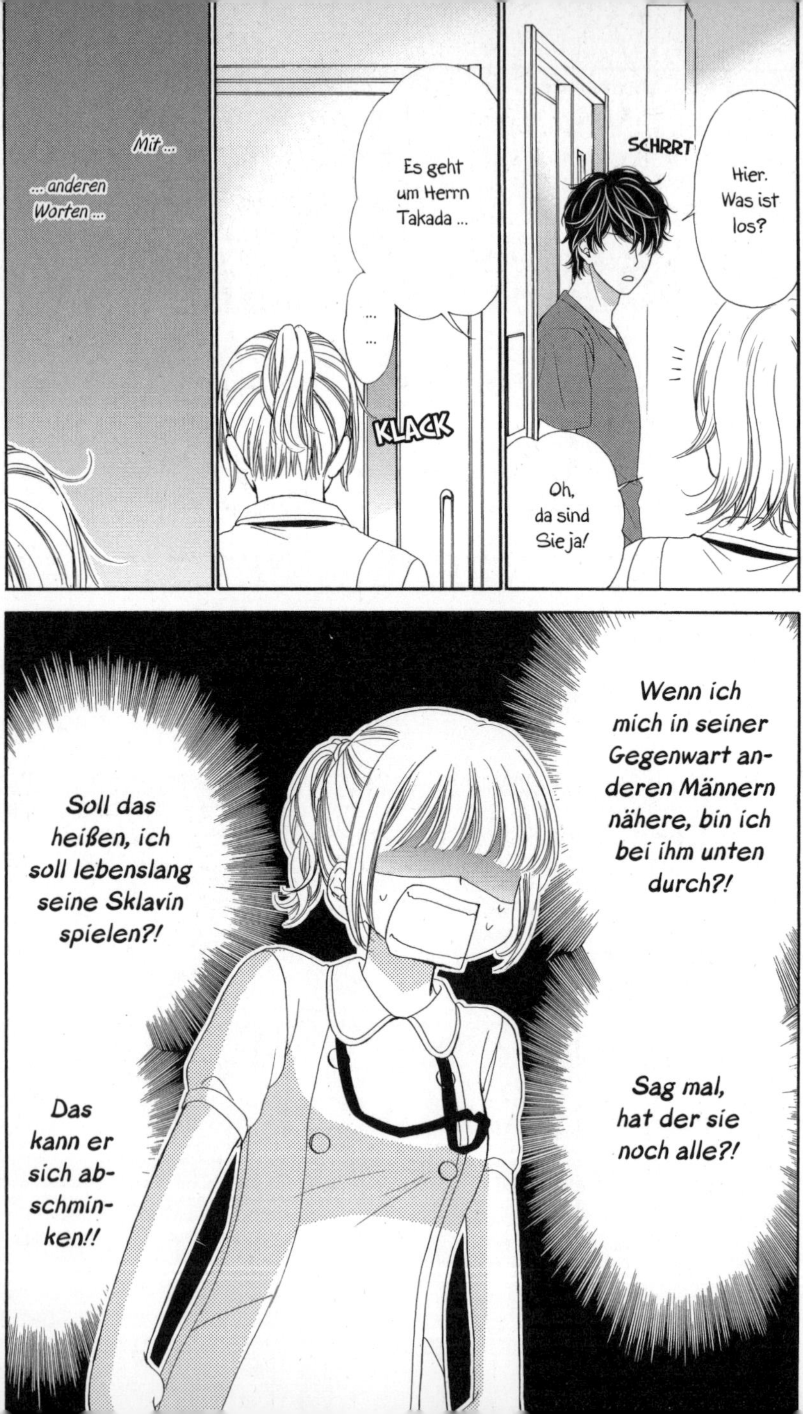

SCHRRT

Hier. Was ist los?

Oh, da sind Sie ja!

Es geht um Herrn Takada ...

... ...

KLACK

Mit ...

... anderen Worten ...

Wenn ich mich in seiner Gegenwart anderen Männern nähere, bin ich bei ihm unten durch?!

Soll das heißen, ich soll lebenslang seine Sklavin spielen?!

Sag mal, hat der sie noch alle?!

Das kann er sich abschminken!!

»Darum kann ich
es auf den Tod nicht
ausstehen, wenn du an-
deren Männern Aufmerk-
samkeit schenkst.«

»Du gehörst
mir, klar?«

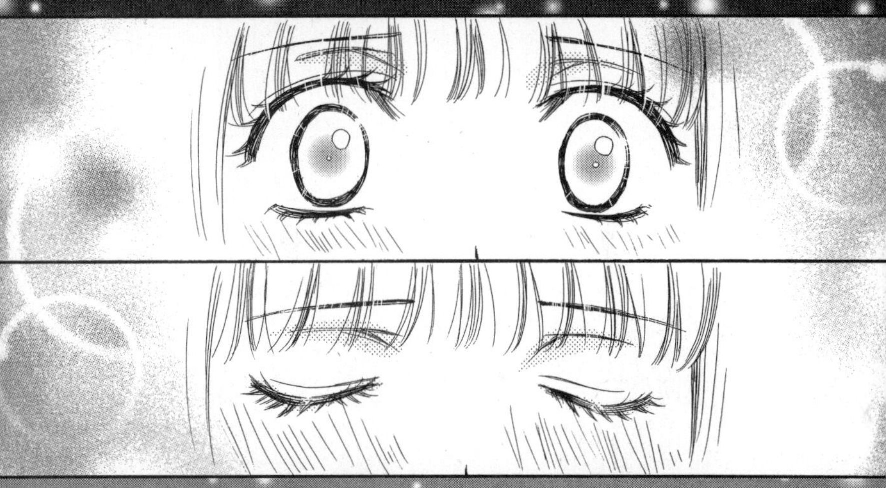

Ich muss wirklich
nicht ganz dicht sein,
dass ich mich über so
ein Statement freue.

Ich bin so
blöd ...

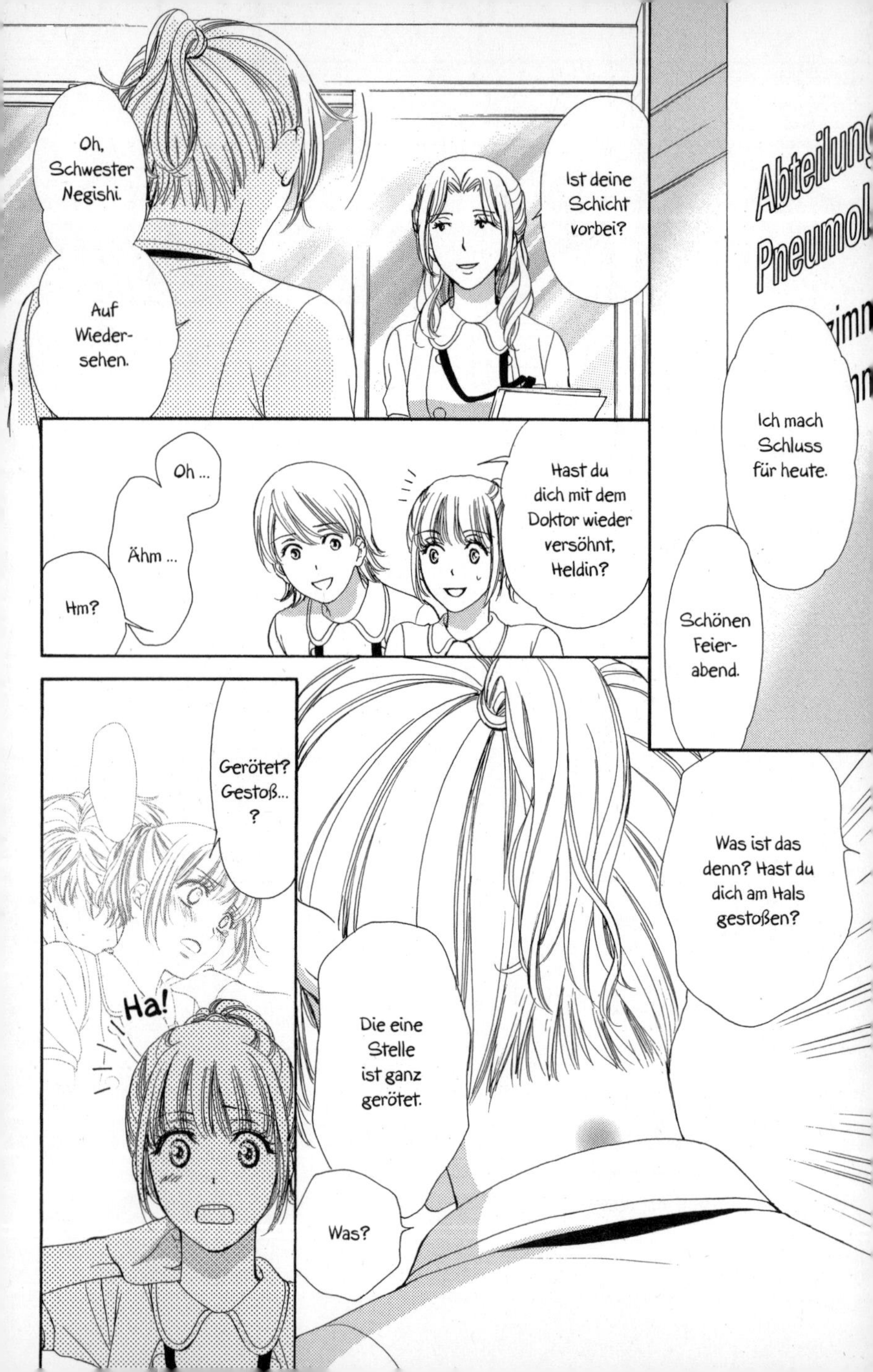
Abteilung
Pneumol
Ist deine Schicht vorbei?
Oh, Schwester Negishi.
Ich mach Schluss für heute.
Schönen Feierabend.
Auf Wiedersehen.
Hast du dich mit dem Doktor wieder versöhnt, Heldin?
Oh ...
Ähm ...
Hm?
Was ist das denn? Hast du dich am Hals gestoßen?
Die eine Stelle ist ganz gerötet.
Was?
Gerötet? Gestoß... ?
Ha!

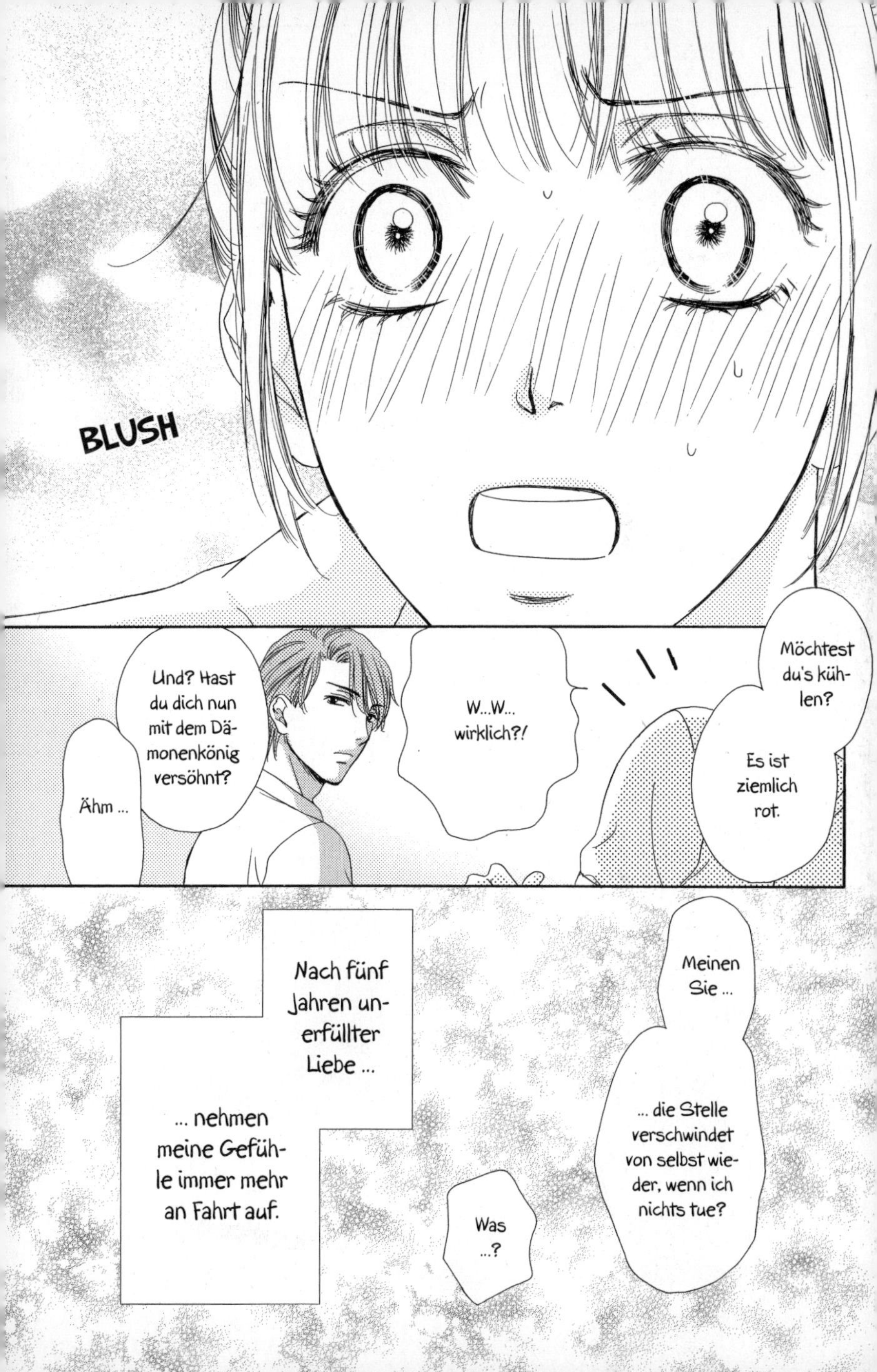
BLUSH
Möchtest du's kühlen?
Es ist ziemlich rot.
W...W... wirklich?!
Und? Hast du dich nun mit dem Dämonenkönig versöhnt?
Ähm ...
Meinen Sie ...
... die Stelle verschwindet von selbst wieder, wenn ich nichts tue?
Was ...?
Nach fünf Jahren unerfüllter Liebe ...
... nehmen meine Gefühle immer mehr an Fahrt auf.

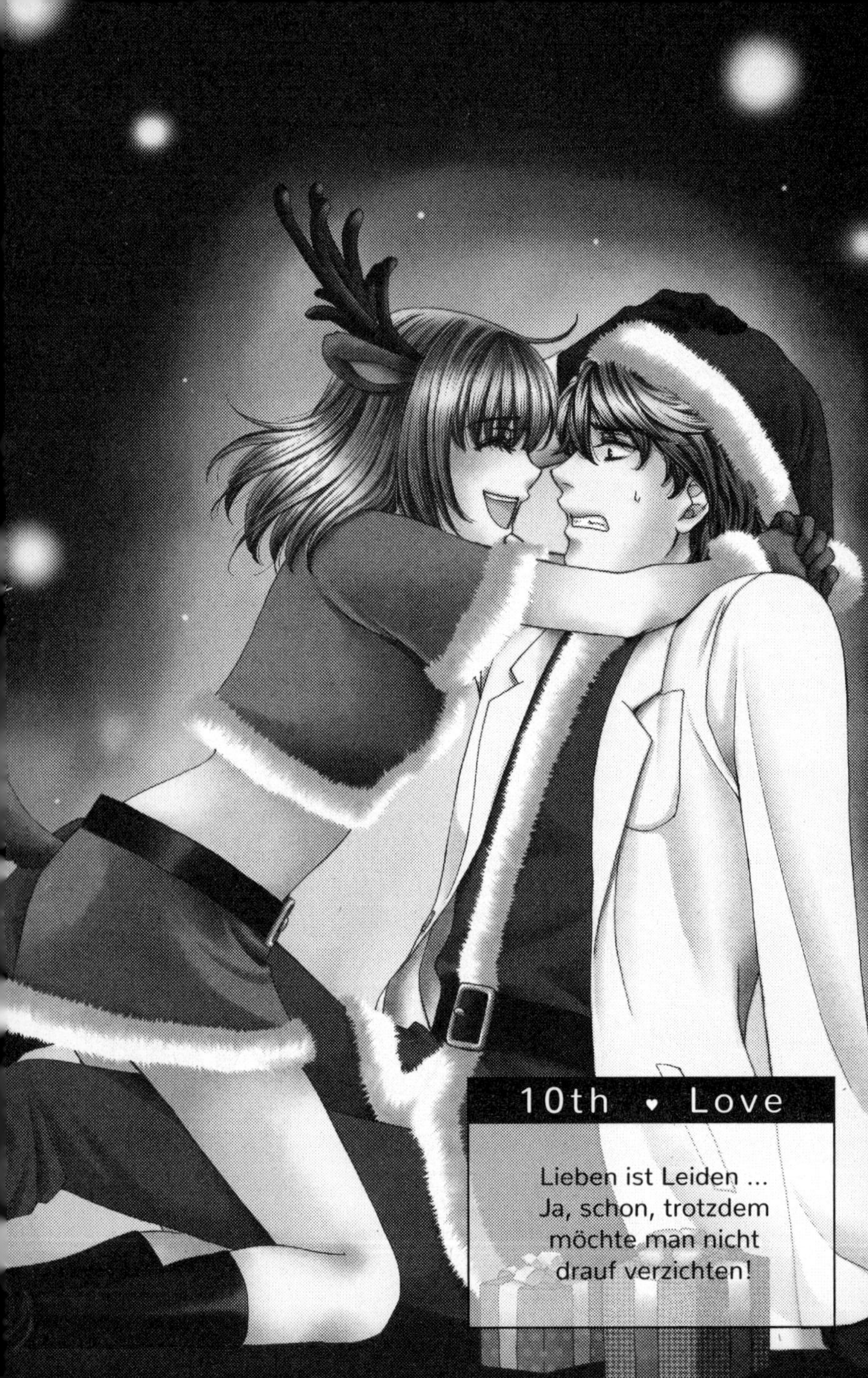
10th ♥ Love
Lieben ist Leiden ...
Ja, schon, trotzdem
möchte man nicht
drauf verzichten!

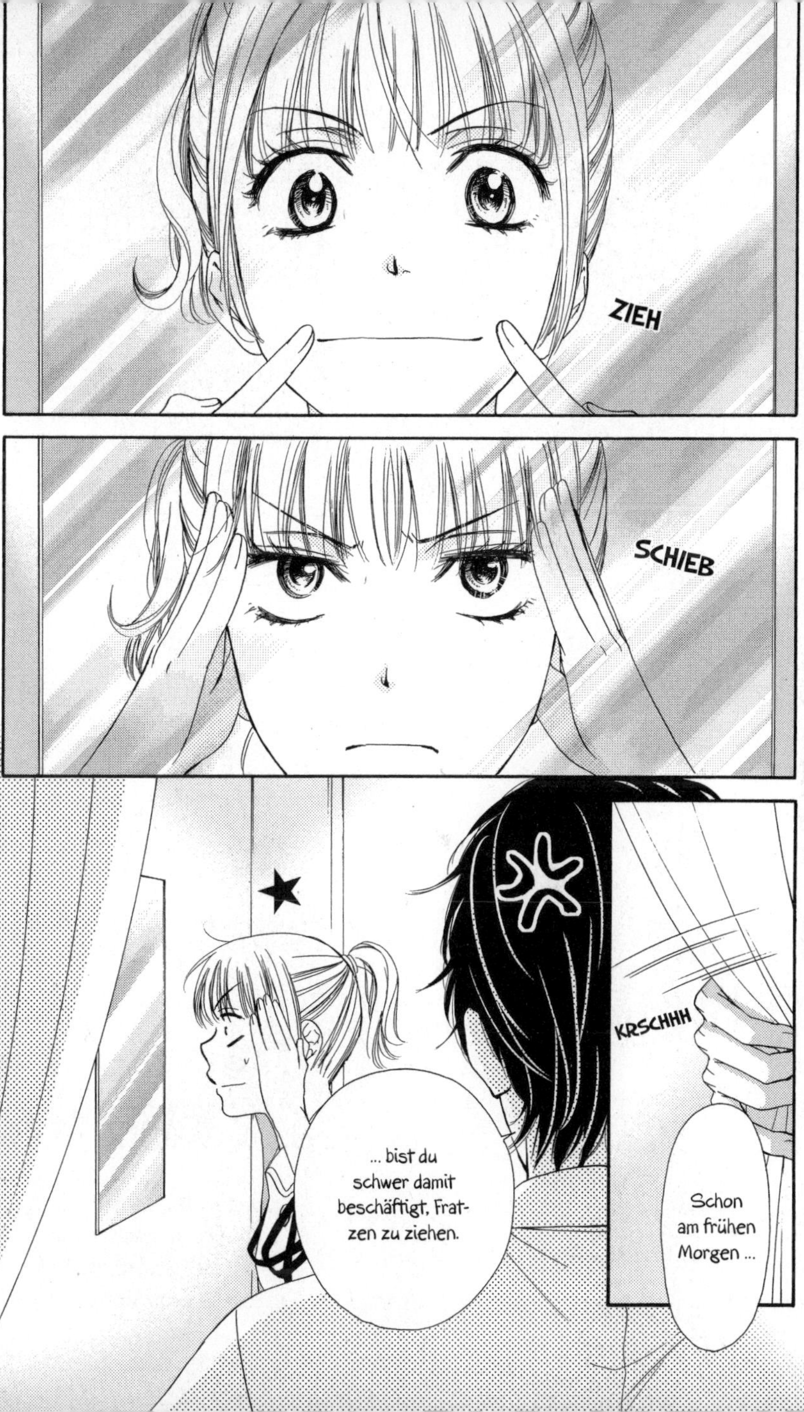

ZIEH

SCHIEB

KRSCHHH

Schon am frühen Morgen ...

... bist du schwer damit beschäftigt, Frat-zen zu ziehen.

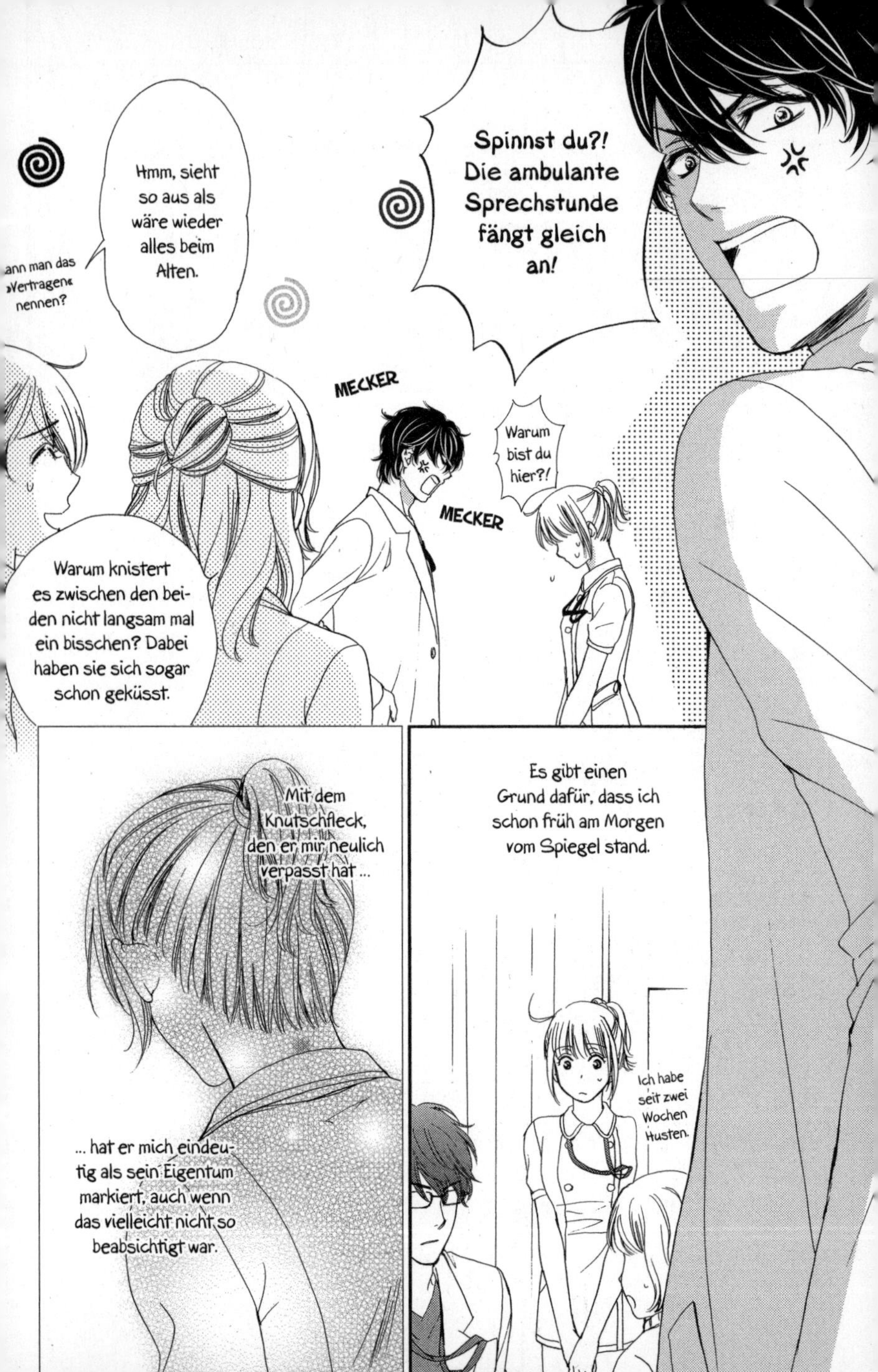
Spinnst du?! Die ambulante Sprechstunde fängt gleich an!
Hmm, sieht so aus als wäre wieder alles beim Alten.
ann man das »Vertragen« nennen?
Warum bist du hier?!
MECKER
MECKER
Warum knistert es zwischen den beiden nicht langsam mal ein bisschen? Dabei haben sie sich sogar schon geküsst.
Es gibt einen Grund dafür, dass ich schon früh am Morgen vom Spiegel stand.
Ich habe seit zwei Wochen Husten.
Mit dem Knutschfleck, den er mir neulich verpasst hat ...
... hat er mich eindeutig als sein Eigentum markiert, auch wenn das vielleicht nicht so beabsichtigt war.

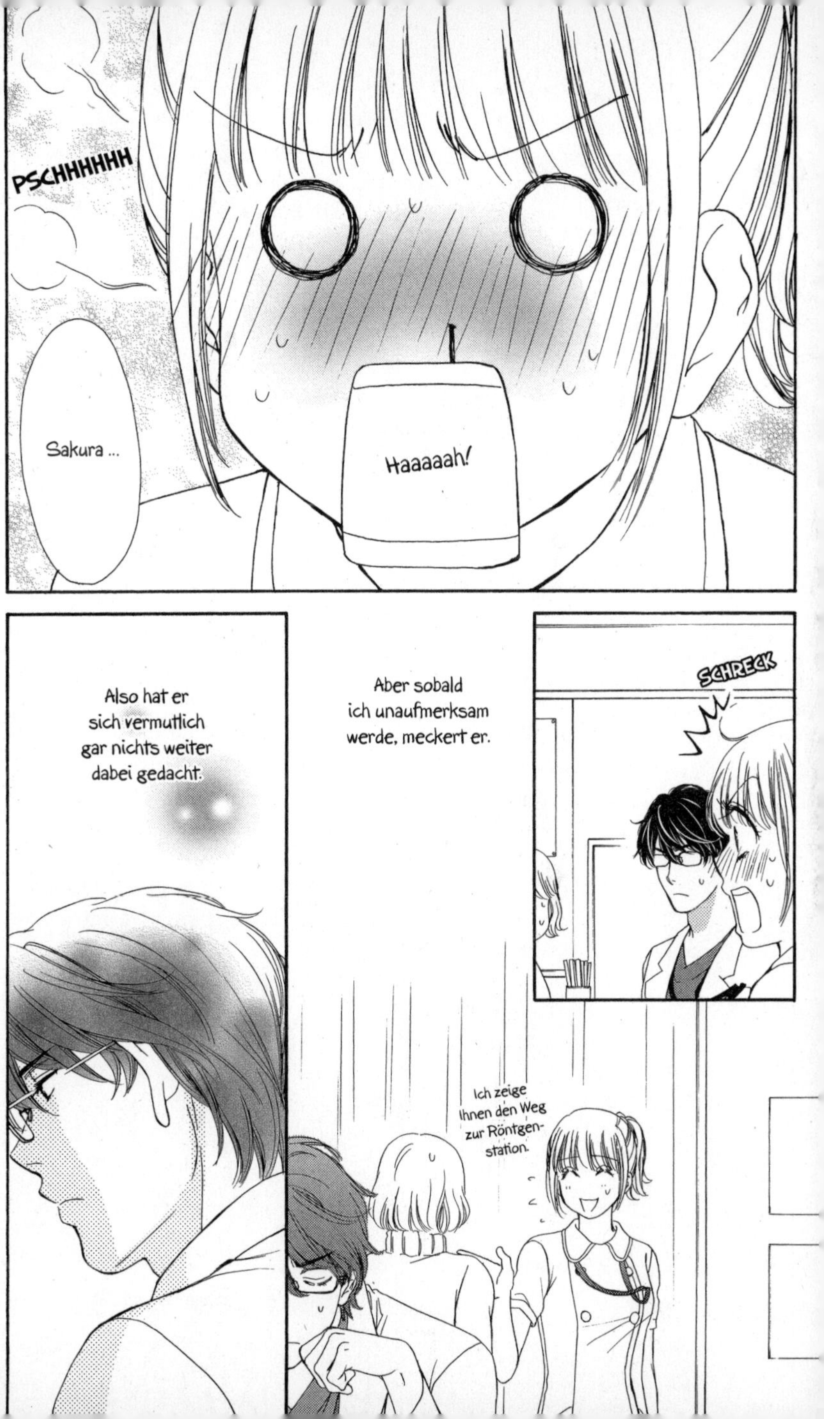

PSCHHHHHH

Haaaaah!

Sakura ...

SCHRECK

Aber sobald ich unaufmerksam werde, meckert er.

Ich zeige Ihnen den Weg zur Röntgen-station.

Also hat er sich vermutlich gar nichts weiter dabei gedacht.

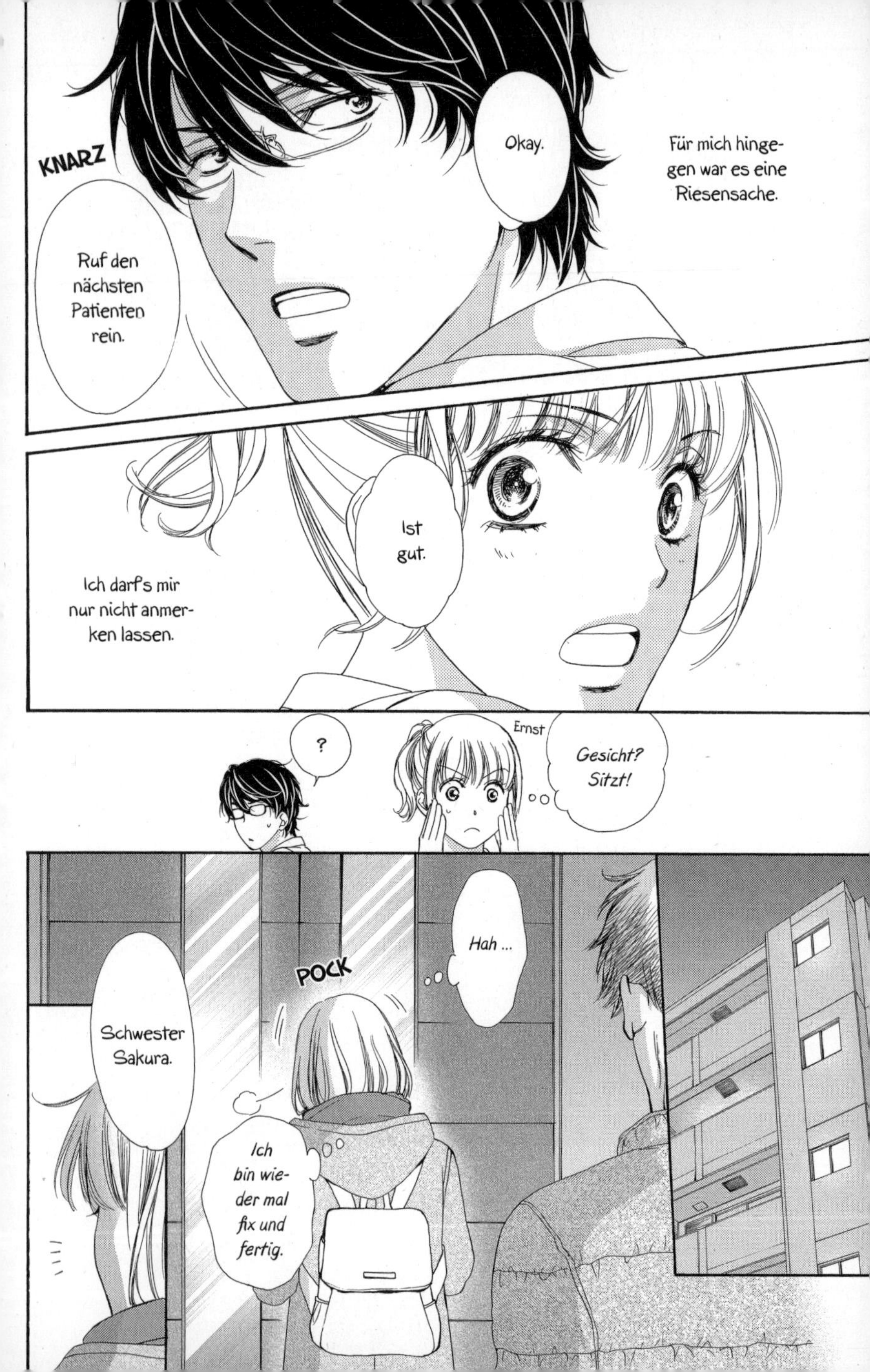
Für mich hingegen war es eine Riesensache.
Okay.
Ruf den nächsten Patienten rein.
KNARZ
Ist gut.
Ich darf's mir nur nicht anmerken lassen.
Ernst
Gesicht? Sitzt!
?
Hah ...
POCK
Schwester Sakura.
Ich bin wieder mal fix und fertig.

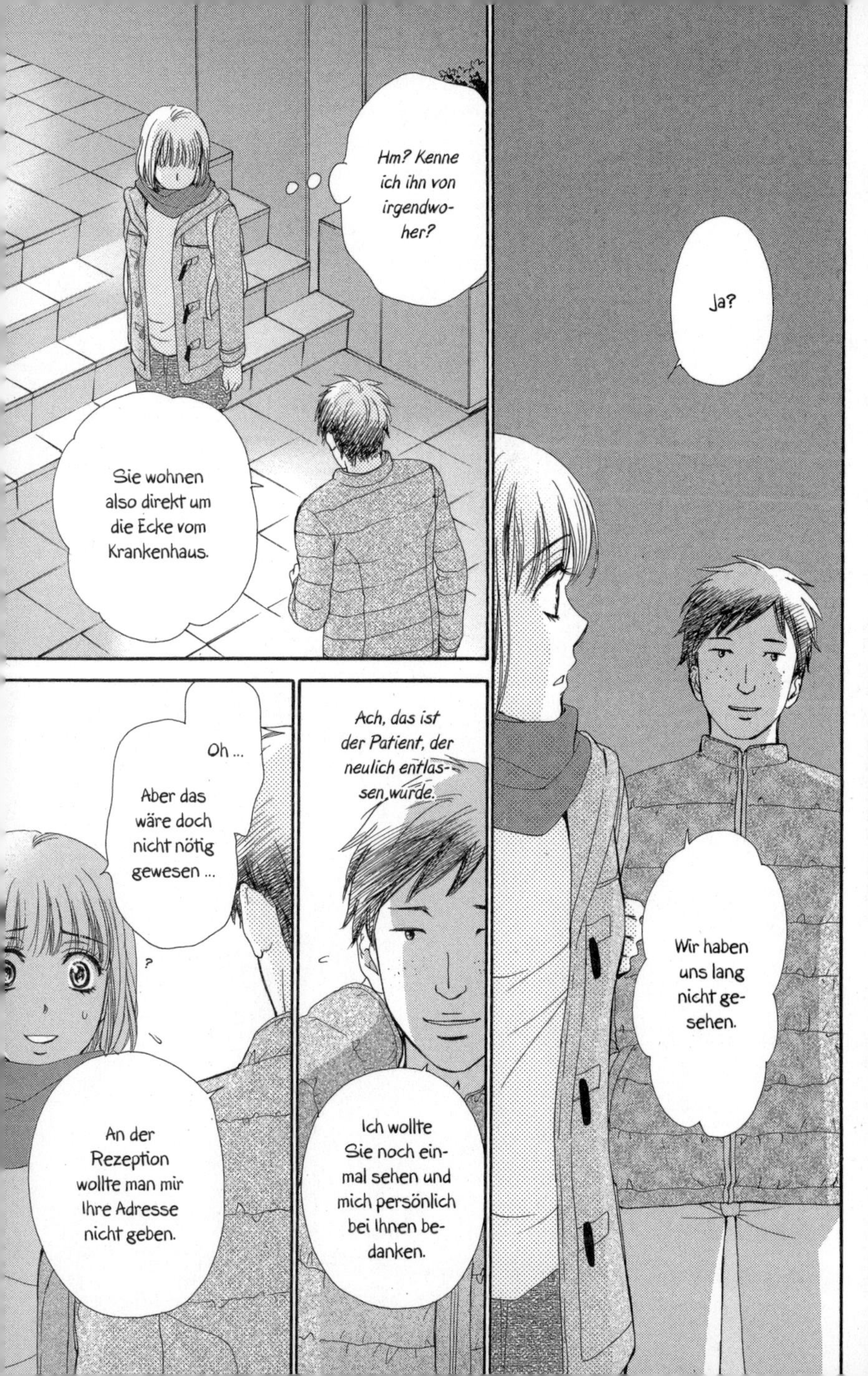
Ja?
Wir haben uns lang nicht gesehen.
Hm? Kenne ich ihn von irgendwoher?
Sie wohnen also direkt um die Ecke vom Krankenhaus.
Ach, das ist der Patient, der neulich entlassen wurde.
Ich wollte Sie noch einmal sehen und mich persönlich bei Ihnen bedanken.
Oh ...
Aber das wäre doch nicht nötig gewesen ...
An der Rezeption wollte man mir Ihre Adresse nicht geben.

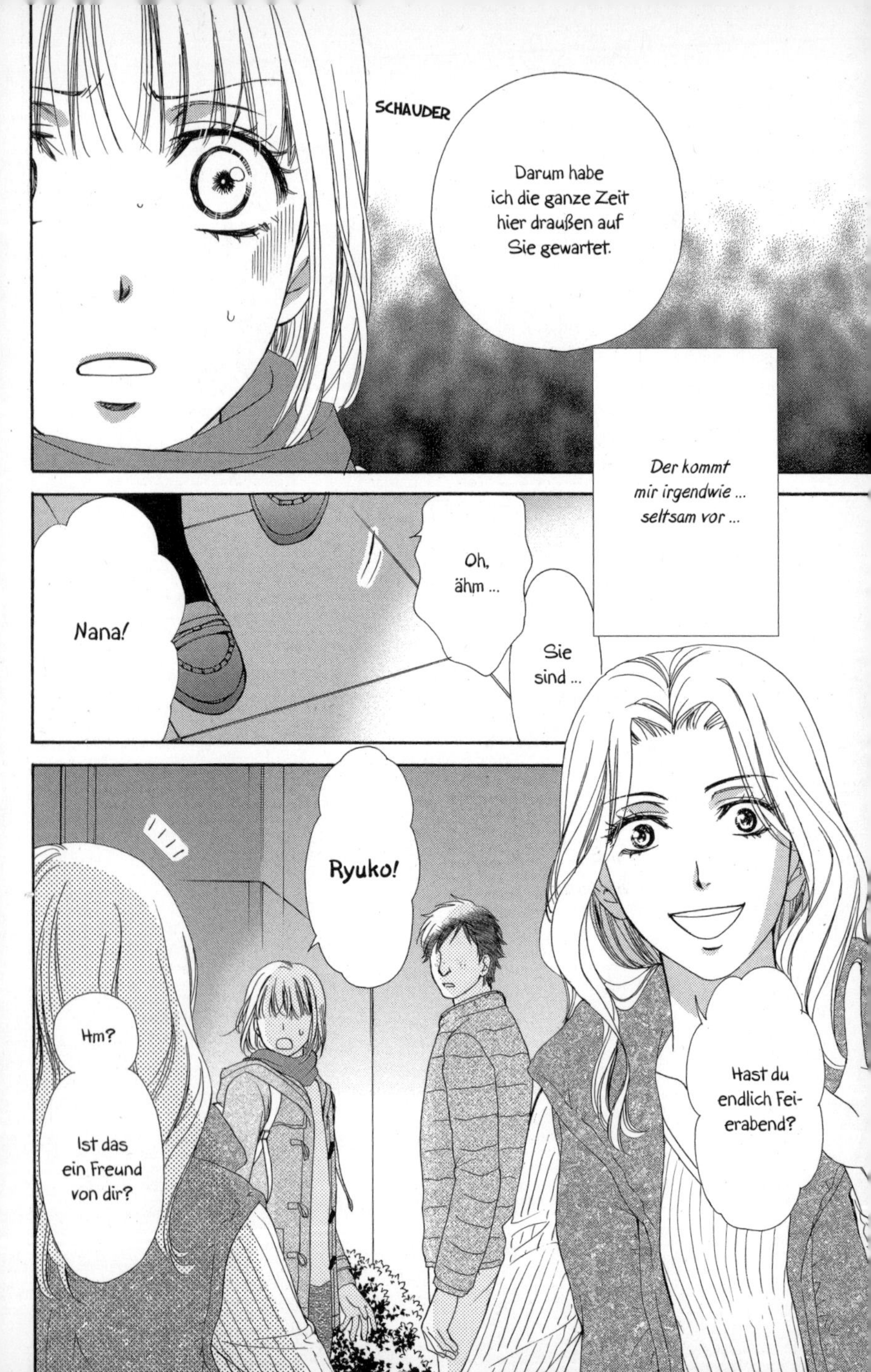
SCHAUDER
Darum habe ich die ganze Zeit hier draußen auf Sie gewartet.
Der kommt mir irgendwie ... seltsam vor ...
Sie sind ...
Oh, ähm ...
Nana!
Hast du endlich Feierabend?
Ryuko!
Hm?
Ist das ein Freund von dir?

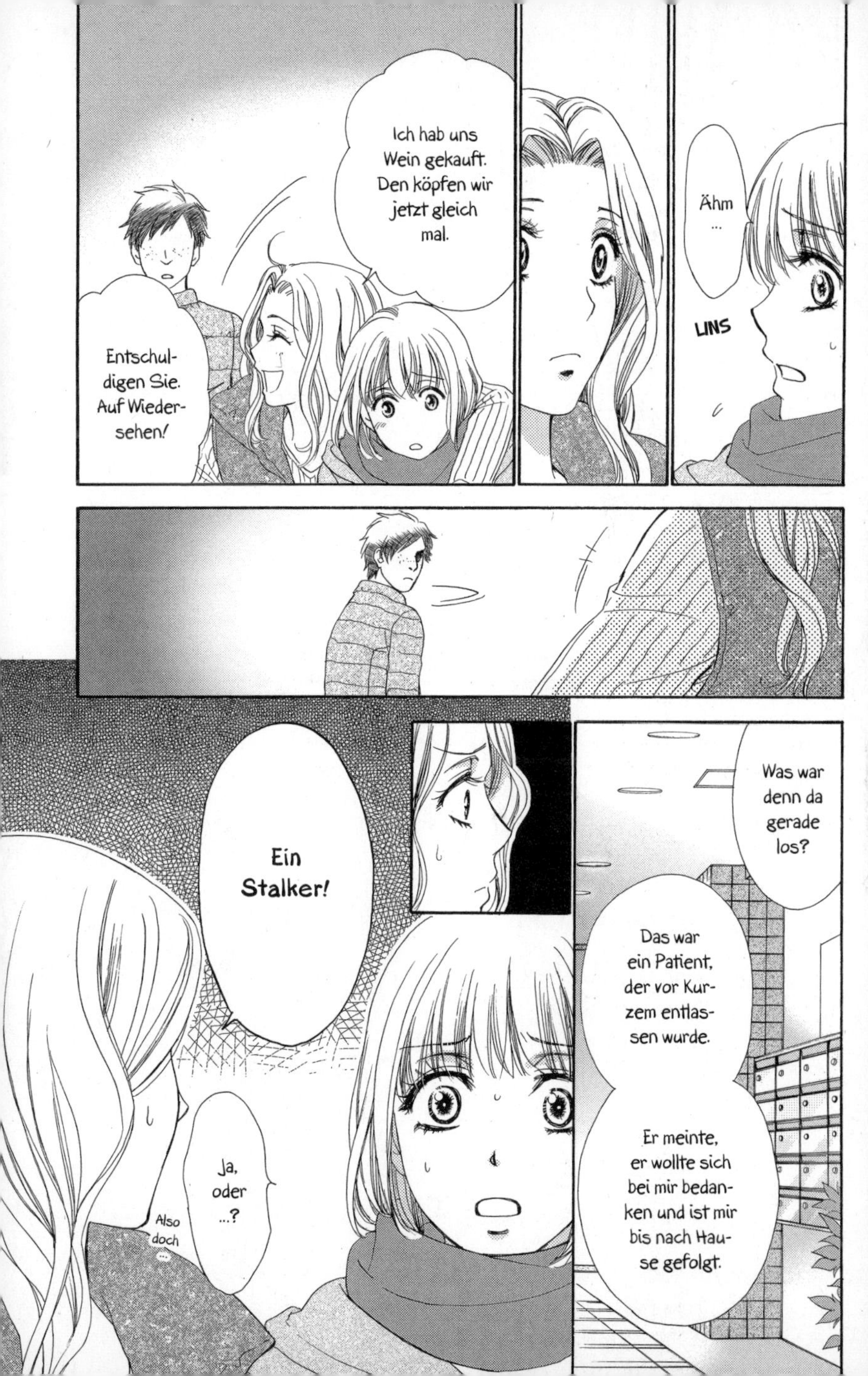
Ich hab uns Wein gekauft. Den köpfen wir jetzt gleich mal.
Entschuldigen Sie. Auf Wiedersehen!
Ähm …
LINS
Was war denn da gerade los?
Das war ein Patient, der vor Kurzem entlassen wurde.
Er meinte, er wollte sich bei mir bedanken und ist mir bis nach Hause gefolgt.
Ein Stalker!
Ja, oder …?
Also doch …

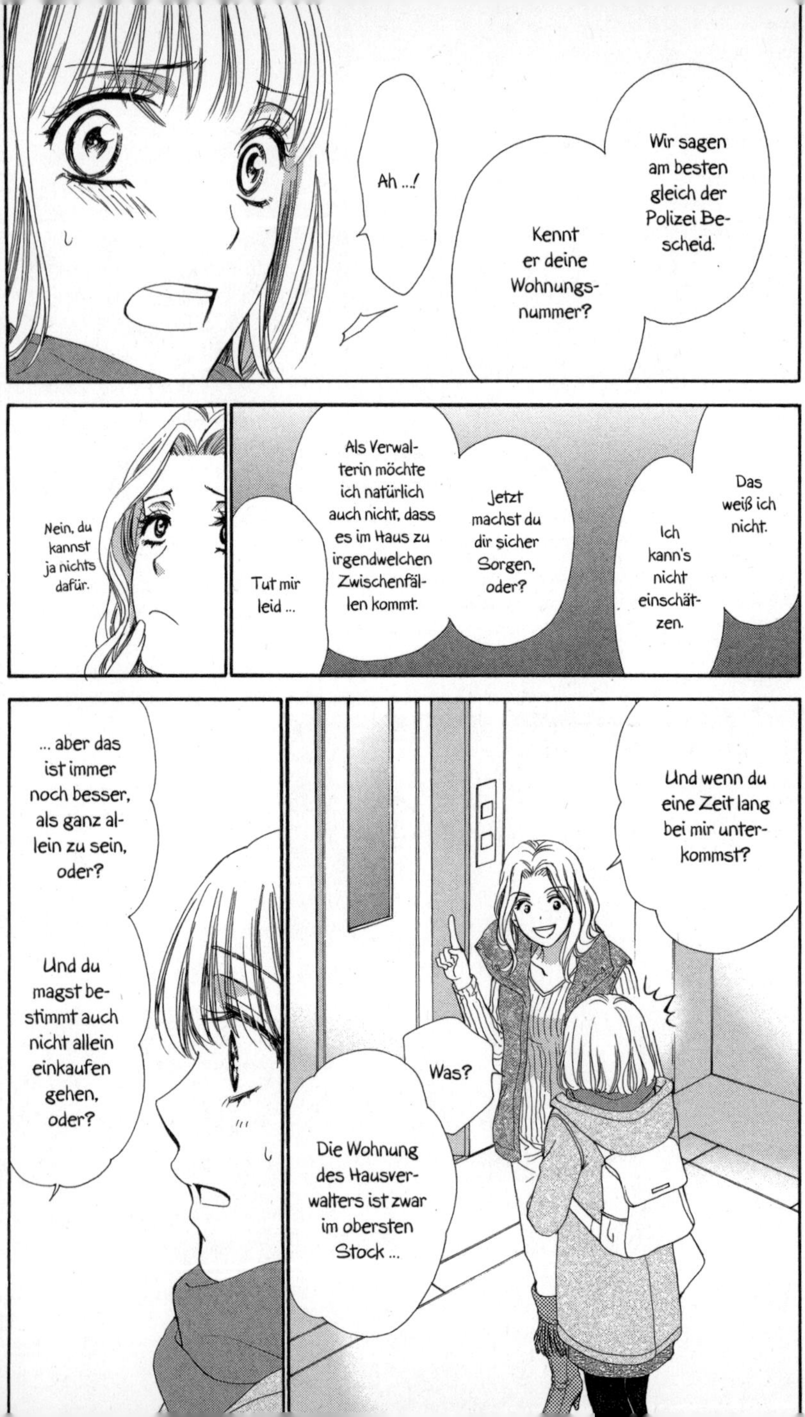

Wir sagen am besten gleich der Polizei Bescheid.
Kennt er deine Wohnungsnummer?
Ah ...!

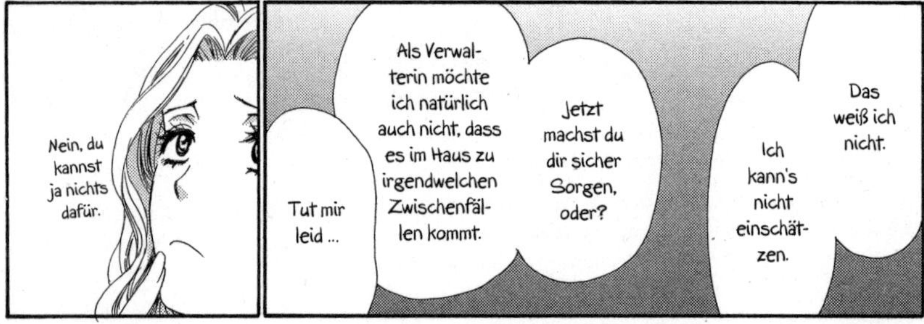

Und wenn du eine Zeit lang bei mir unterkommst?
Was?
Die Wohnung des Hausverwalters ist zwar im obersten Stock ...
... aber das ist immer noch besser, als ganz allein zu sein, oder?
Und du magst bestimmt auch nicht allein einkaufen gehen, oder?

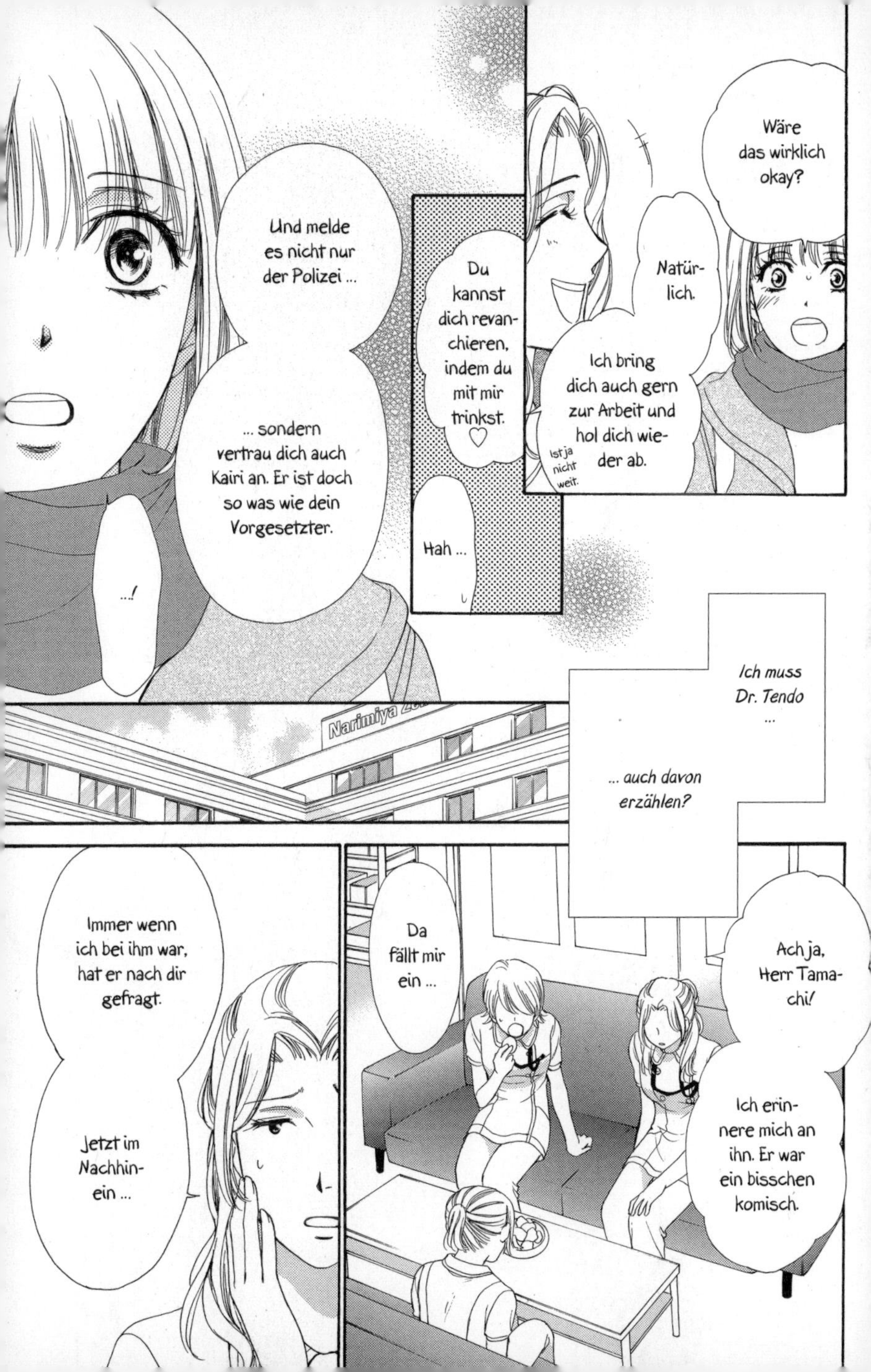
Wäre das wirklich okay?
Natürlich.
Ich bring dich auch gern zur Arbeit und hol dich wieder ab.
Ist ja nicht weit.
Du kannst dich revanchieren, indem du mit mir trinkst. ♡
Hah ...
Und melde es nicht nur der Polizei ...
... sondern vertrau dich auch Kairi an. Er ist doch so was wie dein Vorgesetzter.
...!
Ich muss Dr. Tendo ...
... auch davon erzählen?
Ach ja, Herr Tamachi!
Ich erinnere mich an ihn. Er war ein bisschen komisch.
Da fällt mir ein ...
Immer wenn ich bei ihm war, hat er nach dir gefragt.
Jetzt im Nachhinein ...

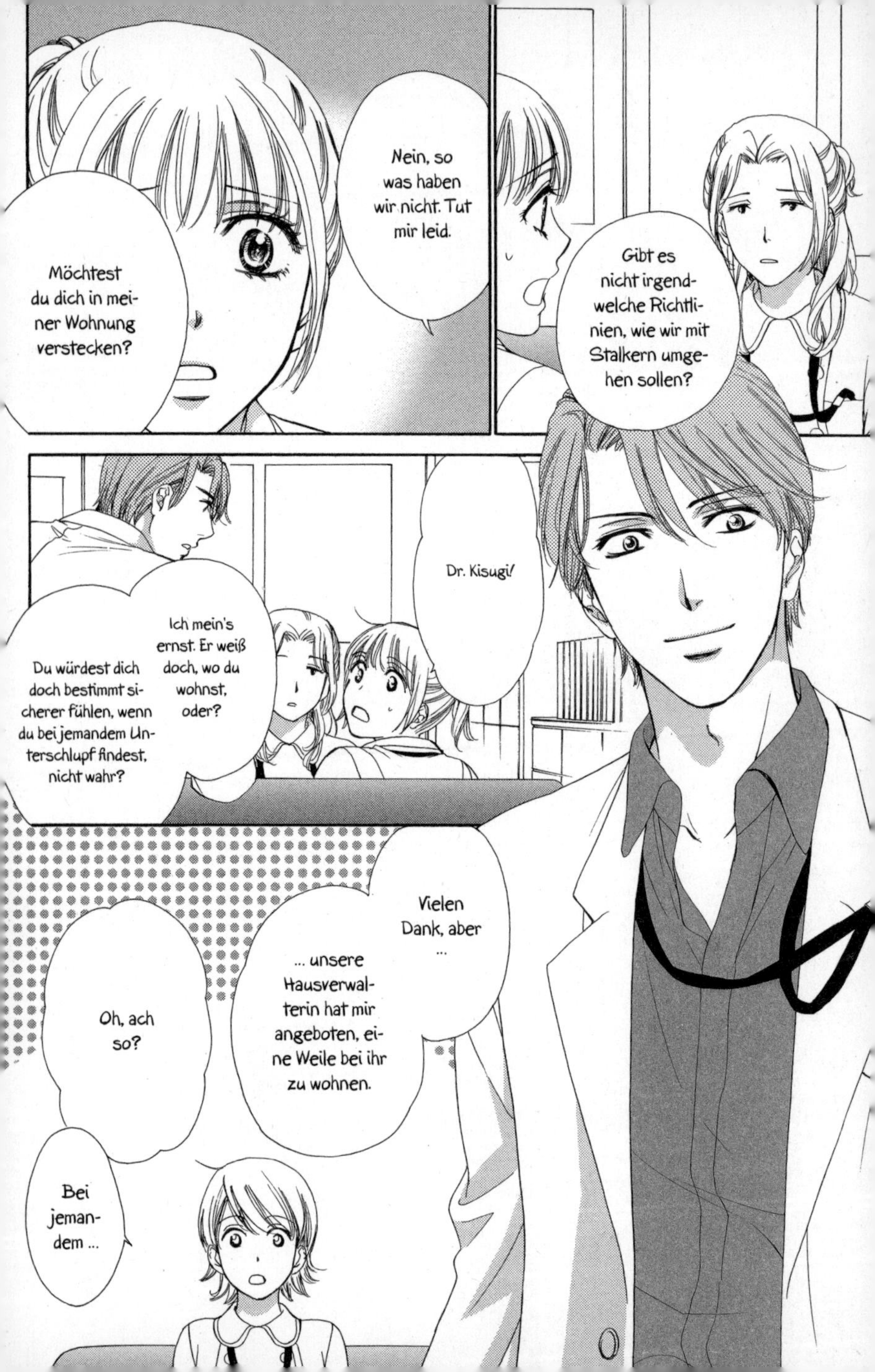
Gibt es nicht irgendwelche Richtlinien, wie wir mit Stalkern umgehen sollen?
Nein, so was haben wir nicht. Tut mir leid.
Möchtest du dich in meiner Wohnung verstecken?
Dr. Kisugi!
Ich mein's ernst. Er weiß doch, wo du wohnst, oder?
Du würdest dich doch bestimmt sicherer fühlen, wenn du bei jemandem Unterschlupf findest, nicht wahr?
Vielen Dank, aber ...
... unsere Hausverwalterin hat mir angeboten, eine Weile bei ihr zu wohnen.
Oh, ach so?
Bei jemandem ...

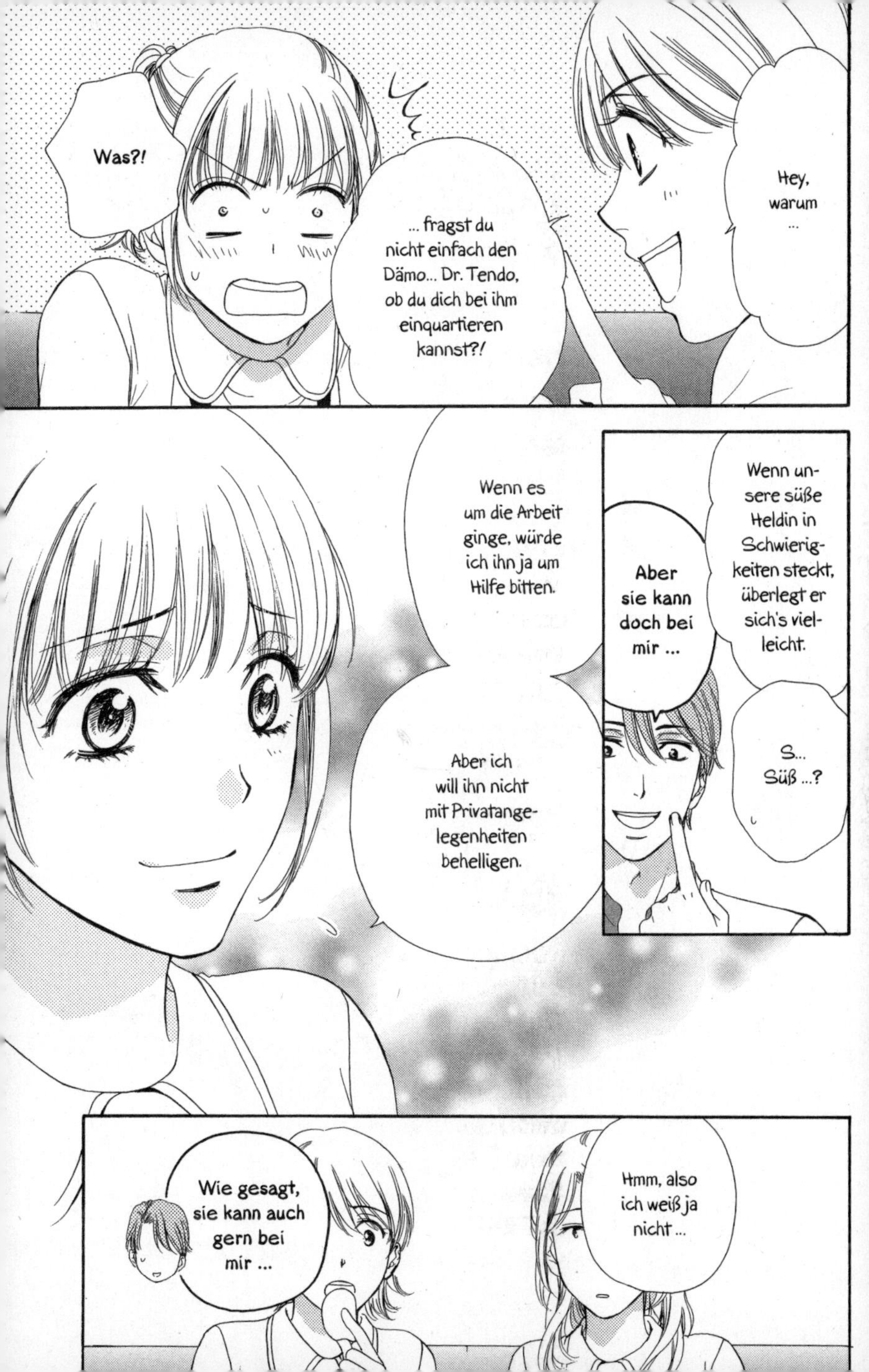
Hey, warum ...
... fragst du nicht einfach den Dämo... Dr. Tendo, ob du dich bei ihm einquartieren kannst?!
Was?!
Wenn unsere süße Heldin in Schwierigkeiten steckt, überlegt er sich's vielleicht.
Aber sie kann doch bei mir ...
S... Süß ...?
Wenn es um die Arbeit ginge, würde ich ihn ja um Hilfe bitten.
Aber ich will ihn nicht mit Privatangelegenheiten behelligen.
Hmm, also ich weiß ja nicht ...
Wie gesagt, sie kann auch gern bei mir ...

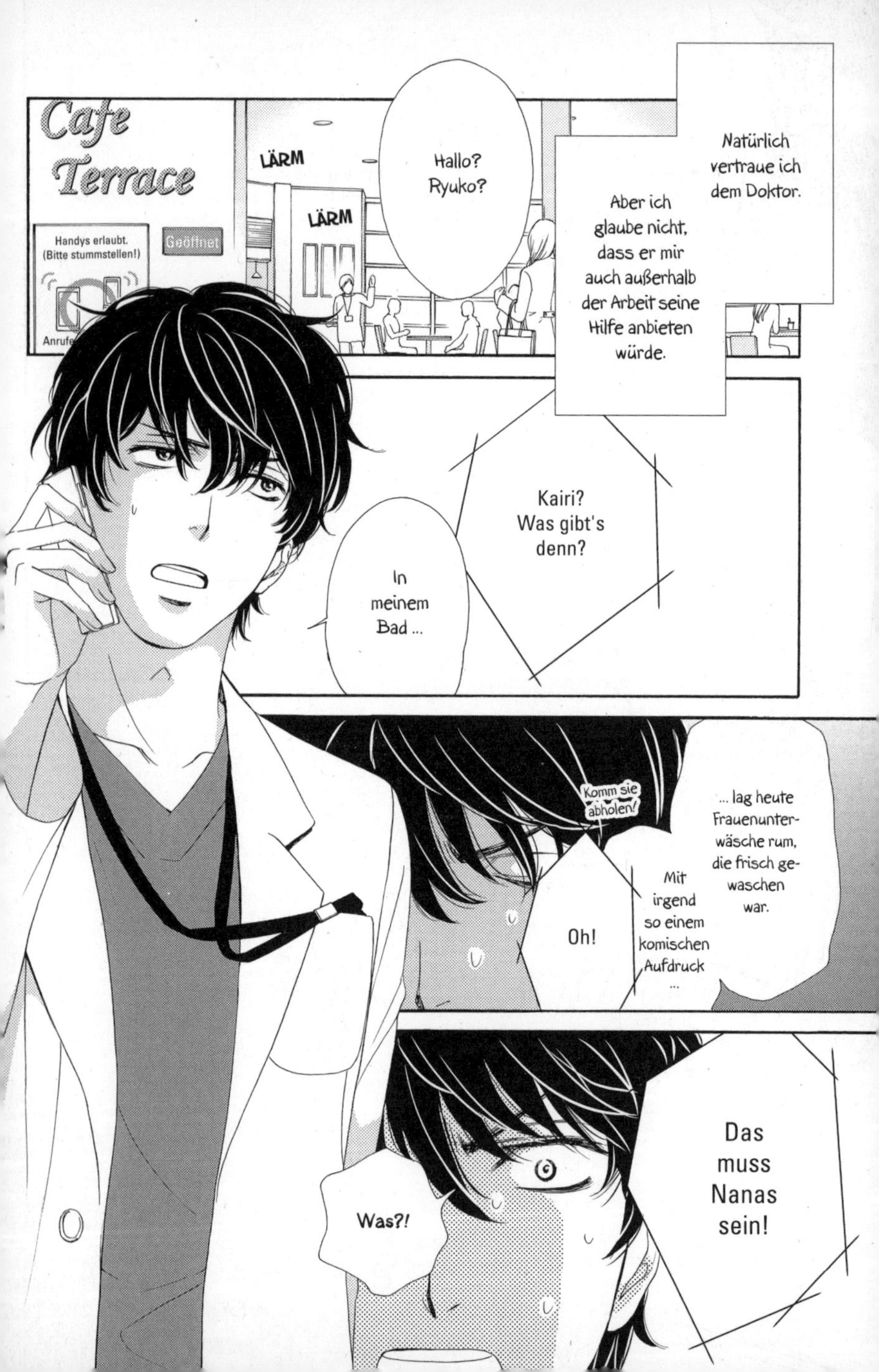
Natürlich vertraue ich dem Doktor.
Aber ich glaube nicht, dass er mir auch außerhalb der Arbeit seine Hilfe anbieten würde.
Hallo? Ryuko?
LÄRM
LÄRM
Cafe Terrace
Geöffnet
Handys erlaubt. (Bitte stummstellen!)
Kairi? Was gibt's denn?
In meinem Bad ...
... lag heute Frauenunterwäsche rum, die frisch gewaschen war.
Mit irgend so einem komischen Aufdruck ...
Komm sie abholen!
Oh!
Das muss Nanas sein!
Was?!

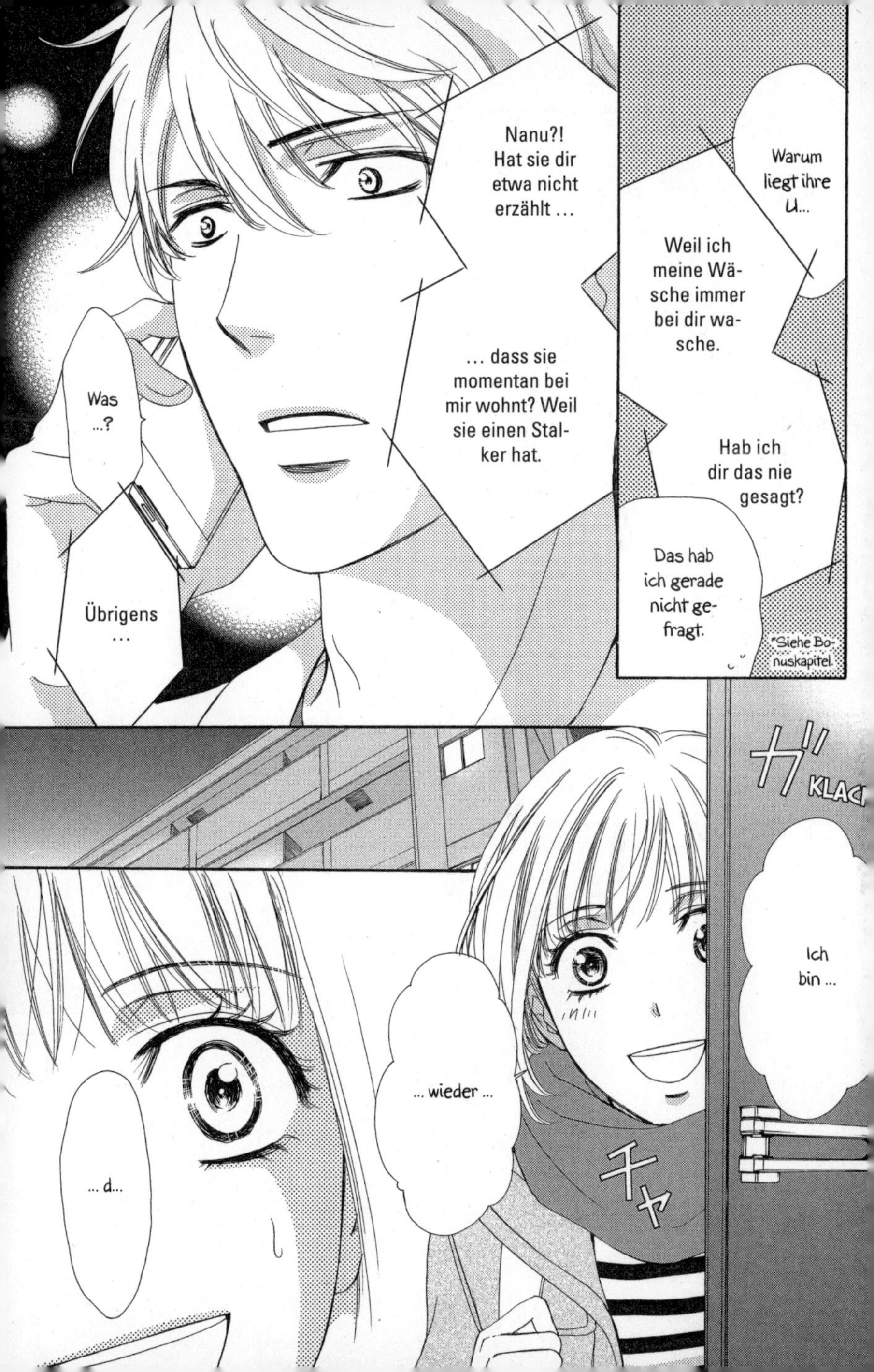
Warum liegt ihre U...
Weil ich meine Wäsche immer bei dir wasche.
Hab ich dir das nie gesagt?
Das hab ich gerade nicht gefragt.
*Siehe Bonuskapitel.
Nanu?! Hat sie dir etwa nicht erzählt …
… dass sie momentan bei mir wohnt? Weil sie einen Stalker hat.
Was …?
Übrigens …
ガ
KLAC
Ich bin …
… wieder …
チャ
… d...

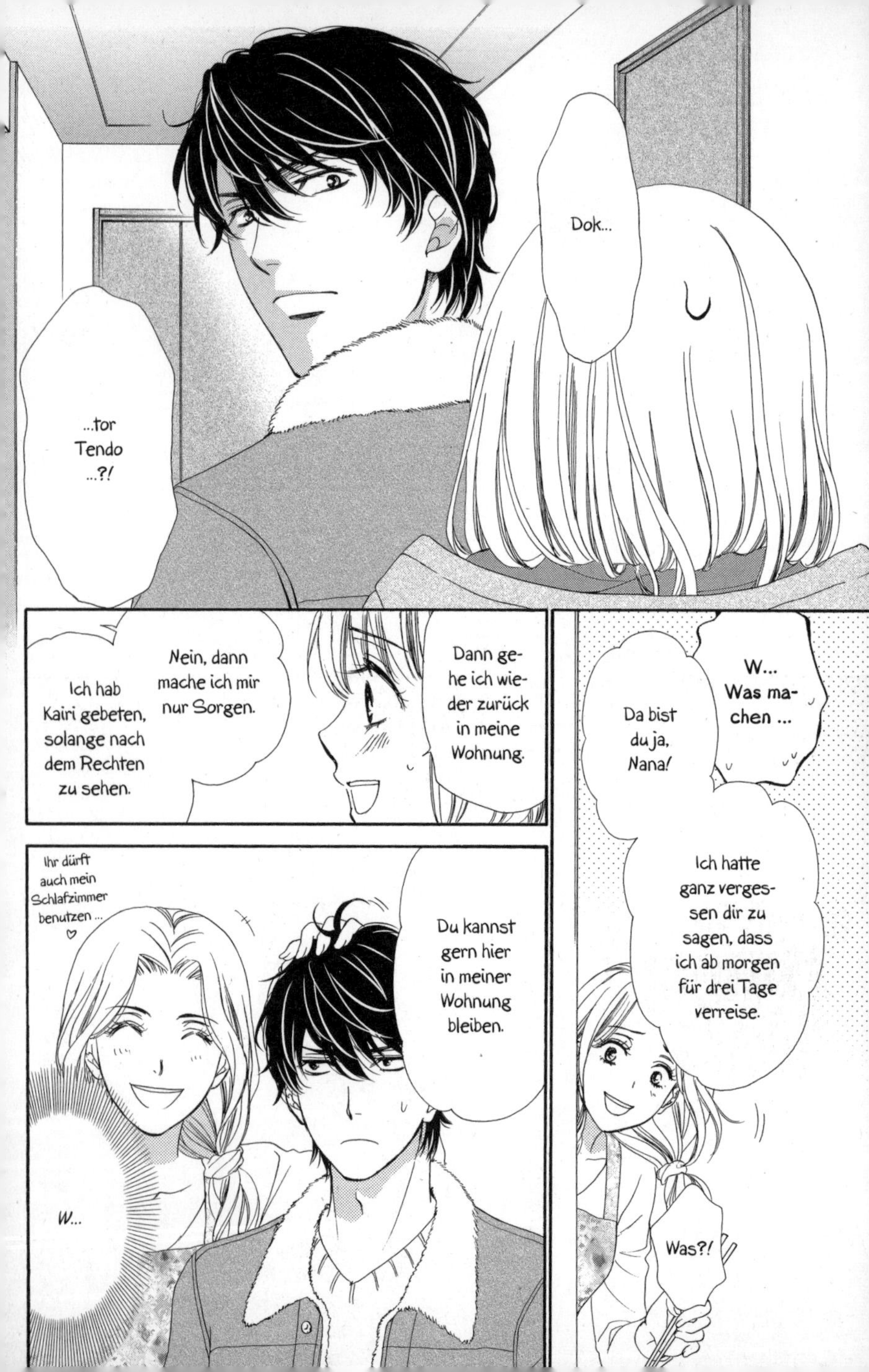
Dok...
...tor Tendo ...?!
W... Was machen ...
Da bist du ja, Nana!
Ich hatte ganz vergessen dir zu sagen, dass ich ab morgen für drei Tage verreise.
Was?!
Dann gehe ich wieder zurück in meine Wohnung.
Nein, dann mache ich mir nur Sorgen.
Ich hab Kairi gebeten, solange nach dem Rechten zu sehen.
Du kannst gern hier in meiner Wohnung bleiben.
Ihr dürft auch mein Schlafzimmer benutzen ... ♡
W...

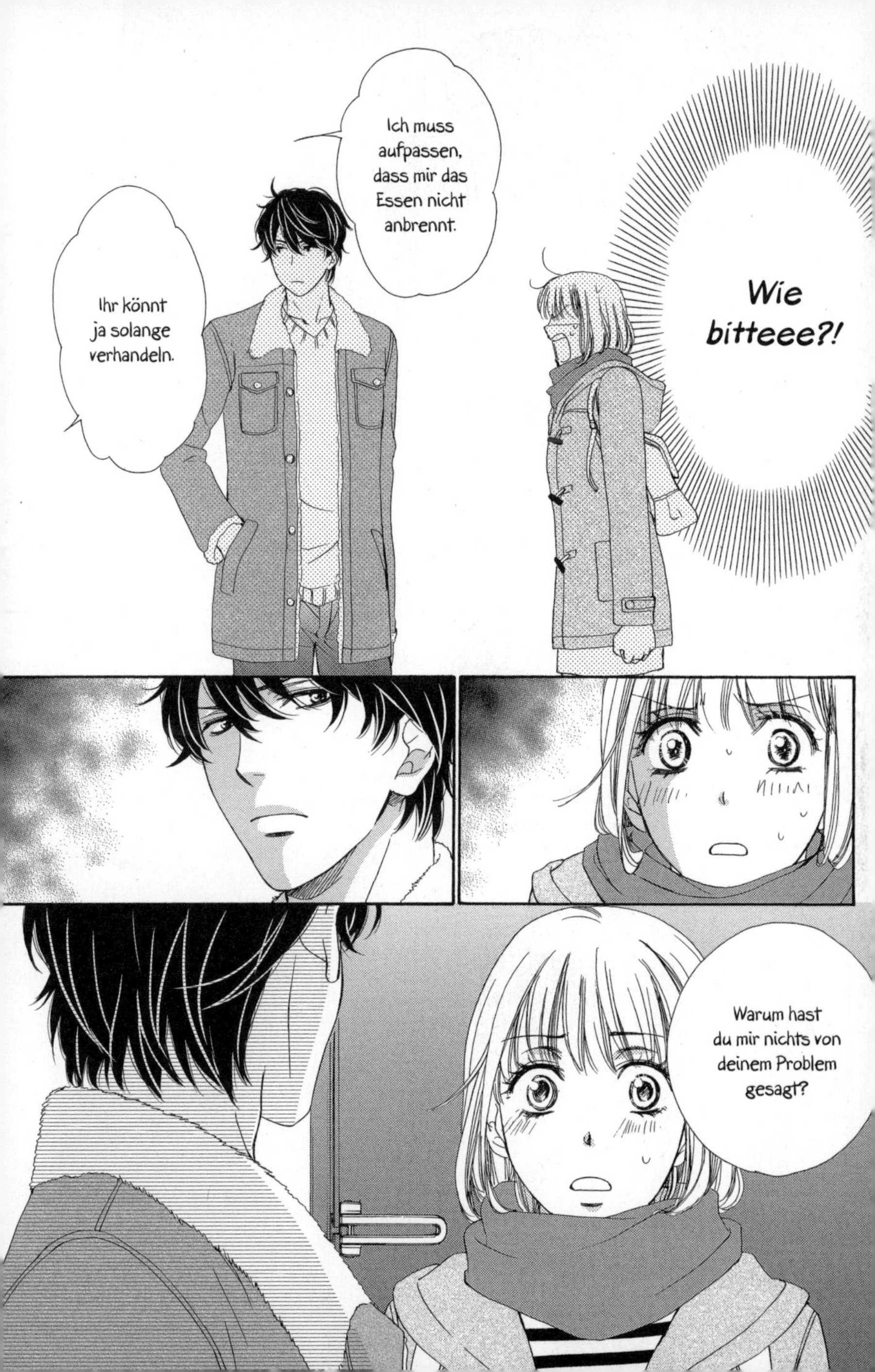

Ich muss aufpassen, dass mir das Essen nicht anbrennt.
Ihr könnt ja solange verhandeln.
Wie bitteee?!
Warum hast du mir nichts von deinem Problem gesagt?

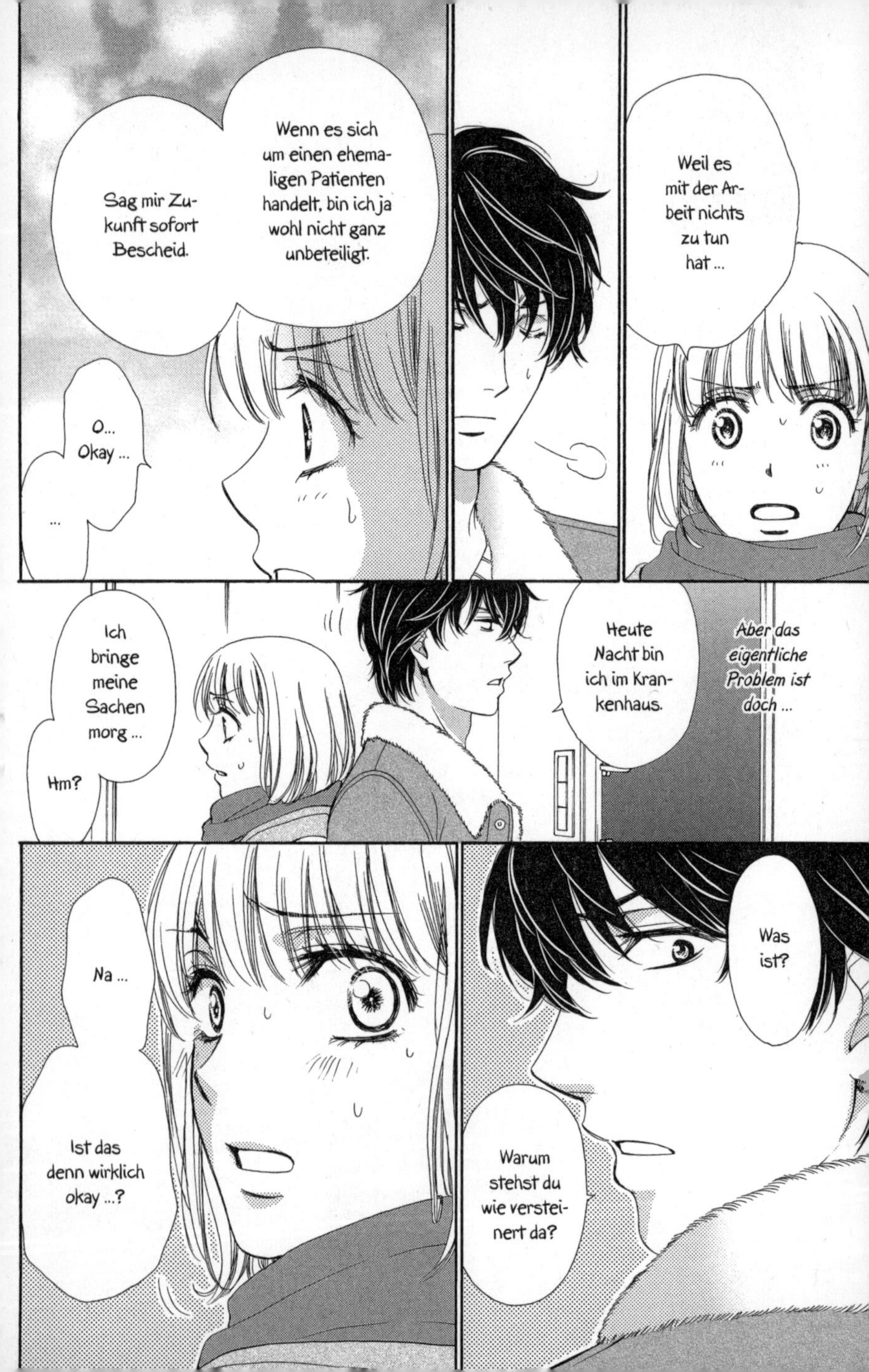

Weil es mit der Arbeit nichts zu tun hat ...
Wenn es sich um einen ehemaligen Patienten handelt, bin ich ja wohl nicht ganz unbeteiligt.
Sag mir Zukunft sofort Bescheid.
O... Okay ...
...
Aber das eigentliche Problem ist doch ...
Heute Nacht bin ich im Krankenhaus.
Ich bringe meine Sachen morg ...
Hm?
Was ist?
Warum stehst du wie versteinert da?
Na ...
Ist das denn wirklich okay ...?

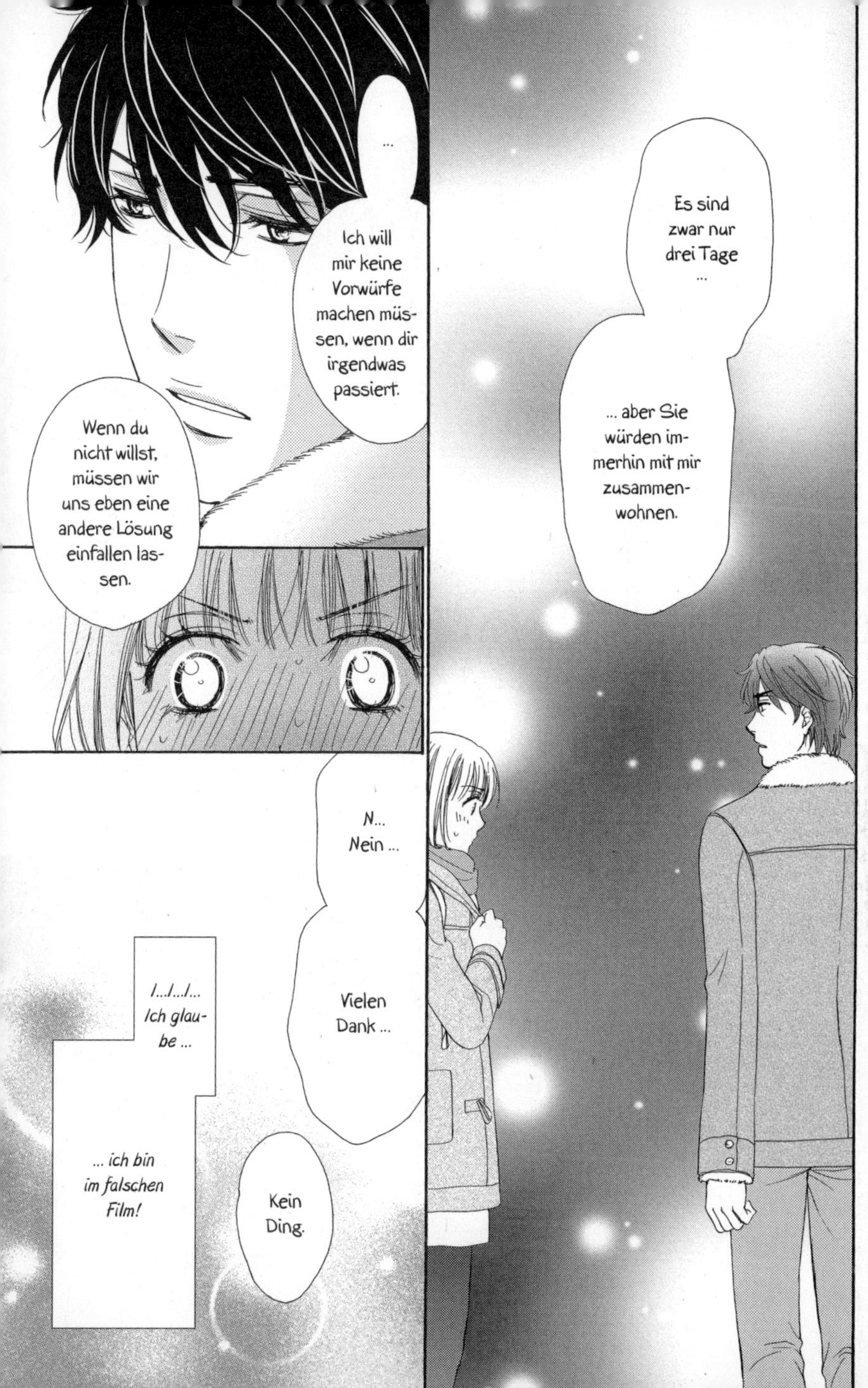
Es sind zwar nur drei Tage ...
... aber Sie würden immerhin mit mir zusammenwohnen.
...
Ich will mir keine Vorwürfe machen müssen, wenn dir irgendwas passiert.
Wenn du nicht willst, müssen wir uns eben eine andere Lösung einfallen lassen.
N... Nein ...
Vielen Dank ...
Kein Ding.
I...I...I... Ich glaube ...
... ich bin im falschen Film!

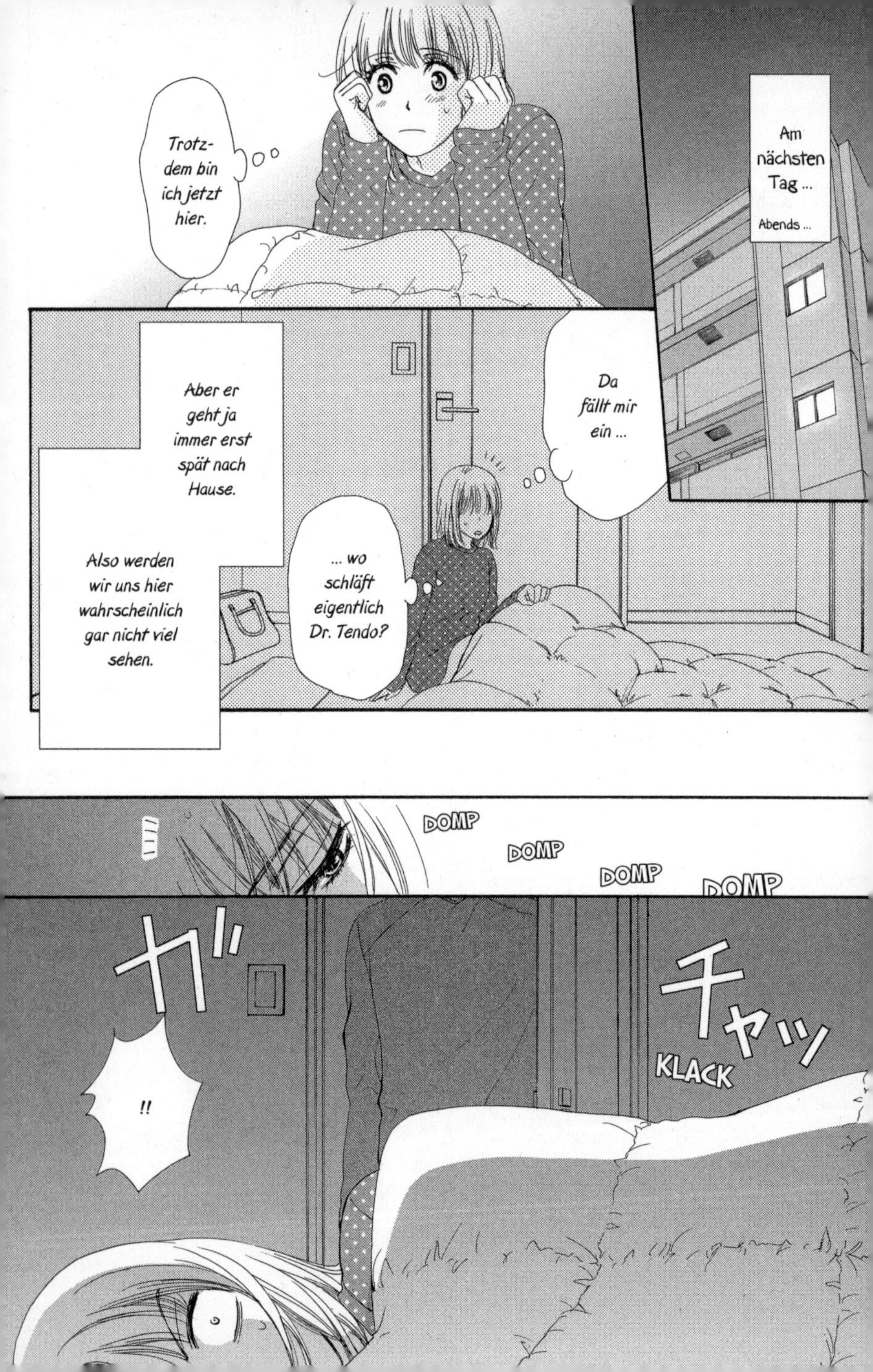

Am nächsten Tag ...
Abends ...
Trotzdem bin ich jetzt hier.
Da fällt mir ein ...
... wo schläft eigentlich Dr. Tendo?
Aber er geht ja immer erst spät nach Hause.
Also werden wir uns hier wahrscheinlich gar nicht viel sehen.
DOMP
DOMP
DOMP
DOMP
ガ
チャッ
KLACK
!!

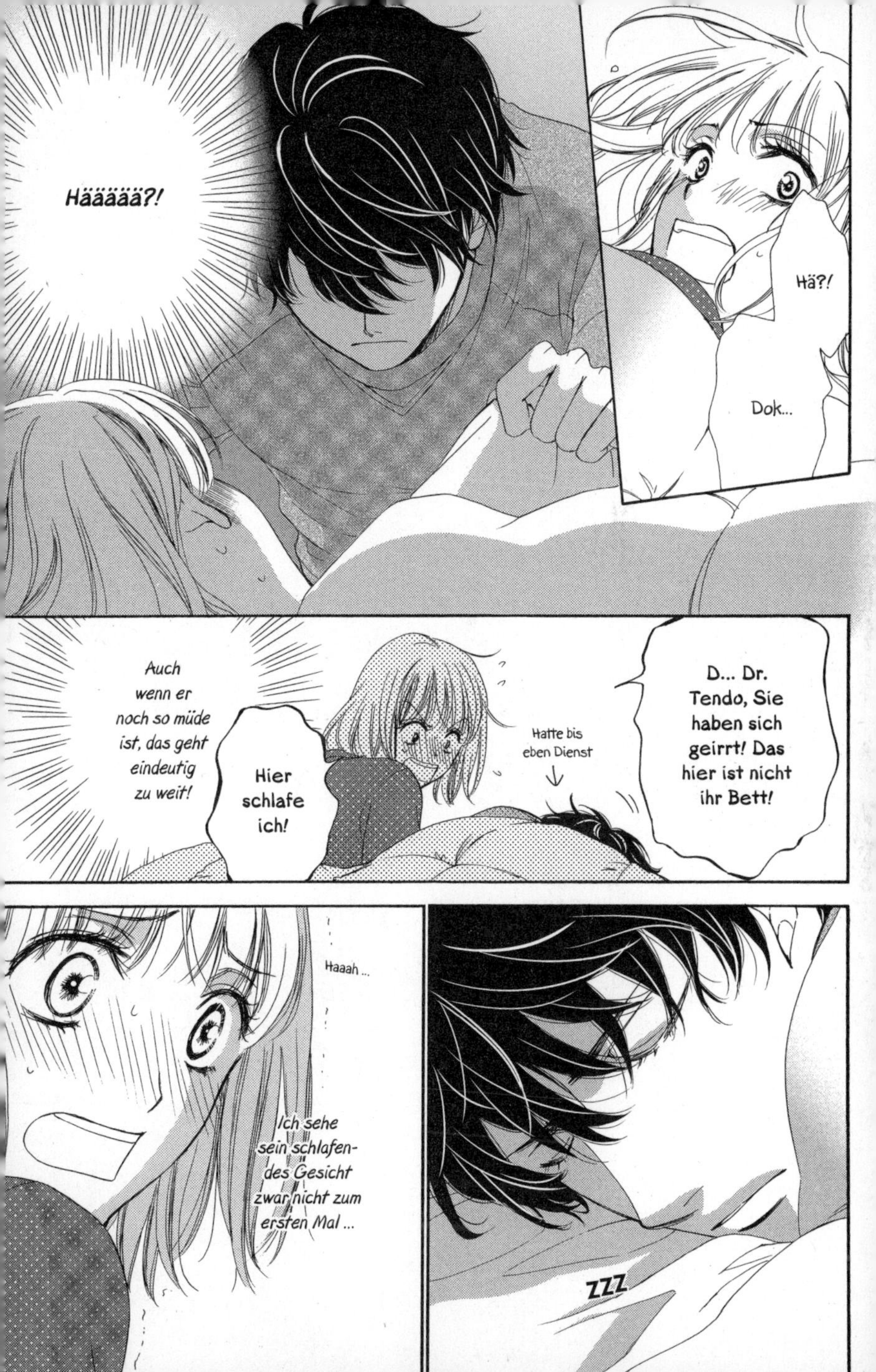
Hä?!
Dok...
Häääää?!
D... Dr. Tendo, Sie haben sich geirrt! Das hier ist nicht ihr Bett!
Hatte bis eben Dienst
Hier schlafe ich!
Auch wenn er noch so müde ist, das geht eindeutig zu weit!
ZZZ
Haaah ...
Ich sehe sein schlafen-des Gesicht zwar nicht zum ersten Mal ...

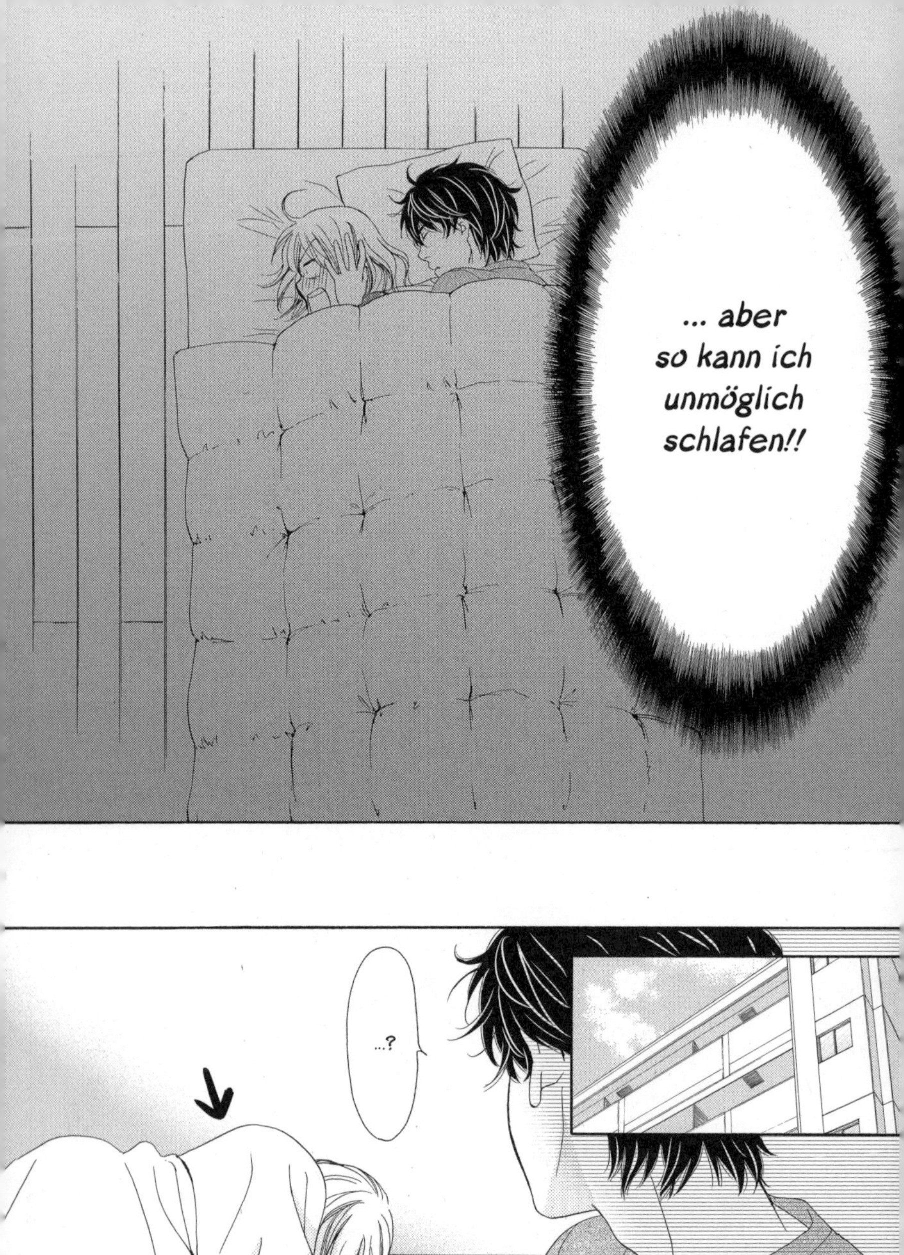
... aber so kann ich unmöglich schlafen!!
...?

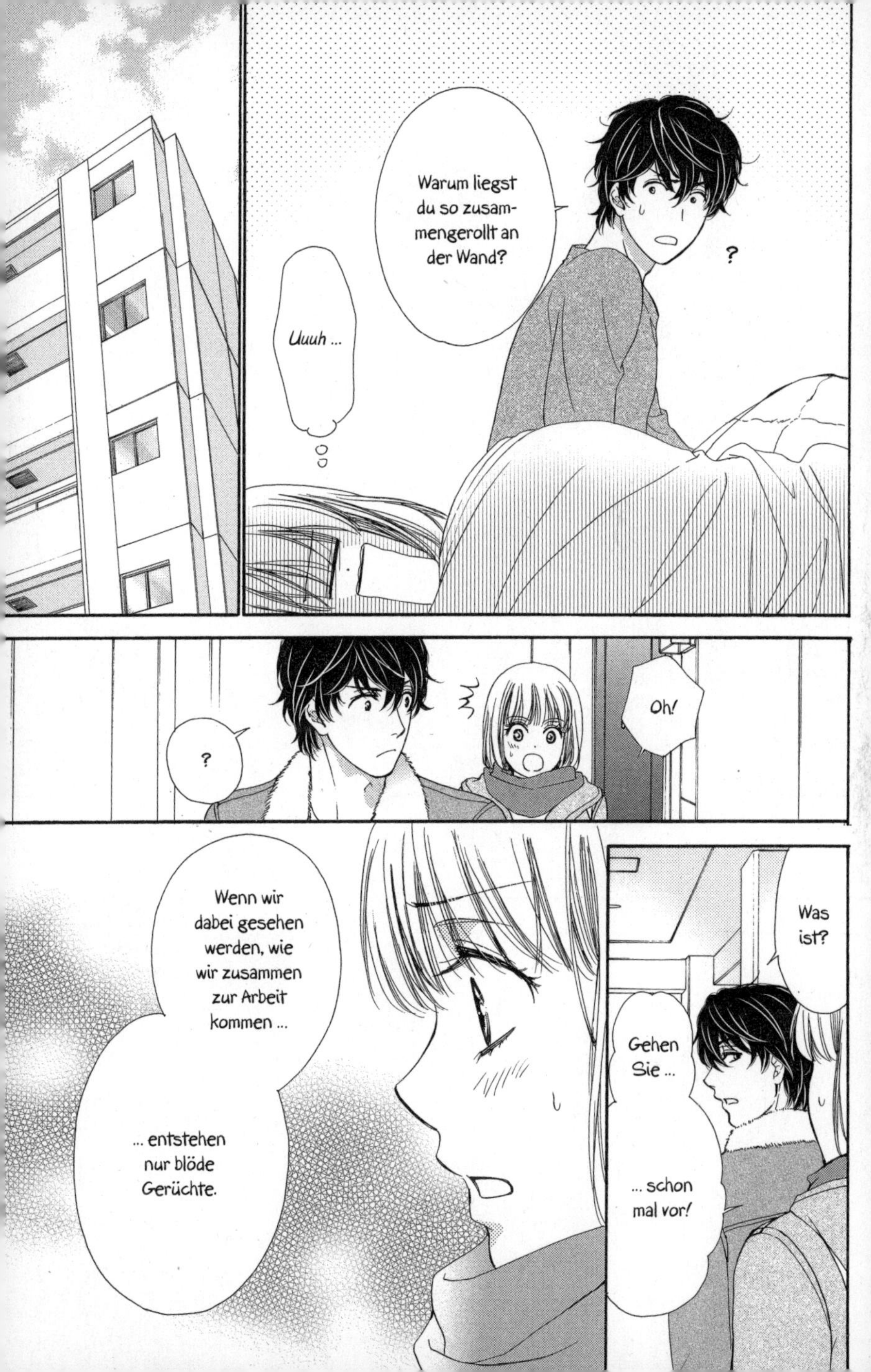
Warum liegst du so zusammengerollt an der Wand?
?
Uuuh ...
Oh!
?
Was ist?
Gehen Sie ...
... schon mal vor!
Wenn wir dabei gesehen werden, wie wir zusammen zur Arbeit kommen ...
... entstehen nur blöde Gerüchte.

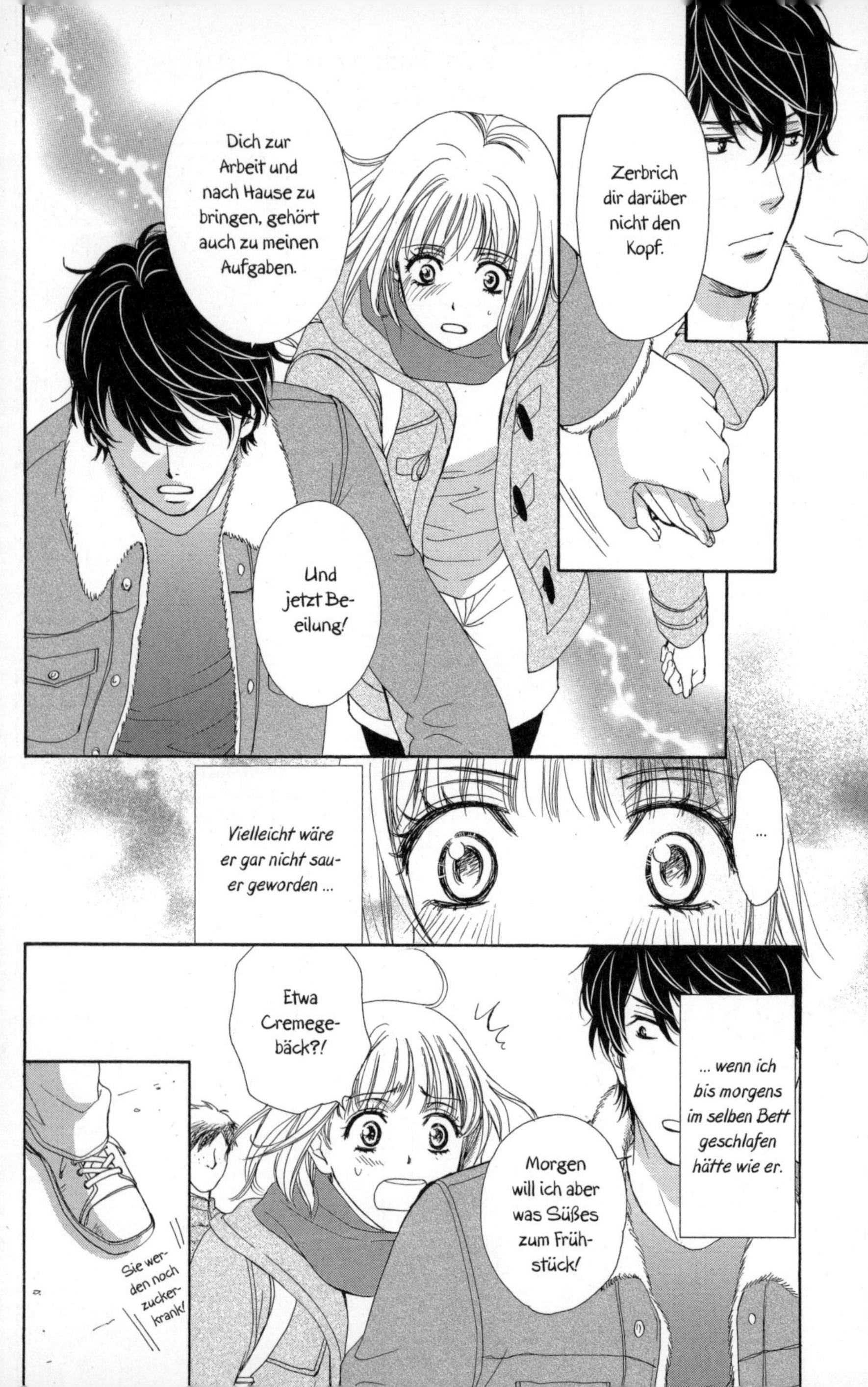
Zerbrich dir darüber nicht den Kopf.
Dich zur Arbeit und nach Hause zu bringen, gehört auch zu meinen Aufgaben.
Und jetzt Beeilung!
...
Vielleicht wäre er gar nicht sauer geworden ...
... wenn ich bis morgens im selben Bett geschlafen hätte wie er.
Etwa Cremegebäck?!
Morgen will ich aber was Süßes zum Frühstück!
Sie werden noch zuckerkrank!

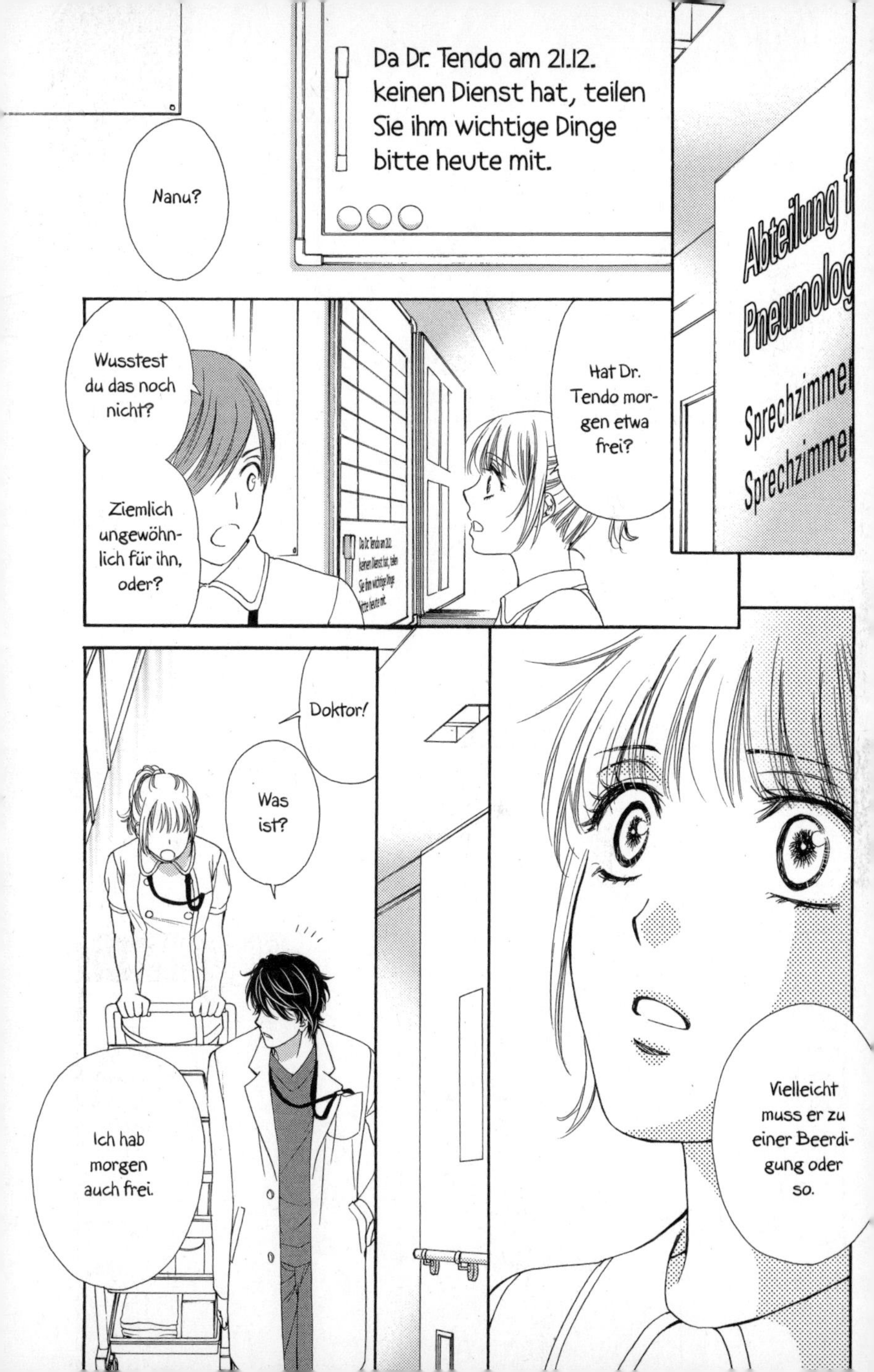
Da Dr. Tendo am 21.12. keinen Dienst hat, teilen Sie ihm wichtige Dinge bitte heute mit.
Nanu?
Abteilung f
Pneumolog
Sprechzimmer
Sprechzimmer
Hat Dr. Tendo morgen etwa frei?
Wusstest du das noch nicht?
Ziemlich ungewöhnlich für ihn, oder?
Vielleicht muss er zu einer Beerdigung oder so.
Doktor!
Was ist?
Ich hab morgen auch frei.

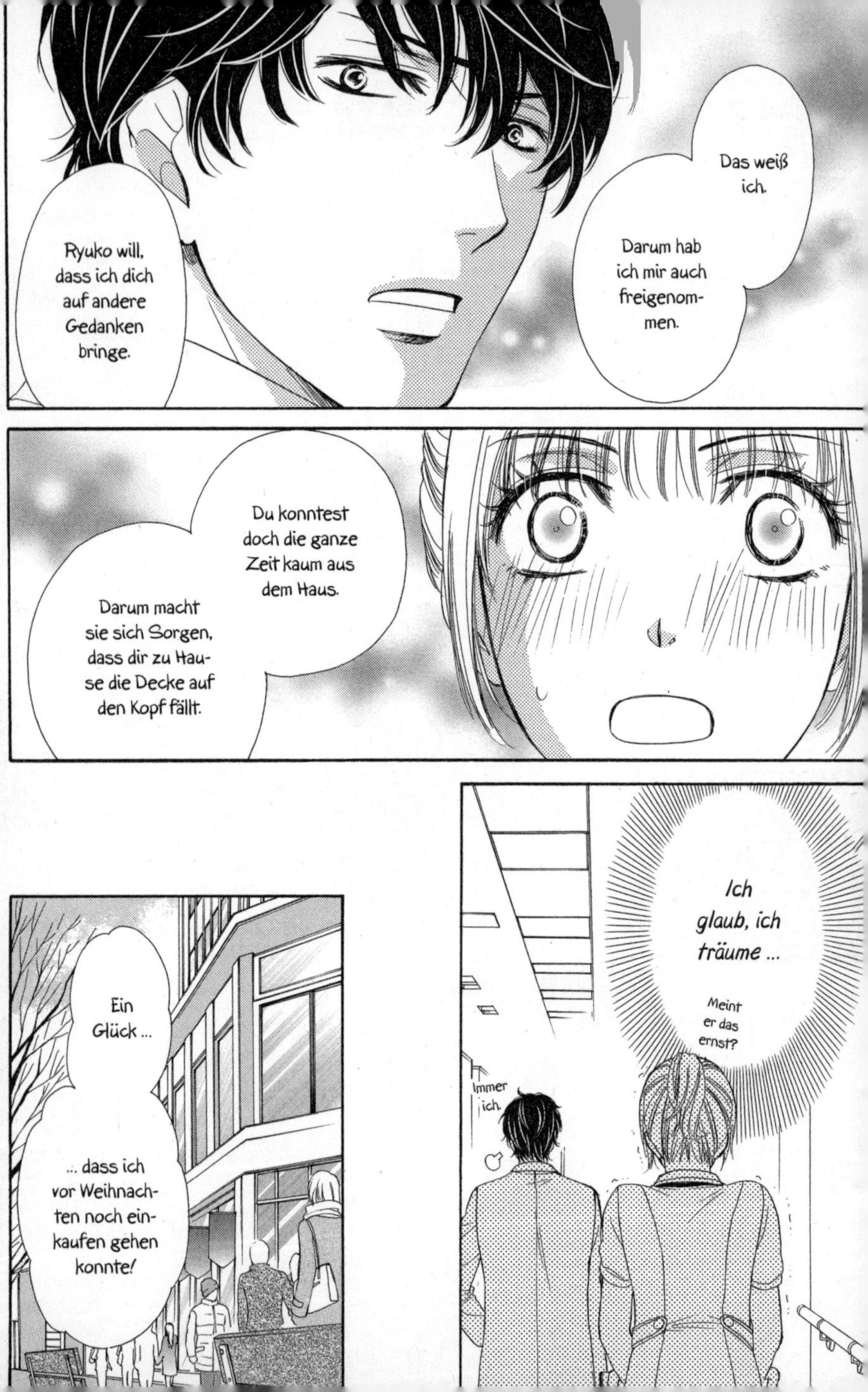

Das weiß ich.

Darum hab ich mir auch freigenommen.

Ryuko will, dass ich dich auf andere Gedanken bringe.

Du konntest doch die ganze Zeit kaum aus dem Haus.

Darum macht sie sich Sorgen, dass dir zu Hause die Decke auf den Kopf fällt.

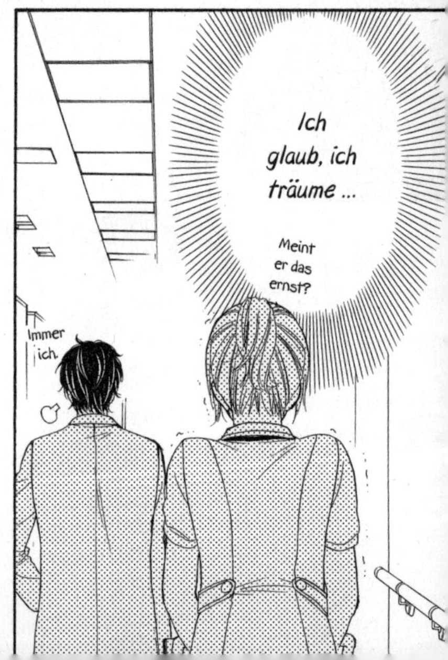

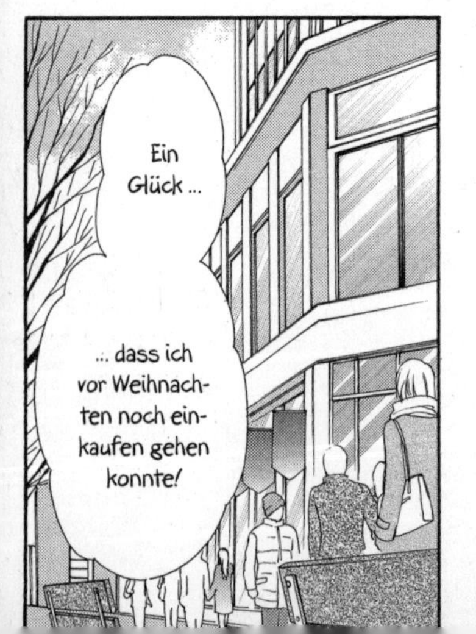

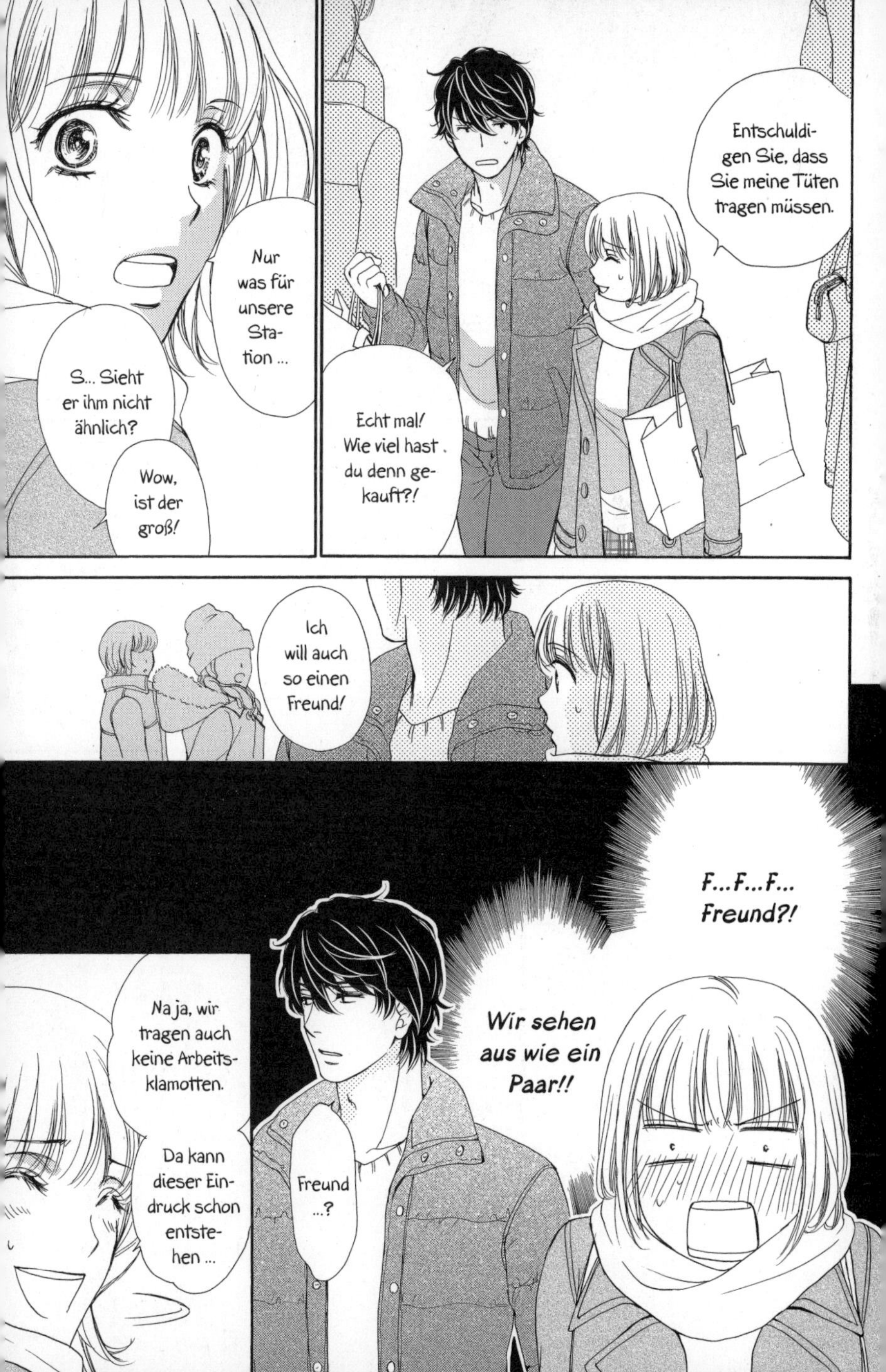

Entschuldigen Sie, dass Sie meine Tüten tragen müssen.
Echt mal! Wie viel hast du denn gekauft?!
Nur was für unsere Station ...
S... Sieht er ihm nicht ähnlich?
Wow, ist der groß!
Ich will auch so einen Freund!
F...F...F... Freund?!
Wir sehen aus wie ein Paar!!
Freund ...?
Na ja, wir tragen auch keine Arbeitsklamotten.
Da kann dieser Eindruck schon entstehen ...

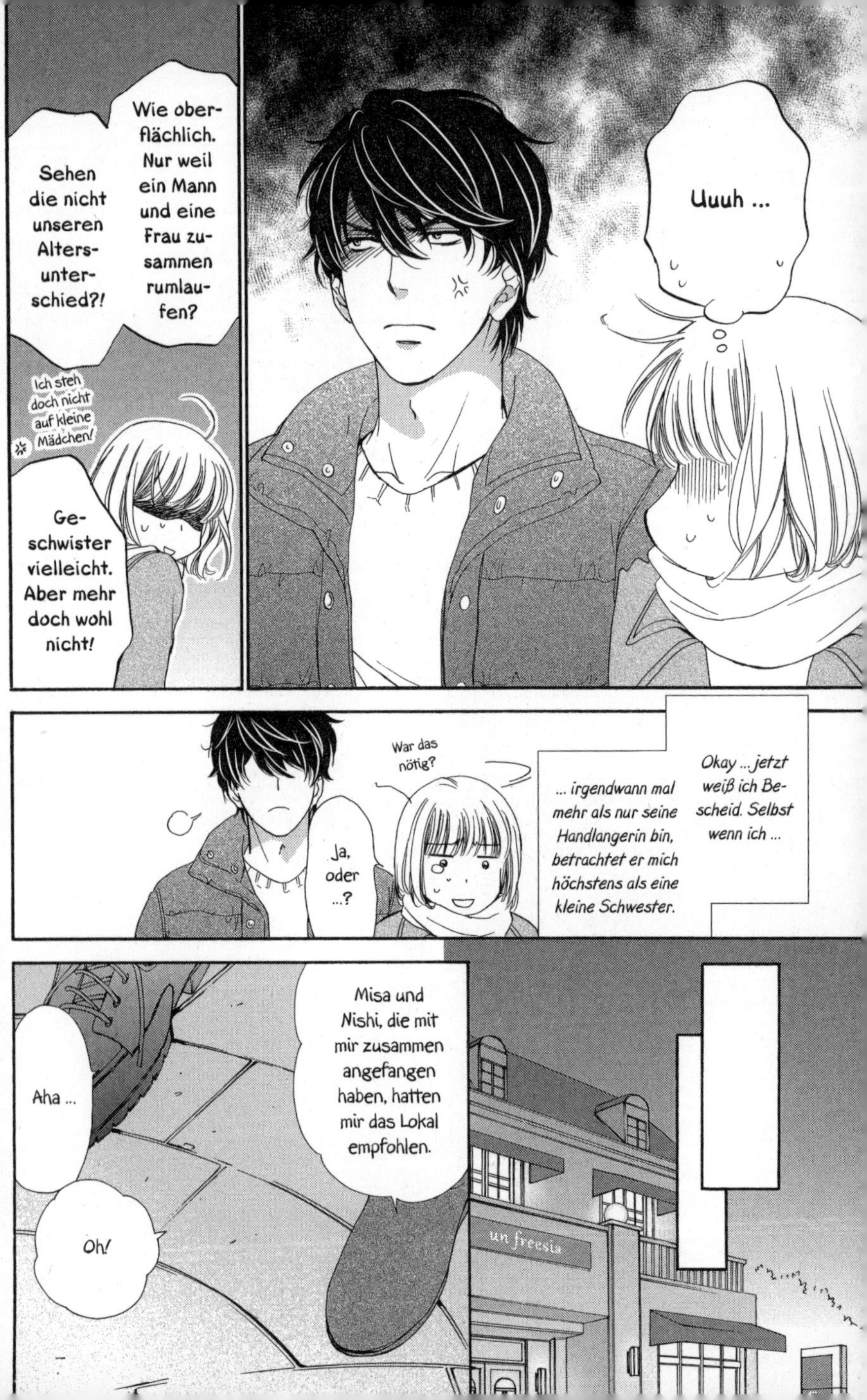

Uuuh ...
Wie oberflächlich. Nur weil ein Mann und eine Frau zusammen rumlaufen?
Sehen die nicht unseren Altersunterschied?!
Ich steh doch nicht auf kleine Mädchen!
Geschwister vielleicht. Aber mehr doch wohl nicht!

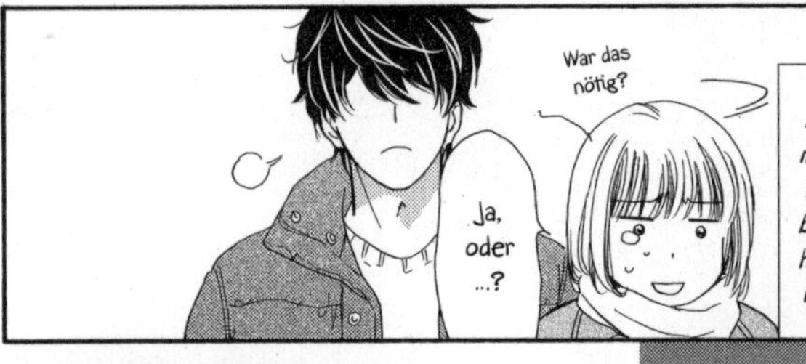

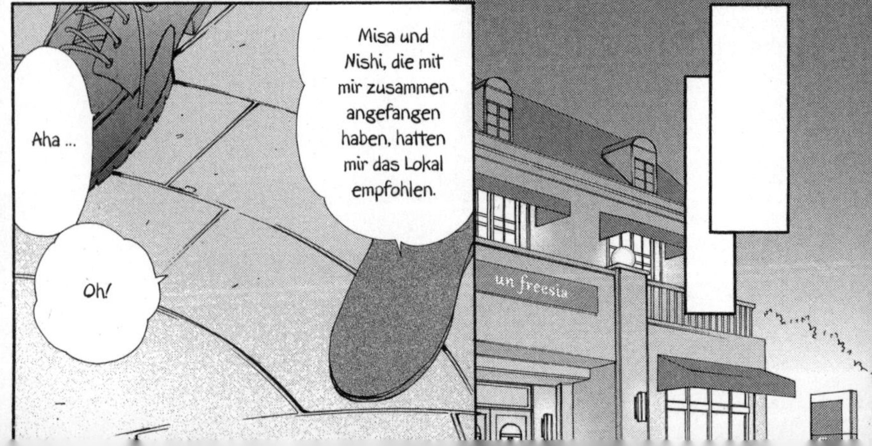

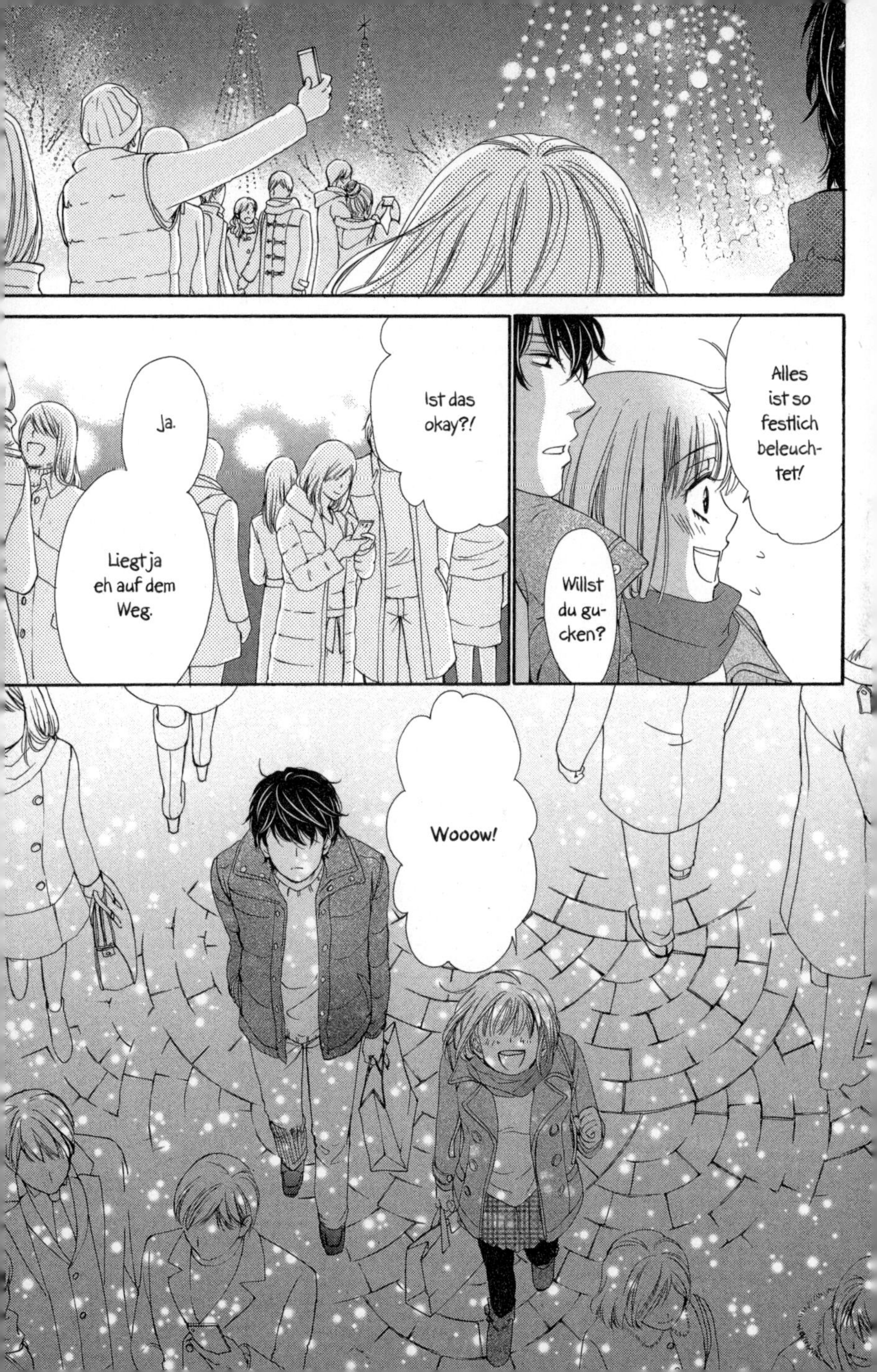

Alles ist so festlich beleuchtet!
Willst du gucken?
Ist das okay?!
Ja.
Liegt ja eh auf dem Weg.
Wooow!

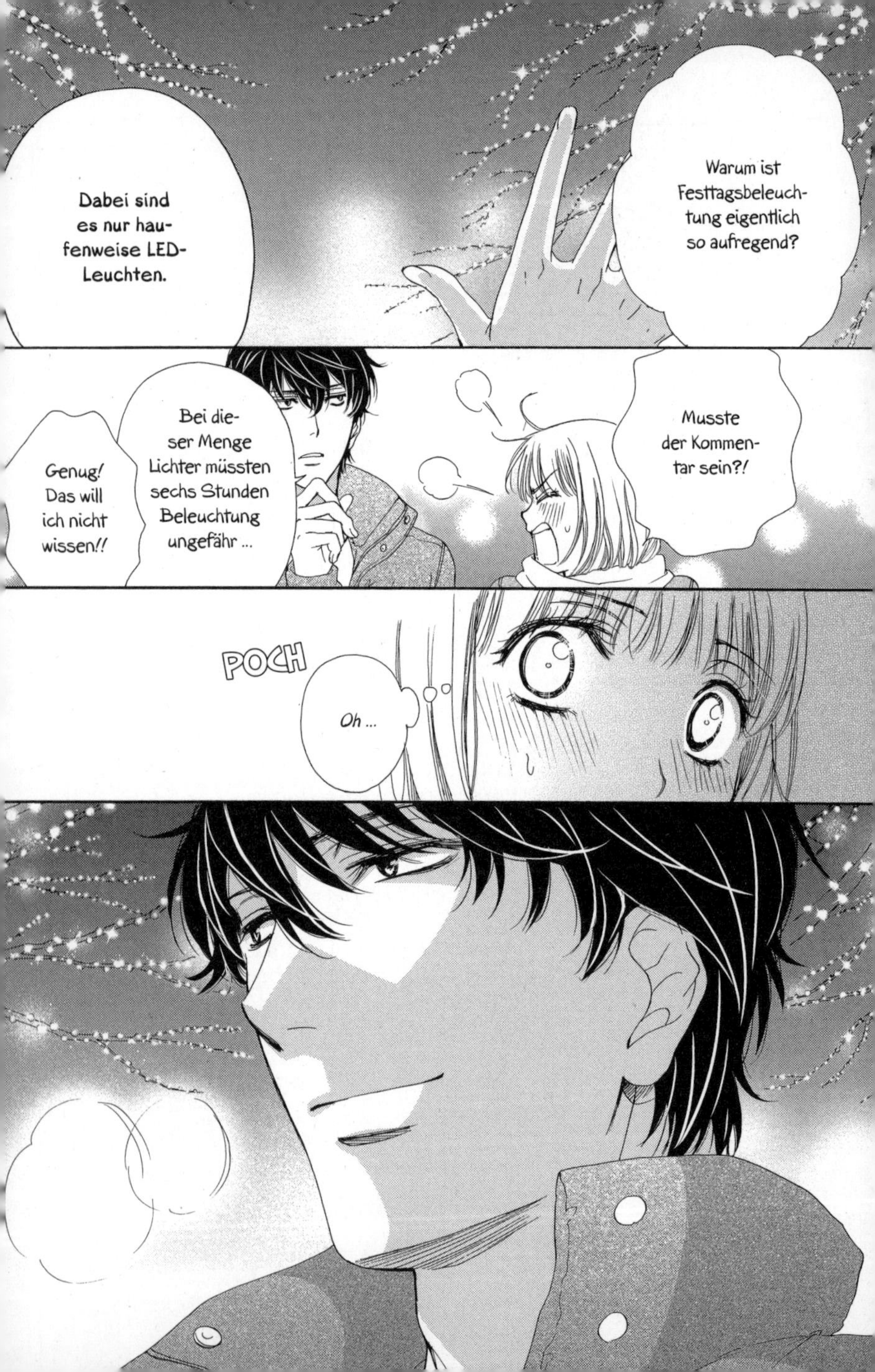
Warum ist Festtagsbeleuchtung eigentlich so aufregend?
Dabei sind es nur haufenweise LED-Leuchten.
Musste der Kommentar sein?!
Bei dieser Menge Lichter müssten sechs Stunden Beleuchtung ungefähr ...
Genug! Das will ich nicht wissen!!
POCH
Oh ...

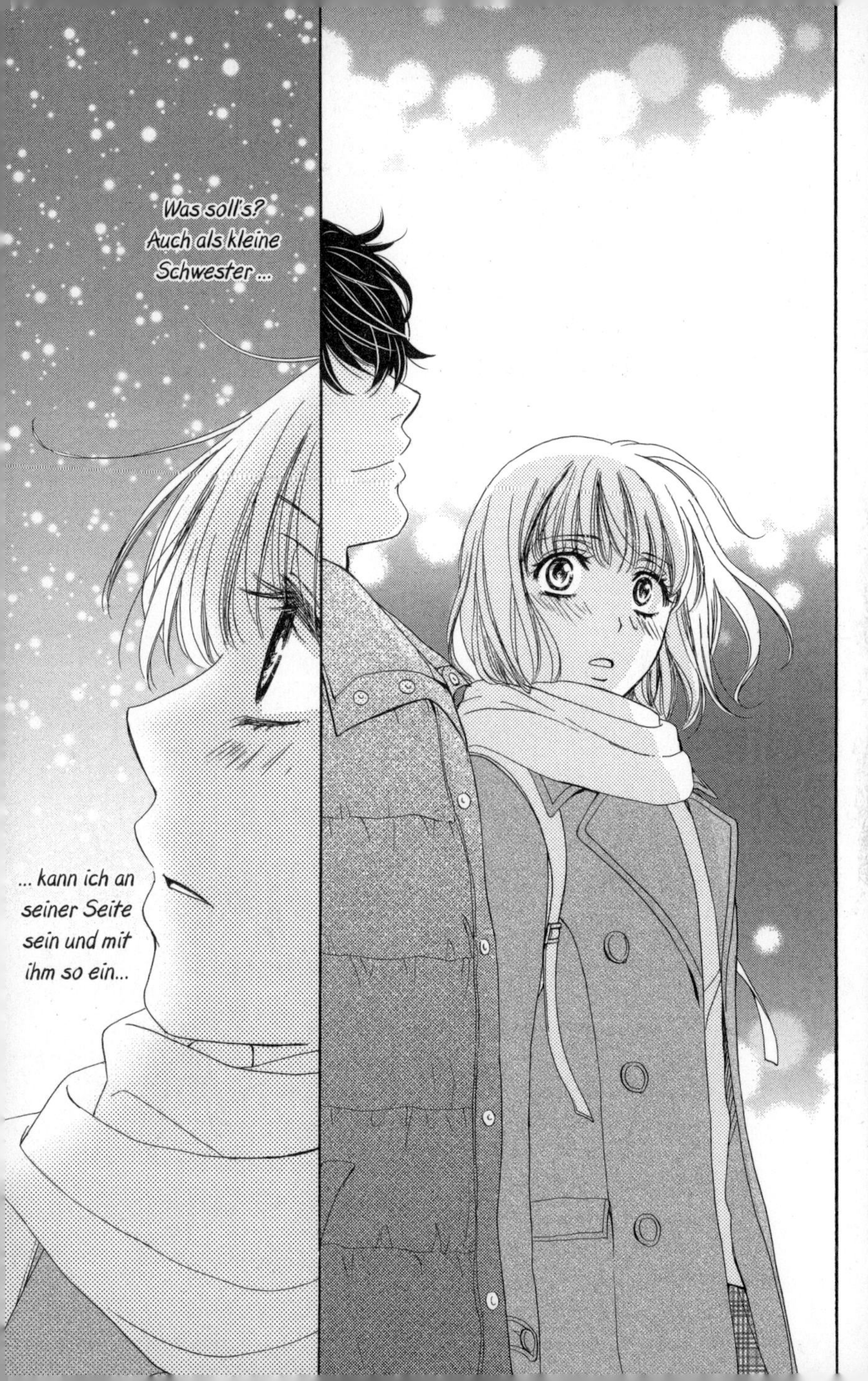
Was soll's?
Auch als kleine
Schwester ...
... kann ich an
seiner Seite
sein und mit
ihm so ein...

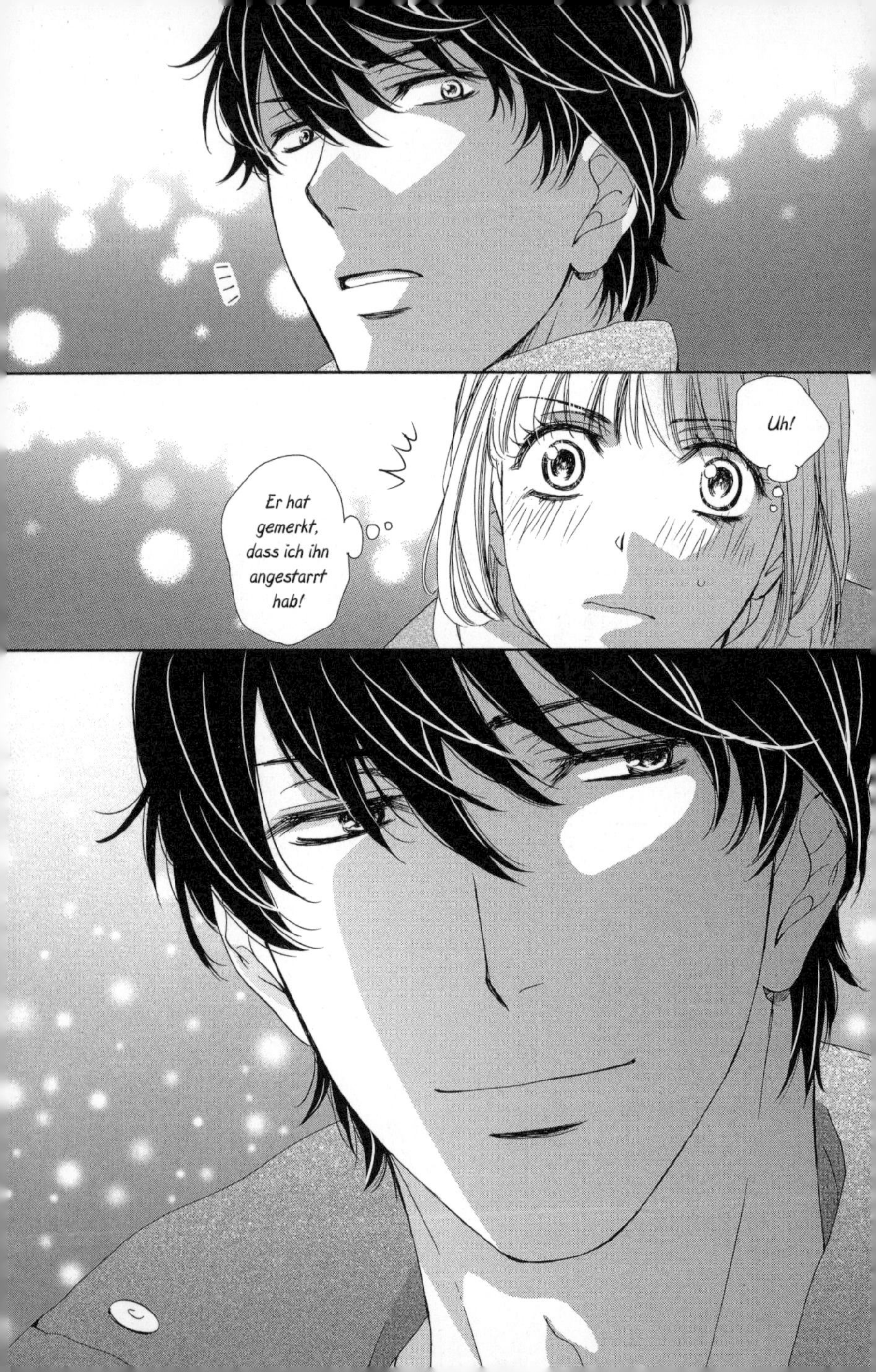
Uh!
Er hat gemerkt, dass ich ihn angestarrt hab!

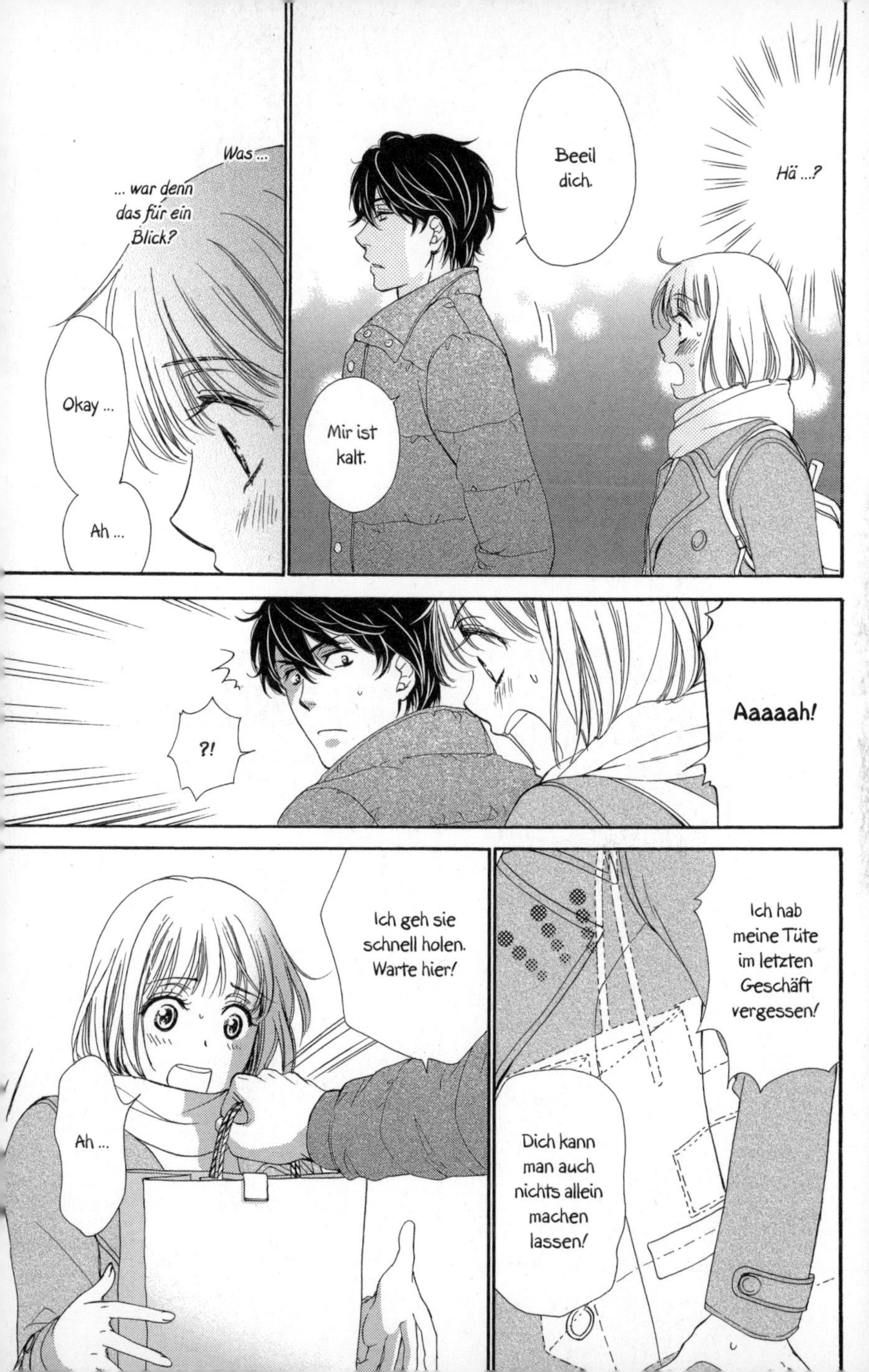
Hä ...?
Beeil dich.
Mir ist kalt.
Was ...
... war denn das für ein Blick?
Okay ...
Ah ...
Aaaaah!
?!
Ich hab meine Tüte im letzten Geschäft vergessen!
Dich kann man auch nichts allein machen lassen!
Ich geh sie schnell holen. Warte hier!
Ah ...

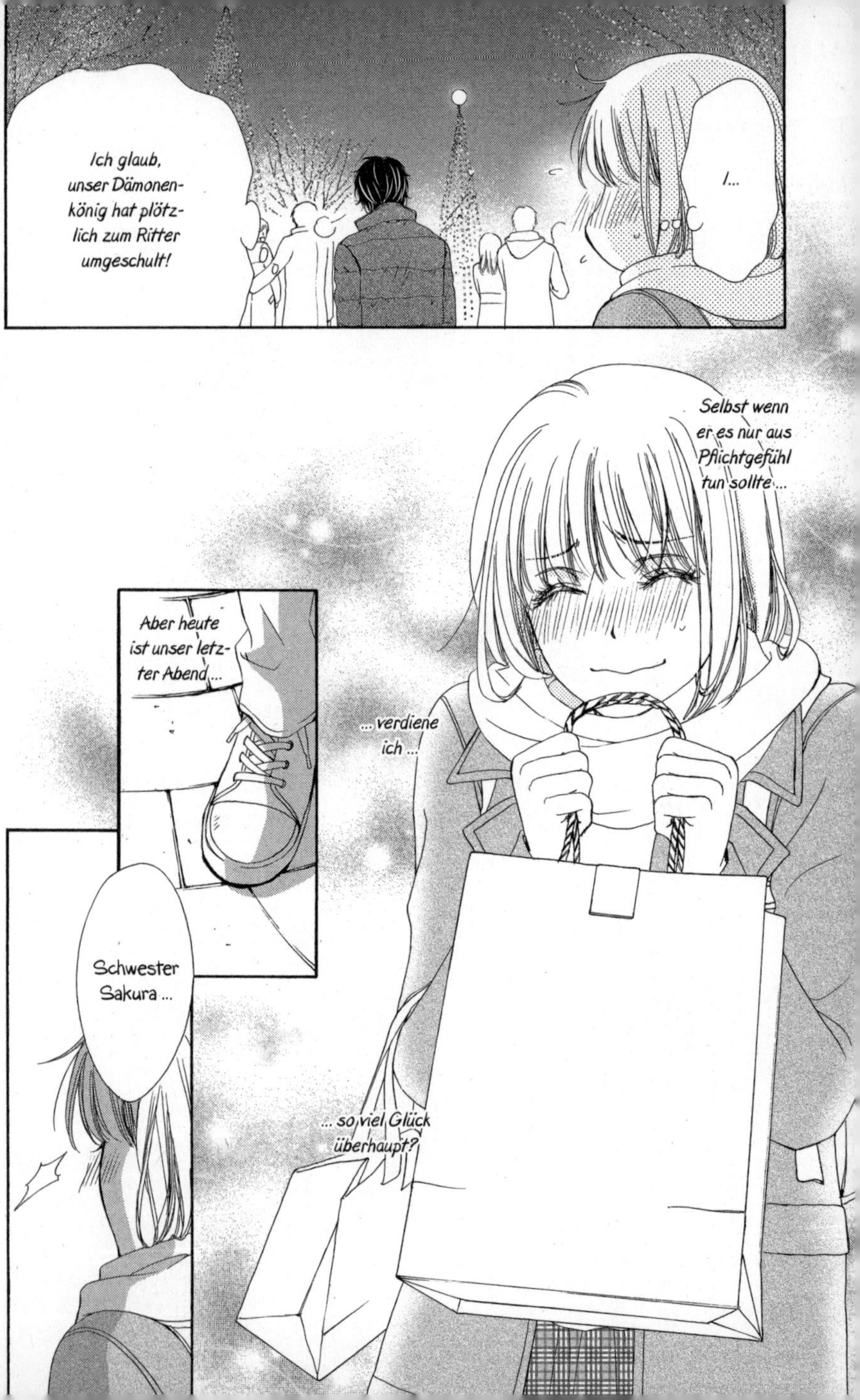

I ...

Ich glaub, unser Dämonenkönig hat plötzlich zum Ritter umgeschult!

Selbst wenn er es nur aus Pflichtgefühl tun sollte ...

... verdiene ich ...

... so viel Glück überhaupt?

Aber heute ist unser letzter Abend ...

Schwester Sakura ...

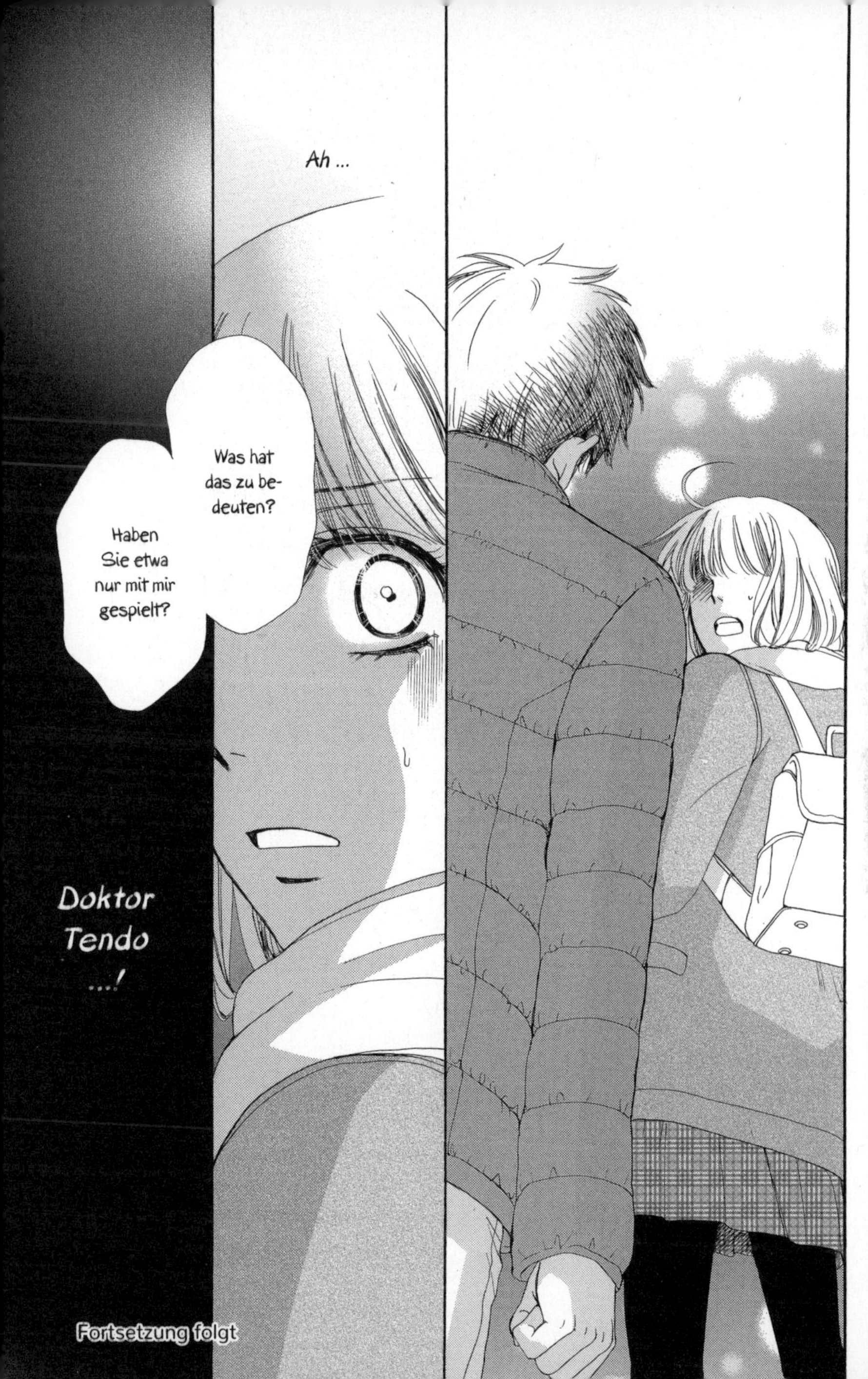
Ah ...
Was hat das zu bedeuten?
Haben Sie etwa nur mit mir gespielt?
Doktor Tendo ...!
Fortsetzung folgt

Feedback bitte an:

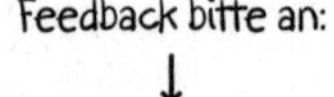

Maki Enjoji
Shogakukan *Petit Comic*
Editorial Department
1-3-2 Hitotsubashi, Chiyoda-ku
101-8001 Tokyo

Facebook ⟶ Maki Enjoji

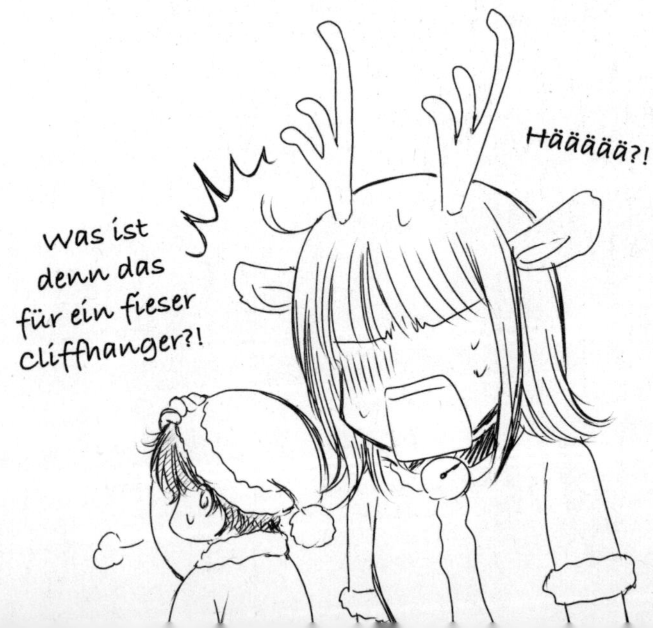

Check Me Up!

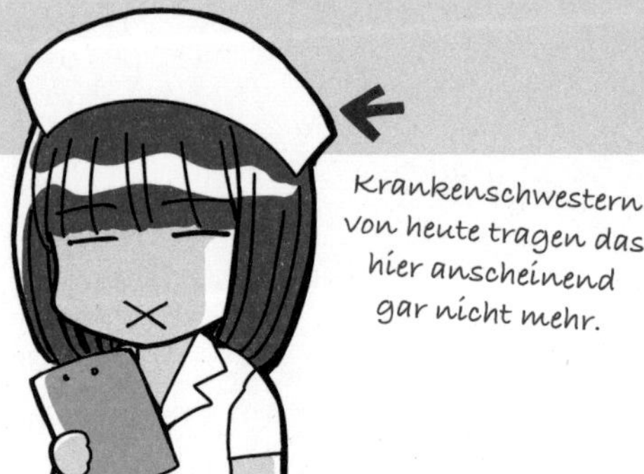

PROFIL VON MAKI ENJOJI

- Geburtstag: 8. Dezember, Sternzeichen: Schütze, Blutgruppe: B, stammt aus Tokyo.
- Gab ihr Manga-Debüt mit der Kurzgeschichte *Wahre Liebe mit Hindernissen (Fu Junai)*, die in der April-Sonderausgabe 2003 des Magazins *Petit Comic* publiziert wurde.
- Zeichnet nach wie vor für dasselbe Magazin.

NACHRICHT DER AUTORIN:

Der Text (?) dieses komischen Liedes, das Nanase in Kapitel 6 angeheitert singt, stammt übrigens von meiner Tochter. Ich hatte sie gebeten, sich irgendwas Albernes auszudenken, und das ist dabei herausgekommen. Sie hat mir aufgetragen, sie zu erwähnen, was ich hiermit getan habe. Jetzt wisst ihr Bescheid.

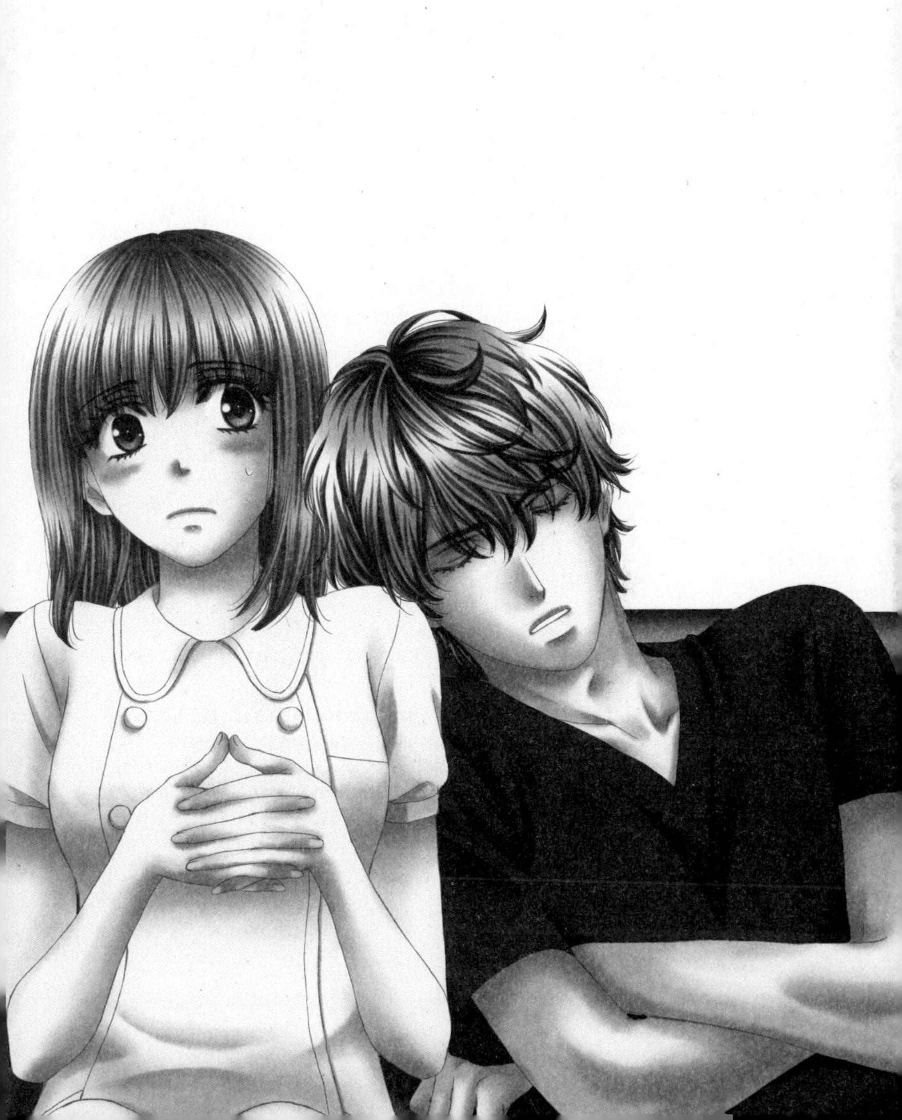

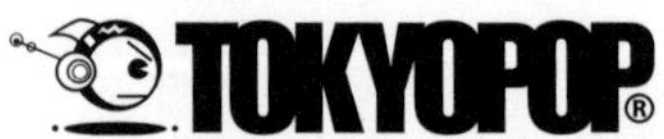

TOKYOPOP GmbH
Hamburg

TOKYOPOP
2. Auflage, 2022
Deutsche Ausgabe/German Edition

Aus dem Japanischen von Anne Klink

KOI WA TSUZUKUYO DOKOMADEMO 2 by Maki ENJOJI

Original Japanese edition published by SHOGAKUKAN.
German translation rights arranged with SHOGAKUKAN through The Kashima Agency.
Original cover design: Erika ADACHI + Bay Bridge Studio

Redaktion: Lisa Duty
Lettering: Vibrant Publishing Studio
Herstellung: Mathias Neumeyer, Nils Bornemann
Druck und buchbinderische Verarbeitung:
CPI–Clausen & Bosse GmbH, Leck
Printed in Germany

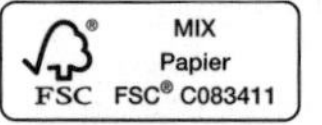

Wir achten auf die Umwelt.
Dieses Produkt besteht aus FSC®-zertifizierten und anderen kontrollierten Materialien.

ISBN 978-3-8420-6747-9

www.tokyopop.de

Check Me Up!

HAPPY MARRIAGE?!

Maki Enjoji

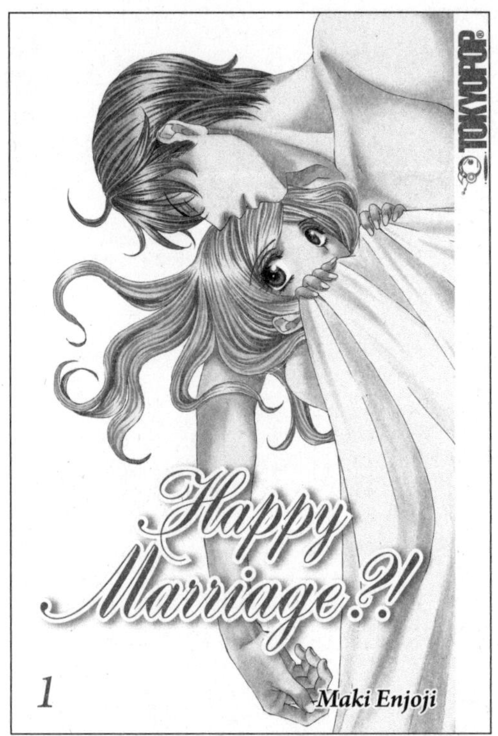

Die Erfolgsserie als Sammelband-Edition!

Um die Schulden ihrer Familie zurückzahlen zu können, jobbt die Büroangestellte Chiwa nebenher als Hostess. Ihre Erfahrungen mit Männern tendieren allerdings gegen null. Als ihr Firmenchef Hokuto eines Tages vorschlägt, ihn im Austausch für die Übernahme der Schulden zu heiraten, stimmt Chiwa wohl oder übel zu. Die Ehe soll geheim bleiben, und eigentlich will Chiwa sich auch bald wieder scheiden lassen, doch da lernt sie seine netten und zärtlichen Seiten kennen ...

ATEMLOSE LIEBE

Kanan Minami

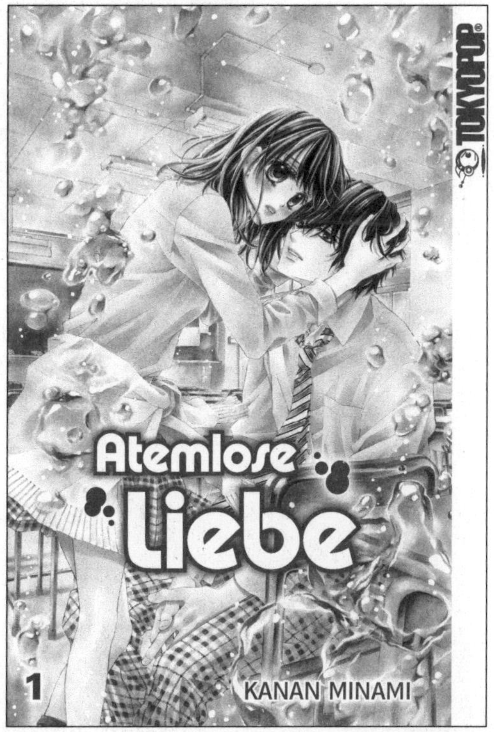

Endlich Highschool – endlich einen Freund?!

Yuka hat sich vorgenommen, auf der Highschool einen Freund zu finden. Dafür schließt sie sich den beliebten Mädchen an, obwohl sie mit ihnen im Grunde gar nichts anfangen kann. Sie verliebt sich auch prompt in den coolen Kentaro, doch der scheint gar kein Interesse an ihr zu haben. Trotzdem hilft er ihr immer wieder aus der Patsche ...

STOPP!

Dies ist die letzte Seite des Buches!
Du willst dir doch nicht den Spaß verderben und das Ende zuerst lesen, oder?

Um die Geschichte unverfälscht und originalgetreu mitverfolgen zu können, musst du es wie die Japaner machen und von rechts nach links lesen. Deshalb schnell das Buch umdrehen und loslegen!

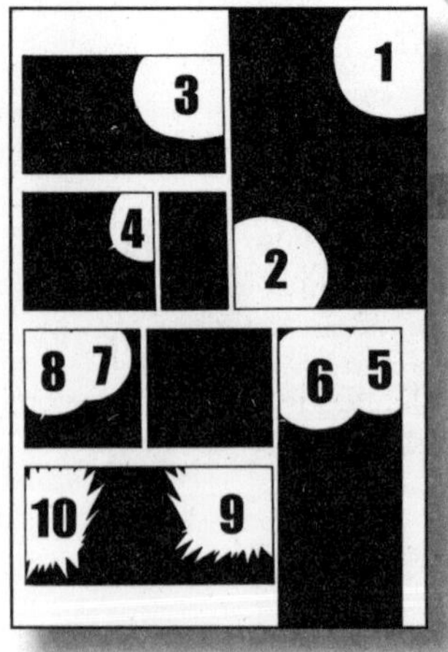

So geht's:

Wenn dies das erste Mal sein sollte, dass du einen Manga in den Händen hältst, kann dir die Grafik helfen, dich zurechtzufinden: Fang einfach oben rechts an zu lesen und arbeite dich nach unten links vor. Viel Spaß dabei wünscht dir TOKYOPOP®!